BORIS HERRMANN

Mon premier Vendée Globe

avec Andreas Wolfers

Ouvrage original publié sous le titre
Allein zwischen Himmel und Meer.
par C. Bertelsmann,
Penguin Random House Verlagsgruppe GmbH,
Neumarkter StraBe 28, 81673 Munich

Photos de couverture : © Pierre Bouras / DPPI Media /
DPPI via AFP et © Andreas Lindlahr

Édition française publiée par
Talent Éditions
115 rue de l'Abbé Groult, 75015 Paris

ISBN : 978-2-37815-260-4

BORIS HERRMANN

Mon premier Vendée Globe

avec Andreas Wolfers

Traduit de l'allemand par Book-sitter
pour Cillero & de Motta

Talent Sport

DANS LA MÊME COLLECTION

2022

Fernando Alonso – Des Asturies à Alpine
Billie Jean King – Autobiographie d'une icône
Julien Müller – Calcio je t'aime

2021

Arnaud Démare – Une année dans ma roue
Alain Bernard – Mon destin olympique
Niki Lauda – La biographie
Guy Roux – Confidences

2020

Jenson Button – Comment devenir pilote de F1
Jürgen Klopp – De Mayence à Liverpool, les secrets d'un succès
Luka Modric – Mon jeu
Wayne Gretzky – 99 histoires du Hockey
Derrick Rose – I will show you

2019

Wendie Renard – Mon étoile
John McGuinness – Built for Speed
Shaquille O'Neal – Shaq sans filtre
Peter Sagan – Mon monde
George Eddy – Mon histoire avec la NBA

2018

Guy Martin – Mon autobiographie
Stephen Curry – Golden
Adrian Newey – Autobiographie
Kelly Slater – Pipe Dreams
Jenson Button – Une vie à la limite
Maria Sharapova – Unstoppable
Kobe Bryant – Showboat
Loïc Korval – Apprendre à se relever
Nadia Comaneci – Lettres à une jeune gymnaste

2017

Michael Dunlop – Road Racer
Neymar – Conversation avec mon père
Eddy Merckx – Le cannibale
Larry Bird – Magic Johnson – Quand le jeu était à nous
Arsène Wenger – 20 ans dans les coulisses d'Arsenal
Diego Simeone – Mes secrets de coach

2016

Steve Williams – Ma vie avec Tiger Woods
Allen Iverson – Not a game
Jonah Lomu – L'autobiographie
Jack McCallum – Dream Team
Jorge Mendes – Mes clés pour réussir dans le football
Suzy Favor Hamilton – Fast girl

2015

Djibril Cissé – Un lion ne meurt jamais
Kodjovi Obilalé – Un destin foudroyé
Marc Madiot – Parlons vélo
Michael Jordan – The Life
Guga – Un Brésilien, une passion française

2014

Alex Ferguson – Mon autobiographie
Phil Jackson – Un coach, onze titres NBA – Les secrets du succès
Michael Schumacher – Sa vie - Ses victoires - Ses rêves
Franck Ribéry – L'incompris

Sommaire

Prologue

Lorsque je m'engage dans le golfe de Gascogne, j'ai encore une trentaine d'heures de navigation devant moi. En ce jour de janvier froid et brumeux, la visibilité est mauvaise, la houle courte et désagréable. Une épaisse couche de nuages plane au-dessus de l'eau. Tout à coup, j'entends le vrombissement d'un avion. D'après le bruit du rotor, je sais que c'est un petit appareil très proche de moi. Un craquement se fait entendre dans la radio, puis je reconnais une voix familière, celle d'Armel Le Cléac'h, dit « le Chacal ». Le Français est le vainqueur du dernier Vendée Globe.

« Salut, Armel, quelle surprise !

— Salut Boris. Je voulais savoir comment tu te sentais à l'approche de la ligne d'arrivée.

— Plutôt bien. J'aurais besoin de plus de vent, mais il ne viendra que ce soir.

— Félicitations pour ta course, tu es en très bonne position ! »

Nous discutons un moment, puis l'avion s'éloigne. Le « Chacal » s'en va prendre des nouvelles des autres coureurs en tête. C'est le sprint final le plus serré de l'histoire du Vendée Globe, nous sommes vraiment très proches les uns des autres. Après avoir fait le tour du monde en près de quatre-vingts jours, cinq bateaux pourraient potentiellement atteindre leur destination dans quelques heures. Chaque minute compte désormais. Je passe toute la nuit à vérifier les voiles et la direction du vent, à recalculer mille fois mon cap. C'est comme si une nouvelle régate avait commencé dans le golfe de Gascogne alors qu'il ne s'agit en réalité que du sprint final de la course de voile connue pour être la plus difficile au monde.

Les calmes et les tempêtes glaciales sont derrière moi, la houle des mers du Sud m'a épuisé, j'ai dû grimper au sommet de mon mât de trente mètres, lutter contre les déchirures de voiles, contre la fatigue et le bruit infernal à bord – sans oublier la solitude. Le Vendée Globe est impitoyable, il ne laisse aucun répit aux coureurs durant quatre-vingts jours et quatre-vingts nuits, mettant constamment l'endurance à l'épreuve. Jusqu'au bout ! À quelques heures de la ligne d'arrivée, le doute s'installe : au milieu du golfe de Gascogne, un bateau de pêche apparaît soudain juste devant moi. Est-ce là que le rêve de toute une vie va prendre brutalement fin ?

Lorsque je franchis enfin la ligne d'arrivée quatorze heures plus tard, sous la pluie et avec une mer agitée, entouré de bateaux accompagnateurs dans lesquels mes amis lèvent les bras en signe de victoire, je suis envahi par une joie indescriptible : j'ai réussi ! je l'ai vraiment fait !

Pendant deux décennies, le mythe du Vendée Globe m'a fait rêver. Aujourd'hui, j'ai la confirmation que si l'on croit en son rêve et qu'on s'y consacre pleinement, il peut se réaliser !

À vingt-sept ans, en 2008, j'ai fait mon premier tour du monde à la voile. La navigation en haute mer est alors devenue ma profession, j'ai été engagé comme navigateur et tacticien, sans jamais perdre de vue mon rêve. Le problème majeur était le financement. Le bateau, l'équipe, les années de préparation pour courir le Vendée Globe, tout cela coûte beaucoup d'argent. Avec des amis et des collègues, j'ai essayé pendant des années de convaincre des sponsors, mais ce n'est qu'en 2016 que tout est devenu possible : mon ami monégasque Pierre Casiraghi, avec qui j'avais couru plusieurs fois sur l'Atlantique, a convaincu le Voilier Club de Monaco de me donner un coup de pouce. Il m'a ouvert son carnet d'adresses et s'est porté garant pour moi – tout en me faisant profiter de son esprit combatif inébranlable qui a été salvateur à chaque fois que je doutais face à l'ampleur des tâches à accomplir et à l'ampleur de notre projet.

S'ensuivirent les quatre années les plus folles et les plus intenses de ma vie. Nous avons loué un voilier ayant participé au Vendée Globe 2016, nous l'avons équipé, nous nous sommes entraînés sans relâche, avons traversé l'Atlantique une douzaine de fois et avons constitué une petite bande enthousiaste d'amis et de marins professionnels. En parallèle, nous avons dû redoubler d'efforts pour lever l'argent nécessaire à la participation au Vendée Globe. C'était absurde : il y avait d'un côté ce voilier de course à plusieurs millions d'euros portant l'élégante inscription « Voilier Club de Monaco » et de l'autre, le fait que personne n'imaginait notre situation financière plus que précaire. Il nous arrivait même de jeter l'ancre dans des baies pour économiser les frais de port et, comme nous n'avions pas de bateau pneumatique, nous regagnions la terre en paddle à la force de nos bras. Nous mangions à la cuillère dans des boîtes de conserve, sans bureau, et lorsque nous nous entraînions pendant des semaines en Bretagne, le centre névralgique de la course au large, je dormais dans mon van.

C'était une époque aussi formidable qu'incroyablement épuisante. Je m'inquiétais constamment de savoir si nous allions y arriver, et je pense que quatre-vingts pour cent de mes inquiétudes étaient liées au financement. Une fois, nous avons eu des problèmes avec un nouveau sponsor, et j'ai passé des nuits entières de stress intense, à tel point que je me suis cassé une dent à force de bruxisme !

Pierre, mon moteur, voyait les choses avec un esprit sportif d'entrepreneur : « Nous formions déjà un couple bizarre : lui, le fils du prince, moi, le fils de l'instituteur. Lui, le généraliste, moi, l'obsédé du détail. Chacun avec ses atouts, nous nous complétions bien. Mais surtout, nous avions tous les deux un objectif commun. »

Tout a commencé il y a quelques années en Arctique. Lors d'une croisière en voilier, j'ai pu voir combien la banquise avait reculé. Les océans sont mon lieu de travail, et j'avais déjà remarqué des changements là-bas. Mais nulle part dans le monde, les conséquences du changement climatique ne se font sentir de manière aussi dramatique que dans l'océan Arctique. Voir ça de ses propres yeux, ça marque.

En 2017, ma femme Birte et moi avons monté un projet éducatif à destination des écoles mêlant nos expériences respectives d'enseignante et de navigateur, le « Malizia Ocean Challenge ». L'idée était d'amener les enfants à s'intéresser à l'aventure que représente une course à la voile autour du monde et de les sensibiliser par la même occasion à l'importance des océans. En 2018, nous avons reçu le prix Ocean Tribute Award pour ce projet. Avec le soutien de l'UNESCO, le programme d'enseignement est désormais mis en place dans des écoles de douze pays. La même année, nous avons installé un laboratoire à bord de notre voilier pour mesurer le niveau de CO_2 dans l'océan, mêlant ainsi navigation et action climatique. Cette démarche a eu pour point d'orgue le fait de faire traverser l'Atlantique à Greta Thunberg en 2019 pour lui permettre d'assister à la conférence des Nations unies sur le climat à New York.

« A Race We Must Win » (une course que nous devons gagner) : voilà le message figurant sur la voile de *Seaexplorer* à côté du logo des Objectifs de développement durable de l'ONU. Car la seule course que nous devons vraiment gagner, c'est celle qui est engagée contre le changement climatique ; nous ne pouvons absolument pas nous permettre de la perdre. Toute mon enfance a été bercée par le dicton « Quand on veut, on peut ». C'est ce que disaient mes parents à chaque fois que quelque chose était cassé, à la maison ou sur leur bateau. Ça voulait tout simplement dire que nous allions chercher et trouver une solution pour réparer. J'aime beaucoup ce dicton et je trouve qu'il s'applique parfaitement à la question du climat. Il y a des solutions technologiques, il y a aussi des mesures politiques et économiques. C'est une simple question de volonté.

Le cheminement qui m'a mené jusqu'à ma participation au Vendée Globe m'a montré à quel point il est possible d'accomplir ce que l'on veut vraiment. J'ai aussi découvert que l'on peut faire rêver les autres et que l'impossible devient alors possible. J'ai eu l'occasion de rencontrer des scientifiques, des entrepreneurs et des activistes du climat. J'ai appris et vécu beaucoup de choses, mais je demeure un marin et un aventurier, quelqu'un qui a appris à naviguer, enfant, sur la mer du Nord, tout en rêvant de ce Vendée Globe aussi fou qu'impitoyable.

Pendant la course, je n'ai cessé d'envoyer des messages vocaux à mon coauteur, Andreas Wolfers. Je lui racontais en détail ce que je vivais et comment je me sentais, les bons comme dans les mauvais jours. Andreas a tout passé au crible et sélectionné, il a condensé, recherché des informations de fond supplémentaires et assemblé le tout pour raconter l'histoire de mon Vendée Globe.

Ce livre est une véritable invitation à embarquer avec moi à bord pour revivre cette course autour du monde en quatre-vingts jours. J'espère aussi qu'il sera une source d'inspiration et qu'il rappellera à chacun qu'il vaut toujours la peine de tout mettre en œuvre pour réaliser le rêve d'une vie. Les obstacles sont réels et les risques nombreux, mais le plus grand risque serait de ne pas essayer.

1
Attendre dans le brouillard

Personne n'a vu le banc de brouillard arriver. Environ deux heures avant le signal de départ, il a envahi le port, amené par un vent chaud venu du sud. Subitement, le soleil, le ciel et tous les bateaux ont disparu dans une masse vaporeuse à quelques milles nautiques des côtes françaises. La visibilité est peut-être encore de cent mètres, puis le regard se perd dans le gris. Nous arrêtons la machine et deux membres de mon équipe se mettent sur la plage avant du bateau pour surveiller. Venant de toutes parts, des bruits de cornes de brume, des cris et des trompettes surgissent tandis que quelque part au-dessus de nous, les hélicoptères dans lesquels se trouvent les équipes de tournage vrombissent. S'ils ont un peu de chance, ils réussissent à filmer le sommet de nos mâts s'agitant dans les nuages.

La situation est cocasse, en fait. Je n'ai jamais vu une régate avec des procédures aussi strictes. Chaque étape jusqu'au départ est planifiée pour rendre possible une manifestation d'une telle envergure en plein confinement lié à la Covid. Mais cette planification minutieuse doit aussi permettre au départ du Vendée Globe d'être un événement médiatique mondial plus important que jamais avec une retransmission en direct dans 190 pays. Le coup d'envoi doit être donné aujourd'hui, le dimanche 8 novembre 2020 à 13 h 02 précises afin que les présentateurs du monde entier aient le temps d'expliquer brièvement le contexte, la course avant de basculer en direct dans le golfe de Gascogne pour montrer les dernières secondes qui précèdent le grand départ.

Ça, c'est le plan. Et puis, sans crier gare, un banc de brouillard arrive et bouleverse tout. Comme si la mer, le soleil et le vent voulaient rappeler en douceur qui est le maître en mer. La direction de course risque de devoir reporter le départ.

Je me laisse tomber sur le strapontin du cockpit, m'appuie contre la paroi et ferme les yeux. *Seaexplorer* est entre de bonnes mains, mon équipage peut rester à bord jusqu'à quelques minutes du départ. Quel plaisir de pouvoir compter sur eux. Ce sera la dernière fois avant au moins dix semaines.

Les bruits me permettent de savoir à quelle vitesse l'équipage manœuvre le winch, quelles écoutes il passe, avec agilité et sans un mot. Lorsque je suis arrivé aux Sables d'Olonne il y a une semaine, je n'ai pas pu voir mon équipe, car comme tous les skippers, j'ai dû me mettre immédiatement en quarantaine pour me protéger de la Covid puisqu'il est évidemment inenvisageable de se lancer dans la course en étant potentiellement infecté. Je me suis donc installé dans une petite maison sur une falaise au sud de la ville, en bord de mer, pour les sept jours me séparant du départ. Mon équipe déposait la nourriture devant ma porte, nous discutions de ce qu'il restait à faire en visio. J'avais pour seule compagnie ma chienne Lilli, venue avec moi de Hambourg. J'ai eu mon premier contact avec un autre être humain avant-hier sur un parking en périphérie de la ville, lorsqu'un pharmacien m'a enfoncé un coton-tige dans le nez. Hier midi, j'ai reçu le résultat de mon test antigénique : négatif, comme celui de tous les autres skippers. Nous allons donc tous pouvoir prendre le départ.

Le soir, j'ai fait mes adieux à mes amis et à mes soutiens lors d'une visioconférence d'une heure. Plus de 150 personnes étaient présentes, beaucoup de Hambourg, mais aussi de France, du Brésil, d'Afrique du Sud, des États-Unis, de Nouvelle-Zélande ; autant de pays où mes précédentes régates m'ont mené. Greta Thunberg et son père Svante, avec qui nous avons traversé l'Atlantique pour les amener à New York en 2019, étaient également présents et m'ont souhaité bonne chance, tout comme le Prince Albert II de Monaco qui soutient notre projet éducatif par le biais de sa fondation. Sans oublier l'Anglais Alex Thomson, l'un des favoris du Vendée Globe de cette année et un véritable ami depuis de nombreuses années.

Ce ne sont pas tant les mots d'adieu qui m'ont ému que de voir les visages. Tous ces amis du monde entier étaient réunis sur mon écran de quarantaine. Ils étaient tous là pour moi, ils me regardaient, excités, pensifs, sérieux, enthousiastes, et me souhaitaient un bon voyage.

« Reviens-nous en bonne santé. » Je crois que c'est la phrase que j'ai le plus entendue ce soir-là.

Fatigué par toutes ces émotions, je me suis couché vers 22 h 30, me suis rapidement endormi et ne me suis réveillé qu'à 6 h 30. En fait, j'ai fait une nuit complète avant le départ et ce début de journée ressemblait à un matin banal. J'ai été presque étonné de constater avec quelle décontraction je rangeais la cuisine et chargeais mon van. J'étais tout à fait moi-même, je ne ressentais aucune pression. Tout allait bien se passer, comme c'était prévu.

Il y a eu des régates où, jusqu'à la veille du départ, j'essayais frénétiquement de faire ceci ou cela. Pas cette fois. Je pense que ma sérénité est la récompense de la méticulosité avec laquelle je me suis préparé pour cette course. Pendant quatre ans, chaque entraînement, chaque bricolage sur le bateau, chaque rencontre avec les sponsors n'ont servi qu'à cet objectif : être parfaitement prêt le jour du départ. Je me mettais sans cesse la pression pour que rien ne m'échappe. Il m'arrivait souvent de me réveiller la nuit et d'attraper le bloc posé sur ma table de nuit pour noter rapidement ce qui me passait par la tête, dans un état de demi-sommeil, presque de somnambulisme.

Pour un perfectionniste comme moi, il est vraiment difficile d'atteindre un état où, il n'y a en mon âme et conscience plus rien à améliorer, ne serait-ce qu'un tant soit peu. Mais cette fois, je crois que j'y suis arrivé. Mon bateau et moi, nous sommes prêts. Au cours des dernières semaines à Hambourg, j'ai peu à peu gagné en sérénité, j'ai même trouvé le temps d'écouter les conseils musicaux de mes amis. Ils m'ont préparé plusieurs playlists pour le voyage, qui mêlent des musiques calmes propices à la relaxation et d'autres pour me motiver, qui boostent.

Ce matin, j'ai fermé la maison derrière moi et j'ai aidé Lilli à monter dans le van. Depuis plusieurs années, pendant mes semaines d'entraînement en France, je vis dans mon Bulli, ma maison mobile et bien pratique que je gare en général quelque part près de la plage. À 7 h 50, j'arrive au village du Vendée Globe. Il est fermé. J'ai posé la nourriture de Lilli et un bol d'eau sur le plancher du van et on s'est fait un dernier câlin. Mon équipe viendra les chercher plus tard.

Les quarante minutes suivantes ont été minutieusement planifiées par les organisateurs et chaque navigateur a des consignes à suivre, à commencer par le trajet à faire à pied pour aller au bateau. Ils ont fourni une carte très précise. Une femme du service de presse me fait entrer dans la zone mixte des médias où je reste cinq minutes devant les grilles de la première zone, réservée aux journalistes de presse écrite, puis cinq minutes devant les journalistes de radio, les photographes et les équipes de télévision. Ils posent pour la plupart la même question, formulée plus ou moins comme ça : « Comment vous sentez-vous, maintenant ? » Au bout d'un moment, mes réponses m'ont semblé un peu monotones et j'ai commencé à varier. C'était un moment étonnant, car comme je n'avais vu personne depuis une semaine, j'étais heureux de pouvoir enfin parler, échanger. Le président de mon association d'anciens élèves était aussi derrière la grille, je ne l'avais pas vu depuis des lustres – mais je sentais déjà la douce pression de mon accompagnatrice sur mon bras. Il ne fallait surtout pas que l'emploi du temps soit chamboulé, ne serait-ce qu'un tant soit peu, puisque le compte à rebours jusqu'au signal de départ à 13 h 02 comprenait aussi le fait que tous les bateaux quittent le port les uns derrière les autres, alignés comme sur un collier de perles, à exactement quatre minutes d'intervalle. Si un skipper se mettait à bavarder dans la zone mixte, il risquait donc de mettre en péril l'ensemble du planning. Mon accompagnatrice veillant au grain était donc aimablement implacable.

J'ai eu trois minutes pour rejoindre mon bateau. *Seaexplorer Voilier Club de Monaco*, de son nom complet, était presque au bout du ponton. Plusieurs skippers français étaient déjà assis sur leurs bateaux. À mon passage, ils m'ont fait signe, levant les pouces. « Salut, Boris, bonne chance ! » ; « On se voit en mer ! » ; « Fonce, mais ne me dépasse pas ! » Leurs gestes, leurs encouragements m'ont ému, j'ai senti une boule se former dans ma gorge ; j'ai été envahi par un sentiment agréable, rassurant, la sensation d'être à ma place, dans ma communauté, juste avant ce long voyage en solitaire. Depuis des années, je ne cesse de croiser ces hommes et ces femmes, lors de régates et au centre d'entraînement et de formation du Pôle « Finistère Course au Large », une véritable pépinière de navigateurs. Certains sont devenus des amis proches, d'autres sont de simples connaissances, mais il faut avouer qu'à cet instant précis, sur ce ponton, j'aurais pu serrer chacun d'eux dans mes bras très chaleureusement. Mais il n'en était évidemment pas question, protocole sanitaire oblige. Une distance minimale de deux mètres devait être observée, et elle était notamment respectée à la lettre par l'équipe de tournage qui me suivait.

Arrivé à mon bateau, j'avais d'après le protocole douze minutes pour dire au revoir à ma famille et à mes amis. Mais j'étais seul sur le ponton. Ma femme Birte et moi avions décidé qu'elle resterait à Hambourg avec notre fille. Le taux d'infection du Covid en France était supérieur à celui de l'Allemagne, et nous ne voulions pas prendre de risques inutiles. D'autant plus que nous étions convaincus qu'il nous serait plus facile de passer nos derniers moments privilégiés dans le calme de notre foyer plutôt que dans la tension du port, à un moment où j'aurais déjà la moitié du cœur et de la tête au départ. Ce matin, sur le ponton, j'aurais pourtant voulu la serrer encore une fois dans mes bras, mais dès que le bateau a appareillé, j'ai senti que nous avions fait le bon choix.

Départ différé ! À 12 h 30, la direction de course informe tous les bateaux par radio que la course ne débutera pas à 13 h 02 comme prévu, mais vingt minutes plus tard.

Un épais brouillard nous enveloppe. Parfois, un bateau se détache de la brume comme un bateau fantôme, glisse lentement et disparaît aussitôt. La ligne de départ fait deux bons kilomètres de long, ce qui laisse de la place à chacun des 33 concurrents, d'autant que nous pouvons voir nos positions sur une carte marine numérique. Une année normale, sans Covid, plus de cinquante ferries et bateaux accompagnateurs tourneraient autour de nous, sans compter plusieurs centaines de bateaux semi-rigides à moteur. Le chemin vers la ligne de départ, m'a dit un participant français, est quelque part le moment le plus dangereux du Vendée Globe. Je ne sais pas à quel point il a exagéré, mais dans ce brouillard, je suis plutôt rassuré par le fait que le confinement ait contraint les autres bateaux à ne pas être présents autour de nous.

Lors du dernier départ du Vendée Globe, il y a quatre ans jour pour jour, j'étais sur le pont de l'un de ces bateaux accompagnateurs et j'observais la cohue précédant le départ.

À l'époque, Gerhard Senft, un passionné de haute mer, était appuyé contre le bastingage à côté de moi. Lui aussi était un marin et il voulait m'aider à réaliser le rêve de ma vie. Six mois plus tôt, nous avions fait une régate en Méditerranée sur son voilier, il m'avait engagé comme navigateur et nous étions devenus amis. Il savait que je rêvais de participer un jour au Vendée Globe. Mon enthousiasme pour la course l'a contaminé et il a voulu être de la partie. L'idée a germé lorsque Gerhard, entrepreneur de Stuttgart, a acheté un voilier de course d'occasion et l'a affrété pour nous.

Début 2016, mon ami et partenaire de voile Pierre Casiraghi avait déjà créé le « Team Malizia ». Nous voulions utiliser cette plateforme pour mettre en place une collecte de fonds pour participer à l'édition 2020. L'offre de Gerhard Senft correspondait parfaitement à notre timing. Je savais aussi déjà exactement avec quel bateau je voulais partir : le *Gitana 16*. Ce voilier de course d'un an a été l'un des premiers à être équipé de foils, des ailes latérales permettant de soulever le bateau hors de l'eau lorsque le vent est plus fort. Le voilier faisait donc partie des favoris du Vendée Globe 2016. Et les propriétaires français n'avaient pas caché qu'ils souhaitaient le vendre à son retour de la course.

Lorsque nous avons vu le monocoque s'élancer sur ses foils, mon ami a été tellement enthousiasmé qu'il a immédiatement appelé le directeur de l'équipe. Le jour même, nous avons rencontré le manager au Village. Gerhard a scellé l'achat d'une poignée de main – et j'avais mon bateau. Pendant cette course, je me suis donc identifié au *Gitana 16* et c'est comme ça que quelques semaines plus tard, j'étais en troisième position au large de l'Afrique du Sud, quelle fierté.

Jusqu'à ce que lors d'une tempête au large de l'Australie, le monocoque percute si violemment un mur de vagues que la suspension gauche du foil se brise et que l'aile latérale menace de sortir de la coque. Le skipper a alors dû renoncer et le bateau a regagné la France sur le pont d'un cargo. Une fois la suspension réparée, nous disposions d'une machine de course ultramoderne qui venait de prouver sa puissance et était en bien meilleur état que ce que nous avions imaginé. Un bon postulat de départ.

Aujourd'hui, quatre ans plus tard, c'est depuis un bateau accompagnateur que Gerhard observe à travers l'épais brouillard son bateau progresser. Il ne crie pas, il ne fait pas signe, il est simplement assis, immobile, sur le boudin du canot pneumatique et regarde sans ciller ; il profite de l'instant, je le sais. Il a contribué de manière décisive à ce moment ; son rêve s'est déjà réalisé.

~

Le deuxième report du départ est annoncé. Cette fois-ci à 13 h 40, soit 38 minutes après l'heure initialement prévue. Le brouillard nous enveloppe toujours, mais il semble vouloir se dissiper. Je suis surpris de constater que je reste très calme. Tout est prêt. J'observe l'équipage à bord. Avec ces quatre navigateurs professionnels, nous avons véritablement créé *Seaexplorer*. Nous avons sans relâche amélioré, modernisé, testé en régate, tout cela pour cette seule et unique course. Pour la énième fois, ils amènent les amarres* dans le cockpit, vérifient tout, contrôlent la charge sur les ponts. La routine du départ, comme s'ils n'allaient pas débarquer quelques minutes plus tard.

Si par malheur j'avais été positif au Covid avant le départ, c'est Will Harris, un Anglais de vingt-six ans, qui aurait pris le relais en tant que skipper. Tout comme moi, les trois autres garçons ont en effet été testés deux jours plus tôt sur ce fameux parking. Négatifs, ils ont ainsi fort heureusement pu passer les contrôles du port ce matin pour arriver avant moi au bateau et le préparer pour le départ. Quelques jours plus tôt, ils ont passé des heures à désinfecter l'ensemble de l'habitacle, à frotter tous les objets et les parties de la coque avec des chiffons imbibés d'alcool. Ce n'est qu'après cela que j'ai pu monter sur le bateau pour la première fois depuis des semaines, seul pendant trois heures. Maintenant, pendant le trajet vers la ligne de départ, je suis le seul co-skipper avec Will, à pouvoir descendre sous le pont. Le masque demeure obligatoire jusqu'au dernier moment. Le protocole sanitaire de dix pages transmis par la direction de course impose également d'avoir à bord un saturomètre pour mesure la saturation du sang en oxygène au cas où des symptômes du Covid apparaîtraient une fois que nous serons seuls en mer. Ça me semble pourtant totalement impossible. Les bateaux sont par définition de parfaits lieux d'isolement sous voile, et en plein air.

Nous avons largué les amarres ce matin même à 8 h 35 précises en tant que sixième bateau du collier de perles. Lentement, nous avons glissé sur le canal qui relie le port à l'Atlantique. En temps normal, cette sortie d'une trentaine de minutes sous les ovations du public est l'un des moments les plus émouvants pour les navigateurs du Vendée Globe. Une bonne centaine de milliers de personnes se pressent alors le long du canal et sur la plage, acclamant, applaudissant, tambourinant sur des tonneaux, allumant des feux d'artifice et brandissant des banderoles avec le nom de leurs favoris. En France, la régate est plus suivie que le Tour de France. Et les meilleurs navigateurs et navigatrices du pays sont vénérés comme des héros nationaux.

Mais cette année, seuls des policiers et quelques photographes se trouvent sur les bords du canal. Un couvre-feu a même été décrété de 7 heures à 11 heures par arrêté préfectoral, les autorités ayant craint de ne pas réussir à contenir la foule des spectateurs dans des conditions sanitaires satisfaisantes. Le convoi triomphal dont j'avais tant rêvé s'est donc transformé en une sortie silencieuse. En revanche, les balcons de nombreux immeubles et même certains toits étaient envahis par la foule. Nous avons appris à la radio que les habitants avaient loué les meilleures places au dernier moment à prix d'or. Plusieurs canots pneumatiques avec des équipes de télévision, trois hélicoptères et des drones équipés de caméras escortent de manière solennelle la flotte hors du port. La direction de course avait demandé par écrit aux skippers de se tenir bien en vue sur le pont au moment de l'arrivée en mer pour la retransmission en direct. Même sans ça, je me serais placé à l'avant, et aucun participant du Vendée Globe n'aurait manqué ce moment. Je veux voir et sentir chaque mètre du parcours ! Sur les vidéos des sorties précédentes, j'avais essayé de décoder les expressions sur les visages des navigateurs, de ressentir leurs émotions. Je suis convaincu que la plupart des autres concurrents sont dans le même état que moi ce matin : la traversée du canal est pour nous la confirmation qu'on a réussi, qu'on y est. La moitié de notre vie, nous avons rêvé de participer un jour au Vendée Globe. On a tous traversé l'Atlantique à plusieurs reprises, on s'est entraînés comme des fous, on a fait appel à la famille et aux amis, on a convaincu des sponsors, on a constitué une équipe formidable et on a travaillé sans relâche sur notre bateau. On a consacré la moitié de notre vie à une idée, à un projet. Et c'est à cet instant précis que ça se concrétise. Je sens le bateau sous mes bottes et l'eau sous mon bateau. Quelque chose s'est détaché de moi. C'est comme si je laissais derrière moi les années de préparation avec tous les plans, les stratégies, les réunions de sponsors, les objectifs marketing, les courses d'entraînement. Désormais, il n'y a plus qu'un seul défi, aussi simple qu'impitoyable.

Peu avant la fin du canal, j'aperçois au balcon d'une maison une banderole blanche, peut-être un drap, avec un message peint à la bombe : « Go, Boris, go ! » Est-ce que quelqu'un que je connais s'y trouve ? J'ai salué les gens sur le balcon et je me suis essuyé les yeux.

Lorsque nous sommes arrivés en mer, je me suis assis dans le cockpit, j'ai versé de l'eau chaude dans un sac isotherme de porridge et j'ai pris mon petit déjeuner. Le soleil brillait, seuls quelques filaments de nuages zébraient le ciel. La journée promettait d'être belle avec une vue dégagée et, plus tard, un vent de plus en plus fort venant du sud. Ce départ se ferait finalement dans des conditions optimales.

Lentement, nous avons avancé au moteur jusqu'à la zone de départ. Mon équipage a hissé la grand-voile et préparé les deux voiles d'avant que nous avions à dérouler juste avant le départ. À la barre du canot pneumatique qui m'escortait se trouvait Ryan Breymaier, un navigateur américain avec lequel j'avais fait le tour du monde en 2010 lors de la Barcelona World Race, à l'époque également sans escale, mais pas en solitaire. « Laisse-moi t'aider, Boris ! » a-t-il crié. « Ça va te manquer. »

~

Troisième report du départ, à nouveau de vingt minutes ! La visibilité est maintenant d'environ un kilomètre, ce qui n'est pas encore suffisant. Un hélicoptère flotte à côté de nous, le jet d'air du rotor fouette l'eau. Le cameraman filme par la porte ouverte : quelques personnes sur un monocoque de course qui se balance dans la brume sous la grand-voile. C'est malheureusement tout ce que nous avons à offrir comme spectacle. Le centre de presse international doit être en pleine effervescence. L'homme qui coordonne depuis des années la diffusion télévisée du Tour de France dans le monde entier s'occupe du Vendée Globe. Depuis une heure, il doit faire patienter les rédactions de 190 pays. Quand est-ce que ça va enfin commencer ?

La ligne de départ est désormais bien visible avec, à gauche un patrouilleur bleu de la Marine et à droite un énorme cône orange. Tous les bateaux naviguent uniquement sous grand-voile et tournent lentement devant la ligne de départ. Ils ressemblent à des chiens en cage, agités et prêts à s'élancer à tout moment. Mais ce n'est pas encore l'heure, on vient d'annoncer le quatrième report du départ, à 14 h 20. La brume s'est dissipée, la visibilité est parfaite, cette fois-ci, c'est la bonne. Le compte à rebours peut commencer.

Ces derniers jours, nous avons plusieurs fois répété chacun des gestes à effectuer au cours de la dernière demi-heure. Je suis à la barre, un membre de l'équipage manie la grand-voile, deux observent les autres bateaux. Will éteint le moteur sous le pont et doit plomber la ligne d'arbre comme le veut la procédure. Il en envoie ensuite une photo à la direction de course. Désormais, je ne dois briser les scellés qu'en cas d'urgence pour utiliser l'hélice du moteur.

Vingt minutes avant le départ, je fixe mon téléphone portable sur la paroi du cockpit et j'active la transmission en direct. Les organisateurs ont demandé aux skippers de se filmer avant et après le départ, 45 minutes pour la diffusion internationale.

Le vent se renforce et souffle du sud. La ligne de départ est conçue de manière que tous les bateaux puissent la franchir travers au vent. Les manœuvres risquées de dernière minute sont donc inutiles. Nous pouvons nous concentrer sur la recherche de l'endroit à partir duquel, à pleine vitesse, nous atteindrons la ligne exactement au moment du signal de départ. Quelques minutes de retard n'auraient certes pas d'importance pour une course aussi longue, mais ça fait partie du rituel et du spectacle du départ.

Les choses commencent à bouger. Chaque skipper veut se positionner de manière tactiquement intelligente, sans risquer de s'approcher trop près d'un autre bateau, voire de s'accrocher les foils à la dernière minute. Je me dirige au vent, vers le bord extérieur de la zone de départ. À chaque virement de bord, l'équipage tourne les winchs pour resserrer les voiles.

Quinze minutes avant le départ, deux d'entre eux sautent du tableau arrière dans le canot pneumatique de Ryan. Peu après, Stuart, mon skipper néo-zélandais et Will déroulent les deux voiles d'avant. Mon monocoque est désormais paré.

Will surveille l'heure, car au plus tard quatre minutes avant le signal de départ, seul le skipper doit se trouver à bord. Encore six minutes. Je dirige le bateau par à-coups, rapprochant son étrave de l'axe du vent, et il perd immédiatement en vitesse. « Je crois que vous pouvez y aller », dis-je. Stuart qui était déjà sur le bastingage saute dans le canot pneumatique qui arrive à toute vitesse. Will, mon co-skipper de confiance, se tient devant moi et malgré son masque, je vois qu'il sourit, nous nous embrassons brièvement et nous nous tapons dans le dos. Puis il débarque lui aussi.

Désormais, je suis seul.

Je change à peine de cap, le bateau démarre immédiatement. Le vent a continué à forcir, j'estime que je pourrai atteindre 16 nœuds sur une trajectoire optimale. Cela signifie que si je veux accélérer comme prévu deux minutes avant le signal de départ, je dois être à ce moment-là à minimum un kilomètre de la ligne, voire un peu plus, je ne veux surtout pas risquer un départ anticipé. Sur une mer vide, il est difficile d'évaluer les distances, mais ici, beaucoup de choses flottent, même le bateau de départ est clairement visible, et je suis convaincu d'avoir bientôt atteint la distance idéale. Encore trois minutes. Plusieurs concurrents se positionnent, comme s'ils étaient sur le point de partir.

Deux minutes. Je mets le cap sur la ligne de départ. Le vent vient maintenant exactement de côté, frappe les voiles avec un angle optimal et le bateau accélère comme si j'appuyais sur le champignon. Je regarde brièvement autour de moi, tous les skippers mettent les gaz. Les bateaux foncent en parallèle vers la ligne de départ, certains en biais devant moi, d'autres derrière, tous à bonne distance. Will a mis le volume de ma radio à fond et j'entends la speakerine de la course lancer le décompte.

Le coup de feu résonne sur l'eau. Six secondes plus tard, je franchis la ligne de départ. C'est parti ! Plusieurs bateaux traversent la ligne à peu près en même temps que moi, à bonne distance les uns des autres. Quel scénario incroyable ! Il y a une heure, nous dérivions encore dans le brouillard et maintenant, nous filons vers l'Atlantique sous le soleil et avec un vent fort. Les foils commencent doucement à se faire entendre, à chanter. Plus ils sortent de l'eau, plus le son est fort et aigu. Les nombreux canots pneumatiques des équipes d'accompagnement sautent autour sur les vagues, tandis que tous les hélicoptères des équipes de tournage tournoient au-dessus de nos têtes.

La neuvième édition du Vendée Globe est lancée. La régate la plus difficile au monde débute avec 27 hommes et 6 femmes en lice. Je vais naviguer dans toutes les mers du monde, personne ne sera à mes côtés, et lorsque je serai de retour ici dans à peine trois mois, j'aurai vécu la plus grande aventure de ma vie.

~

J'apprends par la radio qu'il y a eu un départ anticipé. Le Français Louis Burton était trop pressé de trois secondes. En général, les régatiers font alors demi-tour, se remettent derrière la ligne de départ et recommencent. Mais l'idée de cette manœuvre délicate en solitaire a effrayé la direction de course, qui a supprimé la règle et décidé à la place d'une pénalité de cinq heures. Cela signifie que dans les prochains jours, Louis devra aller quelque part sur l'Atlantique, au plus tard à hauteur de Lisbonne, et dériver sur place ou tourner en rond pendant cinq heures. Il faudra que ce soit dans une zone calme pour que nous ne le distancions pas trop. Au centre de course des Sables d'Olonne, les données de position des 33 bateaux arrivent toutes les deux minutes ; la direction de course peut donc facilement contrôler que Louis a effectué sa pénalité.

Soudain, j'entends un grondement dans le ciel. En levant les yeux, je découvre les huit Alpha Jets de la Patrouille de France. Leur présence nous a été annoncée hier, un clin d'œil du gouvernement français aux navigatrices et navigateurs du Vendée Globe. Par trois fois, les jets grondent à basse altitude au-dessus de la flotte, si proches les uns des autres, et dessinent dans le ciel des traînées tricolores. Je trouve logique que la politique s'immisce dans le sport en France, ça se manifeste d'ailleurs aussi dans le nom même de la course puisqu'elle a été baptisée Vendée Globe, car le premier sponsor, la région, voulait en profiter pour se faire connaître dans le monde entier. Cette année, sans l'aval gouvernemental, la course n'aurait sans doute pas pu se dérouler, à cause du confinement du pays. Nous sommes donc tous particulièrement reconnaissants envers l'État français pour son feu vert.

Un peu plus de deux heures après le départ, les derniers bateaux accompagnateurs ont rebroussé chemin. Nous nous dirigeons plein ouest, traversant le golfe de Gascogne. Derrière nous, la côte a disparu et devant, le soleil colore lentement le ciel du soir en rouge. La course fait déjà rage. Les quatre premières places sont occupées par les Français Jérémie Beyou, Charlie Dalin et Thomas Ruyant suivis par l'Anglais Alex Thomson. Tous sont favoris : ils ont conçu de nouveaux bateaux pour cette course, avec des foils beaucoup plus grands et une forme de coque optimisée. Thomson et Beyou ont terminé deuxième et troisième lors du dernier Vendée Globe, chacun brigue donc cette fois-ci la victoire. Aucune surprise dans ce peloton de tête.

Je suis en cinquième position. Cette place récompense les longues répétitions de la procédure de départ avec mon équipe. Pour la suite de la course, ce classement n'a aucune importance, mais cela fait tout de même plaisir de voir autant de bateaux derrière soi.

Je regarde l'emploi du temps des deux premiers jours que Will Harris m'a concocté avant le départ. Cela doit m'aider à trouver rapidement un rythme qui me guidera pendant les mois à venir en mer :

19 h 00 : Préparer le dîner.

20 h 15 : Télécharger GFS et ECMWF.

22 h 00 : Le vent tourne à gauche et se renforce, enrouler une voile d'avant à temps. Va te coucher !

00 h 00 : Un front orageux approche. Choisis de les contourner par le nord ou par le sud.

00 h 00 - 8 h 00 : Le vent se renforce toute la nuit, jusqu'à atteindre 22 nœuds. Réduire la grand-voile. Vent variable le matin. Reste zen, ne change pas de voile. Mieux vaut dormir plus souvent !

05 h 00 : Rapport de position.

07 h 00 : Préparer le petit déjeuner.

08 h 15 : Télécharger GFS et ECMWF.

Tous les navigateurs de haute mer connaissent les abréviations GFS et ECMWF qui désignent respectivement le service météorologique américain (Global Forecast System) et le Centre européen pour les prévisions météorologiques à moyen terme. Plusieurs fois par jour, ils publient les meilleures prévisions météorologiques au monde. Malheureusement, les modèles des deux instituts ne concordent pas toujours, compliquant souvent la planification des itinéraires en mer.

Les conseils que Will m'a laissés jusqu'à demain midi sur le vent et la météo sont les derniers que j'aurai en la matière jusqu'à la fin de la course. Pour les autres sujets, les conseils sont autorisés, par exemple si quelque chose se casse à bord ou si je me blesse. Mais le « routage », les décisions concernant la route à suivre, ne doit être pris que par le skipper, sans aide extérieure. C'est un concentré de savoir-faire maritime, de connaissances météorologiques, d'analyse de données, d'expérience tactique et d'intuition ; c'est, si l'on veut, la discipline reine des navigateurs hauturiers. La compétition dans cette discipline doit se dérouler de manière pure et authentique. Les seules aides à la décision sont les modèles météorologiques quotidiens, qui sont identiques pour tous, établis par les météorologues européens et américains.

On pourrait bien sûr se faire conseiller en secret par téléphone ou encore payer des météorologues et navigateurs chevronnés pour qu'en échange de données, ils nous envoient leurs préconisations, leur analyse en prenant en compte la performance du bateau et la météo à terre. On pourrait aussi simplement utiliser les expériences de nos amis navigateurs, regroupées dans un groupe de discussion privé. Mais pour éviter toutes ces tricheries, la direction de course fait signer à chaque skipper une déclaration sur l'honneur : « Je confirme par la présente que je respecterai l'interdiction d'aide au routage. Si la direction de course me soupçonne de déroger à cette règle, elle se réserve le droit de passer toutes mes communications numériques au crible d'un moteur de recherche programmé pour trouver un certain nombre de mots-clés. »

Le système n'est cependant pas à l'abri de la fraude puisqu'il suffirait d'embarquer un téléphone portable non enregistré ou de convenir d'un code pour échanger de manière anodine lors de conversations privées pour recevoir des informations extérieures. Mais il me semble que le système fonctionne tel qu'il est pour une raison très simple : quand on consacre autant d'années à la préparation rigoureuse d'une telle compétition, on ne prend pas le risque d'être disqualifié pour une simple tricherie. Surtout quand on sait que dans le petit milieu de la course au large, tout se sait très vite.

Mon bateau s'engouffre dans la nuit sur des foils vibrants, je suis à l'arrière et je vois devant et derrière moi les feux de position des autres monocoques. Comme ce matin sur le ponton, en passant devant les autres bateaux, j'ai l'impression d'appartenir à un petit cercle de fous professionnels qui ne s'affrontent pas, mais qui s'engagent ensemble dans une aventure insaisissable. Qui voudrait tricher ? Chacun de nous a préparé ce moment pendant des années avec une équipe, mais à partir de cet instant, nous sommes livrés à nous-mêmes, seuls, face à l'adversité, face à l'immensité. Si l'un de nous se retrouve en difficulté, nous savons que seuls nos concurrents sont en mesure de nous aider rapidement. Nous allons connaître des privations et des succès très similaires, des dangers, des revers et des jours de pur bonheur. Et lorsque nous reviendrons dans un peu moins de trois mois pour raconter aux gens à terre comment cela s'est passé, nous serons les seuls à vraiment nous comprendre.

Le vent se lève comme Will l'avait prédit. J'enroule l'une des deux voiles d'avant, je modifie le cap de quelques degrés sur le pilote automatique, je vérifie les alarmes qui préviennent d'éventuelles collisions et je m'allonge sur ma couchette. J'ai un peu moins de deux heures avant qu'il soit minuit. Ensuite, je devrai décider de la manière dont je gèrerai la tempête qui s'approche depuis l'Atlantique Nord.

2

Six mètres carrés

Ma première nuit en mer est courte, entrecoupée de nombreuses manœuvres, car le vent est changeant. Quand je me glisse enfin dans mon sac de couchage, je n'arrive pas à trouver le sommeil. Il pourrait se passer quelque chose. Il faut aussi savoir que pour un navigateur en solitaire, la couchette est aussi un lieu de travail. D'ici, j'ai un œil sur l'ordinateur de navigation orientable, je vois sur l'écran la carte marine du golfe de Gascogne et la position des bateaux autour de moi. Pour utiliser l'ordinateur, j'attrape le clavier sans fil à côté de moi. Pour régler le pilote automatique qui dirige le bateau, je porte une télécommande au poignet, comme une sorte de montre.

Comme toujours, il y a du trafic de fret dans le golfe de Gascogne. Mon AIS, le « système d'identification automatique », détecte par radio tous les bateaux d'un périmètre défini. Si l'un d'entre eux se trouve sur une trajectoire de collision, un signal d'avertissement retentit. Il a beaucoup bipé cette nuit-là, notamment parce que j'ai réglé mon réveil pour qu'il sonne toutes les 15 minutes. Je ne veux pas risquer de dormir plus longtemps dans le golfe de Gascogne, d'autant que le vent change souvent de direction et de force, et qu'il m'oblige à changer deux fois de voile d'avant.

Lorsque le jour se lève et que la couverture nuageuse se troue lentement, je suis étourdi de fatigue. Malgré tout, j'ai bon espoir. Longtemps on s'est demandé si la course serait autorisée compte tenu de la situation sanitaire en France. J'aurais pu moi-même attraper le virus quelque part. Et finalement, dans la bousculade avant le départ, une collision aurait pu se produire. Mais rien de tout cela n'est arrivé. Maintenant, je m'élance, je suis fatigué, mais heureux de partir avec les autres à la conquête de l'Atlantique.

Je fais chauffer de l'eau pour le petit déjeuner, du porridge avec des fruits secs. Je me sens bien. Je reçois un message de mon équipe : « *Fabrice had to turn back!* » Le premier a donc été touché. Le Français Fabrice Amedeo a dû faire demi-tour dans la nuit.

J'apprendrai plus tard que c'est le crochet permettant de fixer la drisse, le cordage d'une voile en tête de mât lorsqu'elle est hissée, qui s'est coincé. S'il ne peut plus l'ouvrir pour changer la voile, par exemple pour la remplacer par une plus petite avant l'approche d'une tempête, le skipper doit prendre une décision : soit il monte en haut du mât et tente d'ouvrir le crochet – ce qui n'est pas une partie de plaisir à faire seul, et encore moins de nuits dans la houle du golfe de Gascogne. Ou bien, s'il est proche de la terre, il se rend dans une baie tranquille, y jette l'ancre et monte en haut du mât.

Fabrice a de la chance, il peut profiter d'une dérogation prévue dans le règlement du Vendée Globe : personne n'a le droit d'accepter l'aide d'autrui pendant le voyage autour du monde, sauf si quelque chose se casse au début de la course. Le concurrent est alors autorisé à retourner aux Sables d'Olonne pour effectuer les réparations nécessaires. Il prend ensuite un nouveau départ au plus tard dix jours après le début de la course.

Peu après minuit, Fabrice s'est amarré à une bouée à l'entrée du canal menant aux Sables. Un membre de son équipe est monté à bord, a grimpé au mât et a découvert une fissure au sommet. Ce dommage ne peut être réparé que par des spécialistes, sur un ponton fixe dans le port. Mais celui-ci n'est pas accessible par marée basse, Fabrice a donc dû attendre jusqu'au matin pour entrer dans le canal. J'imagine qu'il a passé la moitié de la nuit à ne rien faire sur son bateau qui tanguait près de la bouée, fou de rage et de déception. Il a dû ressentir un tel sentiment d'injustice. Espérons que la fissure pourra être réparée et que Fabrice pourra repartir rapidement.

L'après-midi, je m'assieds dans le cockpit, je place le smartphone dans le support mural et j'ouvre le lien envoyé par ma chef d'équipe. Par visio, je veux dire au revoir à l'équipe. Je l'aime beaucoup, cette petite troupe de professionnels internationaux qui va maintenant prendre le chemin du retour depuis Les Sables d'Olonne. La connexion est excellente. Je vois la chef d'équipe Holly Cova, une juriste londonienne de trente et un ans, au volant de mon camping-car. Elle le ramène à Hambourg, lui et Lilli. Je vois Will Harris, attablé avec les autres dans une pièce avec des meubles de ferme et des tapisseries au mur. Nous avons loué une maison avec dix chambres pour loger l'équipe les semaines précédant le départ dans un village près des Sables d'Olonne.

Will lève son verre de bière : « C'est si bon d'être de retour dans cette maison ! » me crie-t-il. En tant que skipper de remplacement, il avait lui aussi dû s'isoler seul dans un appartement pendant la semaine précédant le départ. En compagnie de Mike Yates, notre expert en construction de bateaux, il retournera en Angleterre. Le capitaine de bateau, Stuart McLachlan, s'envole lui pour rejoindre sa famille en Nouvelle-Zélande ; la responsable logistique, Lucia Nebrada, retourne en Espagne et le photographe, Ricardo Pinto, au Portugal. Edwin de Laat, professionnel du gréement néo-zélandais et l'Américain Ryan Breymaier, expert en à peu près tout, restent eux en France.

Je les ai tous rencontrés ces dernières années lors de régates dans le monde entier et je les ai intégrés à notre équipe – de jeunes navigateurs engagés, chacun spécialiste d'un domaine. Notre base se trouve en Bretagne, à Lorient, depuis 2017. Pendant des mois, nous y avons vécu ensemble, nous avons bricolé le bateau, nous nous sommes entraînés sur l'eau ; pour nous détendre, nous allions faire du kitesurf en mer ou nous construisions un parcours pour nos skateboards dans le hangar à bateaux. Maintenant, toute la troupe, à l'exception de Holly, est assise autour de cette table à manger, tous se réjouissant de ce départ réussi, trinquant, et je réalise à quel point ils vont me manquer.

« Que s'est-il passé exactement pour Fabrice, vous savez ? » je demande. Si j'avais un crochet bloqué en haut du mât et que je devais monter jusqu'en haut, ce serait un cauchemar absolu pour moi. J'ai le vertige. Stuart me répond : « On va se renseigner. »

Holly me fait jurer de ne pas manger que des barres énergétiques : « Prends le temps de faire un bon dîner. » Je promets de me faire un plat de nouilles déshydratées plus tard. Will trouve qu'avec mon casque audio, je ressemble à un pilote de chasse. Ainsi, nous continuons à parler de tout et de rien pendant un certain temps ; de tout, sauf de la météo et de la planification de l'itinéraire bien sûr. C'est si agréable. Mais je pressens que Will est inquiet. Ces derniers jours, nous avons tous les deux suivi les visios de Marcel van Triest. Le météorologue hollandais est considéré comme l'un des meilleurs conseillers au monde en matière de météo par les navigateurs de haute mer qui souhaitent suivre une route longue et sûre. Marcel nous a expliqué ce qui se prépare au-dessus de l'Atlantique Nord.

Un front froid avec des rafales de vent allant jusqu'à force neuf (sur l'échelle de Beaufort, soit 75 à 88 km/h) se dirige vers le golfe de Gascogne. Il forme de très hautes vagues entre la Bretagne et le nord de l'Espagne. Le fond marin en forte pente comprime la houle, provoquant des vagues courtes et hautes se croisant et se décroisant : la tristement célèbre mer croisée. En hiver, le golfe de Gascogne est l'une des zones de navigation les plus complexes d'Europe. Bien sûr, le Vendée Globe pourrait partir en été, mais ce serait l'hiver dans les mers du Sud, et nous y serions confrontés à une houle encore pire que celle qui s'accumule actuellement dans le golfe de Gascogne.

L'Atlantique semble vouloir nous mettre à l'épreuve dès le départ. Car après ce front froid, nous rencontrerons Theta, une tempête subtropicale située au sud des Açores et dont la force augmente de jour en jour. « Avant d'atteindre les alizés, tu vas passer six jours difficiles », m'avait prévenu Marcel van Triest. « Avec de nombreux changements de voile et de nombreuses manœuvres. Tu dois y aller doucement, sinon tu seras épuisé tout de suite. »

Facile à dire. J'avais tellement hâte de débuter cette course. Maintenant, je suis en mode régate, surmotivé. Je n'arrête pas de chercher des manières d'améliorer mon bateau. Mais le conseil de Marcel est judicieux : je dois y aller doucement, commencer par me familiariser à nouveau avec mon espace de vie à bord. C'est vraiment une toute petite maison, un petit espace de vie.

La coque de 18 mètres de long de *Seaexplorer* est en carbone, il n'y a pratiquement pas d'aménagement intérieur, seulement le côté noir et nu et des cloisons et longerons massifs montés en croix, ce qui rend déjà difficile de grimper à l'avant de la coque dans le port. Alors en mer, lorsque le bateau saute par-dessus les vagues, c'est encore bien pire. Des cloisons mobiles divisent la moitié avant du bateau en sections étanches, c'est là que je stocke mes sacs de voiles. Je ne peux accéder à la partie arrière sous le cockpit qu'en rampant, c'est là qu'est fixé le gouvernail, mais aussi les réservoirs et beaucoup d'électronique.

Mon espace de vie et de travail proprement dit se limite au tiers central de la coque, soit six mètres carrés. Dans le sens de la longueur, le « tunnel » à hauteur de hanches divise l'espace. C'est un corps creux à travers lequel passent plusieurs dizaines de cordages entre le cockpit et le mât. Mon seul meuble est un siège baquet ergonomique. Selon l'inclinaison du bateau, je fixe le siège à gauche ou à droite du tunnel, toujours du côté du vent. De là, je tire vers moi le pupitre de commande fixé sur un bras pivotant en hauteur.

Même par grosse mer, je peux ainsi contrôler le bateau en toute sécurité, confortablement installé dans le siège baquet. Sur le pupitre de navigation pivotant se trouvent un ordinateur et un écran, de nombreux panneaux de commande et interrupteurs ainsi que trois téléphones satellites. La plupart du temps, j'ai les yeux rivés sur l'écran : c'est là que je consulte les cartes météo et maritimes, que je récupère les données de tous les capteurs du bateau, que je règle le pilote automatique et la cinquantaine de systèmes d'alarme. Et j'ai toujours un œil sur ce que filment les caméras de surveillance sur le pont et en haut du mât.

De part et d'autre du tunnel se trouvent des ballasts, le moteur et le laboratoire de bord, des tuyaux et des cloisons. Entre les deux sont stockés des sacs de provisions, de vêtements, d'outils et de pièces de rechange. Impossible de se tenir debout. Dans mon poste de commande, je ne peux que me glisser dans la coque du siège. Une couchette est installée d'un côté du bateau : un cadre en tubes de carbone recouvert de toile, que je relève en biais lorsque le bateau est incliné, et sur lequel est posé un matelas confortable. Avec un sac de couchage et un grand oreiller, je peux facilement m'appuyer contre la paroi, même par forte mer.

Ma cuisine se compose d'une planche escamotable sous une console. Des gobelets en plastique sont fixés dans trois trous : pour les épices, l'huile d'olive, le Tabasco, le couteau, la fourchette et la cuillère. De plus, mon réchaud à gaz sur cardan pour l'eau chaude y fait la navette. Je n'ai pas besoin de plus, mes principaux repas sont constitués d'aliments lyophilisés sur lesquels je verse de l'eau bouillante.

La préparation est rapide et les plats sont en général assez savoureux, surtout les pâtes. J'ai à bord des provisions pour quatre-vingts jours, ce qui représente 150 kg de produits. Mon équipe les a répartis dans quatre-vingts sacs, chacun contenant deux repas, un petit déjeuner, un dessert et des en-cas. Dans les coins protégés de la coque, j'ai rangé quelques bouteilles de bière et de vin rouge. Et comme lors de mes précédents tours du monde à la voile, j'ai emporté trois minuscules bouteilles de Talisker. Dès que je contourne un des caps légendaires, je fête ça en buvant un petit dé à coudre de ce délicieux whisky.

Pour l'eau potable, la petite usine de dessalement installée dans le bateau traite l'eau de mer. Les règles de la course stipulent que chaque skipper doit avoir à bord un second dessalinisateur et 25 litres d'eau potable en bouteille ; cette réserve de secours peut être utile au cas où l'électricité serait coupée, pour permettre au navigateur de rendre au port le plus proche. J'aimerais pouvoir dire que j'arrive à reconnaître les océans à leur goût, mais l'eau traitée a toujours le même, ou plutôt n'en a pas. Quand j'y pense, je jette des comprimés de vitamines dans le bidon d'eau.

Il n'y a pas de salle de bains sur les voiliers de course. En guise de toilettes, j'utilise un seau bleu avec des sacs en plastique spéciaux que je peux jeter par-dessus bord, car ils sont solubles dans l'eau de mer. Pour les soins corporels, j'ai emporté une brosse à dents et du dentifrice, une crème pour la peau, des ciseaux à ongles et du shampoing à l'eau salée. Pour prendre une douche, il me suffit de m'asseoir, nu, sur la plage avant, maintenu par une sangle, et d'attendre qu'une vague déferle sur le bateau ou de faire de même, mais sous la pluie. Mais je ne m'offre bien sûr ces deux plaisirs que dans les régions chaudes. Je ne prendrai pas de douche pendant les six semaines que je passerai dans les mers du Sud, il y fait bien trop froid. Pour ce passage, j'ai des paquets de lingettes nettoyantes à bord, ça fera l'affaire.

D'épais câbles électriques s'étirent le long des murs. Des poignées sont installées sous le plafond à côté de fils auxquels pendent des lampes frontales, des lunettes de soleil, des mousquetons, des rouleaux d'essuie-tout. La lumière du jour entre par de petites lucarnes dans le plafond et par les deux passages vers le cockpit. Mais la plupart du temps, le bateau est sombre, les parois en carbone noir mat absorbent beaucoup de lumière. En bref, ma maison en mer de six mètres carrés ressemble plus à une salle de commande dans le sous-sol d'une centrale électrique qu'à une cabine de bateau. L'habitabilité n'a pas sa place dans la construction d'un voilier de course.

La présence de photos est donc d'autant plus importante pour moi. Au plafond, j'ai mis de grandes photos de Birte et de Marie-Louise, notre fille de six mois, que nous appelons tous Malou. Juste à côté, des photos de Lilli, ma chienne espagnole câline qui m'a permis de passer si joyeusement ma quarantaine en France. Voilà la seule touche personnelle de tout le bateau. Au-dessus du pupitre de commande est attaché le seul morceau de nature du bateau : un minuscule cactus que j'appelle Spike. Sur mon smartphone, j'ai des playlists pour chaque moment : des morceaux planants de Pat Metheny, mais aussi *Run Boy Run* de Woodkid, une chanson pour me motiver. Et plusieurs films sont stockés sur ma tablette, pour les semaines que je passerai dans les mers du Sud, enfermé la plupart du temps.

Je ne sortirai alors pour aller dans le cockpit couvert que pour les manœuvres, car toutes les écoutes y convergent et c'est d'ici que j'utilise le moulin à café, dit grinder. Cette colonne placée au milieu du cockpit sert de télécommande pour les quatre treuils qui permettent de régler les voiles et le gréement. C'est également ici que se trouve la barre franche que je n'utilise que lorsque je désactive le pilote automatique pour certaines manœuvres. *Seaexplorer* a pour ainsi dire deux postes de commande : un numérique sous le pont et un analogique dans le cockpit.

~

La deuxième nuit, le vent se lève à nouveau et la mer devient plus forte. Je suis confortablement assis dans mon siège. Devant moi, le moniteur brille dans l'obscurité. Comme dans un cockpit d'avion, j'ai tous les instruments sous les yeux, disposés autour de la carte marine numérique. Le pilote automatique est l'instrument le plus important du bateau, à la fois fiable et sensible. Grâce à des capteurs, il enregistre en permanence la force et la direction du vent, les mouvements du bateau, la vitesse, compare les données avec le couloir de navigation que j'ai saisi et dirige le bateau le plus rapidement et le plus sûrement possible à l'intérieur de ces glissières de sécurité virtuelles à travers la mer agitée. Dehors, dans le cockpit, la barre se déplace de gauche à droite comme si elle était guidée par une main invisible, le plus souvent en douceur, parfois avec une forte amplitude lorsque le bateau se heurte à un mur d'eau. Aucun navigateur, aussi expérimenté soit-il, ne pourrait barrer avec une telle fiabilité, trouver à chaque instant, pendant des heures, le chemin optimal entre les vagues, sans la moindre erreur d'inattention, sans signe de fatigue, sans être en proie au doute.

Il n'y a que pour certaines manœuvres que j'empoigne la barre, le pilote automatique dirige le bateau durant les 99 autres % de la course. J'ai assez à faire pendant ce temps. La navigation en solitaire ne serait d'ailleurs pas possible sans les systèmes de pilotage automatique. Les premiers navigateurs en solo utilisaient encore des girouettes quand les pilotes automatiques les plus récents sont équipés d'une intelligence artificielle. Mais même un pilote automatique parfaitement programmé n'a aucune chance quand une crête se dresse trop rapidement et trop abruptement devant le bateau après un creux de vague. Il s'y enfonce alors avec fracas, s'arrête brusquement, tremble, se couche de biais, se redresse, puis accélère à nouveau.

Allongé et attaché dans mon siège baquet, j'écoute la nuit. Le niveau sonore est infernal. Bien que je porte presque toujours un casque antibruit, ça me vrille les oreilles : les foils hurlent à haute fréquence. Les vagues s'écrasent contre la coque, déferlent sur le pont. Dans le gréement, la tempête hurle, la coque se cabre et tangue sur les vagues. L'enveloppe en carbone, en grande partie vide à l'intérieur, amplifie le vacarme comme une caisse de résonance. Ça fait un bruit d'enfer. Une cacophonie, sans interruption, jour et nuit. Jusqu'à l'arrivée, ça résonnera dans mes oreilles, amplifié quand le vent se lève. Et comme nous cherchons des régions avec beaucoup de vent…

Le romantisme de la croisière à la voile est bien loin ! C'est plutôt de la Formule 1 sur l'eau. Très rapide, très fatigant, très bruyant. Certains peuvent avoir des frissons à l'idée de naviguer sur une telle machine, moi je trouve ça fascinant. C'est sans doute le cas de tous les navigateurs du Vendée Globe. Cette course à travers les océans sollicite en permanence toute notre agilité physique et mentale, elle nous gonfle d'expériences existentielles, elle nous fait vivre des dangers et des moments de bonheur que personne ne connaît à terre.

Cette deuxième nuit, j'ai autant de mal à fermer l'œil. Cette fois, ce n'est pas le bruit, mais le vent fort et en rafales qui me maintient éveillé. Ma tête ne se repose pas, mes pensées tournent en rond. Peux-tu améliorer quelque chose ? Es-tu sûr de ne rien avoir oublié ? Est-ce que les batteries se chargent bien ? Ne devrais-tu pas plutôt rentrer le foil, parce que le vent vient de tomber un peu et que le bateau navigue plus droit, ce qui fait que le foil traîne inutilement dans l'eau ? Mais peut-être que le vent se lèvera sous peu, alors je pourrais m'épargner ces efforts, peut-être qu'en attendant encore un peu, je verrai comment le vent évolue, et je pourrai alors aviser.

C'est comme ça tout le temps. Parfois, je me relève deux ou trois fois, jusqu'à ce que je trouve enfin une sorte de paix intérieure et que je me dise : « Bon, tout va bien, ça suffit, dors ! » Et je sombre alors pendant au moins vingt minutes.

Les premiers jours en mer sont toujours les plus difficiles, je le sais pour avoir participé à d'autres régates. On peine à trouver un rythme de sommeil. Le corps est douloureux à cause des mouvements inhabituels, lorsque je me déplace comme un singe dans la coque, sautant d'avant en arrière, me tordant et m'accrochant. Sur le pont, je sens que je n'ai pas encore le pied totalement marin, je ne fais pas encore corps avec ce monde qui vacille sans cesse.

Et ce sentiment d'appréhension m'est également familier : le passage sans transition de la vie sur terre à la solitude en mer est tellement brutal. Nulle part ailleurs dans le monde, l'homme n'est plus isolé et plus livré à lui-même qu'en haute mer. Cela peut provoquer une angoisse et un désespoir lancinants, même quand on n'est pas seul à bord. J'ai vécu des voyages au long cours durant lesquels des compagnons de route expérimentés sont restés muets pendant les premiers jours, accomplissant leurs tâches machinalement, assis dans le cockpit avec un air déprimé. D'après mon expérience, il faut au moins cinq à six jours pour que l'appréhension disparaisse, pour que l'on mange et dorme correctement, que l'on sente soudain le bateau et que l'on sache que l'on est bel et bien en mer.

Je n'en suis pas encore là. Au contraire : le fait de savoir que je suis seul me serre la gorge. Surtout quand je pense au temps que je vais passer sans voir personne. Ma plus longue course en solo a duré 21 jours, celle-ci va être presque quatre fois plus longue. C'est un voyage vers l'inconnu. Comment vais-je gérer la solitude ? Ou plutôt : que va me faire la solitude ?

~

Le lendemain, la flotte se divise. Certains skippers prennent un cap au sud, en passant par le cap Finisterre, au nord-ouest de l'Espagne. Les autres, dont je fais partie, continuent à se diriger vers l'ouest, tout droit vers le front de la tempête. Selon les dernières modélisations météorologiques, la tempête ne devrait que peu s'affaiblir, avec un vent de force sept. Je fais confiance à *Seaexplorer*, nous avons considérablement renforcé l'étrave. De plus, je traverserai plus rapidement la dépression en le faisant tout droit.

Le vent est encore vif, mais pas tempétueux, et j'en profite pour filmer des moments de mon quotidien : comment je fais cuire les pâtes, comment je planifie mon routage sur l'ordinateur, comment je m'assieds dans le cockpit, j'en profite pour expliquer mes manœuvres de la nuit. Filmer permet avant tout de chasser les pensées mélancoliques. Mais j'aime aussi beaucoup raconter la navigation en haute mer, depuis toujours. J'ai donc prévu d'envoyer de courtes vidéos et des textes à terre chaque jour pendant cette course. Je suis particulièrement bien équipé pour ça. J'ai embarqué pas moins de trois téléphones satellites, deux caméras d'action, un appareil photo et deux drones. J'ai prévu un peu large, mais j'ai une passion pour les gadgets technologiques. Grâce à un signal satellite stable, j'envoie ensuite les vidéos à mon équipe qui les relaie sur les nos différents profils sur les réseaux sociaux. Les organisateurs du Vendée Globe prévoient eux aussi de diffuser chaque jour de courtes vidéos des navigateurs sur leur site Web et dans l'émission quotidienne diffusée en ligne « Vendée live ». Le monde entier sera ainsi témoin de l'expérience de ces 33 hommes et femmes, de leur quotidien en version intégrale avec un décalage de seulement quelques heures.

Le Vendée Globe se présente comme un docudrame en haute mer de dix semaines, avec des regards comme aucune autre course autour du monde n'en a jamais donné auparavant – ce projet me séduit. D'autant plus que WhatsApp et FaceTime permettent de témoigner de la dureté et du caractère impitoyable de la course, de tous les détails croustillants. Il y a trente ans, les premiers navigateurs du Vendée Globe ne pouvaient envoyer que de brefs messages radio et fax sporadiques depuis les mers du Sud, alors que nous, nous enverrons des vidéos tous les jours. Mais les mers du Sud ne s'en soucient gère. Elles demeurent la dernière région totalement sauvage sur Terre qui rendra notre périple aussi difficile que celui de tous les navigateurs qui s'y sont aventurés avant nous. Dans cette région du globe, les tempêtes de glace et les vagues hautes comme des maisons sont légion. Je serai content si je m'en sors sans dommages. Et cela me fera du bien de pouvoir en parler quand j'y serai.

Pour commencer, l'espace média diffuse aujourd'hui les vidéos d'Alex Thomson et de Pip Hare. Les créateurs de l'émission en ligne n'auraient pu faire meilleur choix. Ceux qui se lancent dans le défi du Vendée Globe ont tous des caractères et des parcours différents, mais Alex et Pip incarnent peut-être les plus grands contrastes dans ce kaléidoscope de personnes extraordinaires au sens premier du terme.

Pour Alex Thomson, à quarante-six ans, c'est déjà le cinquième Vendée Globe. L'Anglais a dû abandonner à deux reprises, une troisième et une deuxième place ont suivi, il n'a désormais qu'un seul objectif : être le premier ou rien ! Pour ce faire, il s'est fait construire le bateau le plus extrême de la flotte, un projectile plat optimisé en soufflerie avec d'énormes foils. Et, chose révolutionnaire, il n'a pas de cockpit extérieur. La vidéo montre Alex peu après le départ dans sa capsule de commande sous le pont, d'où il a le contrôle du bateau sans avoir à regarder à l'extérieur ; une douzaine de caméras installées sur le pont et dans le mât sont ses yeux dehors. Toutes les écoutes de réglage des voiles arrivent dans sa capsule. Il n'a besoin de sortir, par une trappe, que pour changer les voiles ou pour d'éventuels travaux. La coque et les voiles sont d'un noir profond, barrées de bandes magenta ; le sponsor est inscrit à moitié sous la ligne de flottaison – un signe qui ne trompe pas : ce bateau est destiné à voler.

Alex et moi sommes de bons amis depuis douze ans, j'aime son mélange de rage de vaincre et d'esprit sportif britannique. C'est aussi un homme très drôle, à l'humour pince-sans-rire et à l'optimisme indestructible. « Boris, quand on passe autant de temps sur l'océan que nous le faisons, m'a-t-il dit un jour, il faut toujours veiller à s'amuser quand on y est ! » Alex a fait des choses folles : il s'est fait tracter par son bateau sur sa planche de surf et son kite, si vite qu'à un moment donné, il a décollé et a volé à plus de 50 mètres. Une autre fois, il a suffisamment couché son bateau pour réussir à marcher, vêtu d'un élégant costume noir, sur le mât incliné jusqu'au sommet. Il a ensuite attendu quelques secondes, puis il a tout simplement plongé. La vidéo de cet exploit appelé le « Mast Walk » (marche sur le mât) a été un succès viral sur le Web.

Pip Hare a elle aussi quarante-six ans et est également originaire d'Angleterre. C'est l'une des six femmes au départ de la course. À dix-huit ans, elle est devenue monitrice de voile et peu après, elle a commencé à rêver du Vendée Globe.

Aujourd'hui, c'est chose faite. Le bateau de Pip est l'un des plus anciens de la flotte, du haut de ses vingt et un ans, il a déjà fait quatre fois le tour du monde avec différents équipages. C'est un bateau de course robuste, presque à l'ancienne, sans foils. La vidéo de bord montre Pip assise dans son cockpit extérieur, en ciré rouge, les cheveux mouillés par les embruns. Les mains sur la barre, elle dirige le bateau à travers la mer agitée. Pip utilise aussi le pilote automatique en continu et semble d'autant plus apprécier ce moment qu'elle fait le signe de la victoire en riant et en criant : « On y va ! »

Tout le monde ne va pas aussi bien que Pip en ce moment. J'entends à la radio qu'un deuxième bateau a eu des problèmes avec le crochet de la drisse du mât ; contrairement à Fabrice Amedeo, le skipper est monté en mer, a déverrouillé le crochet et a pu abaisser la voile sur le pont. Et Damien Seguin, un Français de quarante et un ans, a lui aussi dû arrêter son bateau, s'équiper et plonger sous la coque pour détacher un filet de pêche qui s'était enroulé autour de la quille. Un défi difficile à relever, surtout pour quelqu'un comme lui qui a un handicap physique : Damien, quintuple champion du monde et double médaillé d'or aux Jeux paralympiques, est né sans main gauche. « Je n'avais pas le choix », a-t-il expliqué. « Ce n'est pas un moment où je peux gagner la course, mais c'est un moment où je peux la perdre. »

Damien est navigateur professionnel. Comme Pip Hare, Alex Thomson et moi, comme presque tous les participants du Vendée Globe : nous gagnons notre vie en naviguant sur des voiliers de course high-tech. C'est un métier, pas un hobby. *A fortiori* si l'on veut faire le tour du monde en solitaire et sans escale. Pour y parvenir, il nous faut une équipe, des sponsors, acquérir énormément de connaissances et, surtout, s'entraîner intensivement pendant des années, ce qui ne laisse pas vraiment de temps pour avoir une autre profession, plus classique. Mais au départ de cette course figurent aussi deux amateurs : Didac Costa qui est pompier à Barcelone et Ari Huusela, un Finlandais de cinquante-huit ans, pilote dans la vie civile. Pendant vingt ans, il a consacré tout son temps libre à récolter de l'argent et à gagner en expérience en haute mer pour prendre le départ du Vendée Globe cette année.

Ceux qui prévoient de participer à cette course n'optent pas seulement pour une régate particulièrement stimulante. Ils ont le courage de tout faire pour réaliser le rêve d'une vie.

Chez moi, ce rêve a germé dès mon enfance. À l'époque, il n'y avait pas de raisons expliquant cette envie de carrière dans la navigation hauturière. Je suis né en Allemagne dans les terres à Oldenburg, en Basse-Saxe, en mai 1981, et c'est sur un lac voisin, le Zwischenahner Meer, que j'ai appris à naviguer. Avec mon ami Julien Kleiner, j'ai commencé à faire des régates, d'abord dans la région, puis pendant mes études, surtout à Kiel. Pendant dix-huit ans, nous avons formé une équipe bien rodée. Nos plus grands succès ont été remportés en dériveur 505. Dans cette catégorie de bateaux, nous sommes devenus champions d'Allemagne et vice-champions d'Europe en 2007.

Peut-être qu'à l'époque, j'aurais pu envisager de faire une carrière professionnelle en tant que navigateur en dériveur, avec les Jeux olympiques comme objectif à long terme, mais la navigation en haute mer m'attirait davantage. La faute à mes parents sûrement. Tout petit déjà, ils m'emmenaient avec eux sur leur petit voilier en acier pour sillonner la côte de la Frise orientale le week-end. Ils ont mis le bateau au sec dans la mer des Wadden et je creusais dans les bancs de sable. Après la séparation de mes parents, j'ai vécu avec mon père et lorsque nous naviguions ensemble, je passais des heures à la barre, dès l'âge de huit ans. Parfois, il se couchait et je ramenais le bateau seul au port. Mon père m'a appris la navigation, le sens de la mer et l'importance de prendre des décisions, de faire des choix dans le calme. C'est un esprit libre peu orthodoxe, mais il respecte le fait que la mer est toujours plus forte, qu'elle impose humilité et vigilance.

C'est comme ça que j'ai grandi. Avec la mer comme pouponnière, les crabes, les criques, les bancs de sable mouillés et l'odeur du varech. Je n'ai trouvé la mer Baltique que modérément passionnante, j'ai été fasciné par la baie allemande avec ses marées basses et ses défis de navigation. La mer du Nord a fait de moi un marin.

C'est à cette époque que j'ai lu les premiers livres d'hommes et de femmes qui avaient fait le tour du monde à la voile, y compris lors du Vendée Globe. Ce n'est pas comme si je n'avais eu qu'un seul objectif depuis. Mais les livres ont fait grandir mon rêve. Après le baccalauréat, j'ai osé faire le premier pas. Je voulais participer à une régate en solitaire à travers l'Atlantique. Ma mère m'a prêté de l'argent et j'ai acheté un Pogo, à peine plus grand qu'un dériveur de 6,50 mètres avec une minuscule cabine. J'ai commencé mon service civil à Kiel pour naviguer en parallèle. Malheureusement, la maison de soins où j'étais a fait faillite et il m'a fallu six semaines pour trouver un nouvel emploi. Ça m'a fait perdre un temps précieux, car les courses de qualification pour la course de l'Atlantique devaient commencer juste après mon premier contrat. Mon nouvel employeur a refusé de réduire la durée de mon contrat, mais je suis parti quand même : je ne pouvais pas manquer ça, je m'y préparais depuis deux ans. Ça a été compliqué, mais j'ai réussi à participer à la Mini-Transat 2001 ! À dix-neuf ans, j'étais le plus jeune sur la ligne de départ et je suis finalement arrivé à la onzième place sur vingt-trois dans ma catégorie.

En fait, j'aurais pu continuer sur cette lancée, mais mes parents m'ont convaincu de faire d'abord des études. J'ai choisi la physique et, après un semestre, j'ai changé pour les sciences économiques à Brême. Pendant les vacances d'été, je gagnais de l'argent en tant que skipper de voiliers charters que je faisais naviguer jusqu'aux îles Lofoten en Norvège. Et en hiver, j'ai formé des navigateurs de croisière lors de stages par gros temps sur la mer du Nord.

Mon père ne m'a pas seulement familiarisé avec la mer, il a aussi forgé ma conscience politique. C'était un vrai soixante-huitard, actif dans le mouvement pacifiste, engagé pour la justice sociale et contre le militarisme. En tant qu'enseignant dans la fonction publique, ça n'a pas toujours été simple. S'il n'a pas réussi à me transmettre ses points de vue politiques, il m'a tout de même fait prendre conscience du fait que le monde est plus qu'une juxtaposition d'individus et que chacun d'entre nous a une responsabilité. C'est probablement ce qui m'a fait choisir pour mes études d'économie une spécialisation en rapport avec la politique sociale :

le management durable. Jusqu'alors, la protection de l'environnement avait été pour moi une préoccupation plutôt émotionnelle. J'y ai appris à comprendre le plus grand défi de notre époque sur le plan économique et technologique. Cette vision m'a marqué jusqu'à aujourd'hui, expliquant mon engagement contre le changement climatique.

À partir de 2007, les choses sont devenues sérieuses : j'avais vingt-six ans, j'étais diplômé en économie et je devais prendre une décision. Dans le tiroir de droite de mon bureau se trouvaient mon CV et des ébauches de lettres de motivation pour postuler. Et dans le tiroir de gauche, j'avais des pistes pour chercher de sponsors. Je me suis donné quatre mois pour cette recherche après quoi il me faudrait obligatoirement ouvrir le tiroir de droite.

J'avais besoin de collecter des fonds pour participer à nouveau à une course transatlantique avec un plus grand voilier. Enseignant, mon père n'avait ni mise de fonds à me prêter ni relations. J'ai donc essayé d'activer mes contacts dans le milieu de la voile. « Personne ne te sponsorise pour une seule régate, m'a expliqué un entrepreneur berlinois, tu dois présenter un projet à long terme. » J'ai alors découvert la Portimão Global Ocean Race, une course autour du monde en double avec plusieurs escales. Les deux courses devaient avoir lieu en 2008-2009 et se sont révélées suffisamment ambitieuses pour convaincre une compagnie maritime de Brême de me financer.

J'ai terminé deuxième de la traversée en solitaire en Atlantique et avec Felix Oehme, nous avons gagné la course à deux. Nous n'avions certes que trois concurrents, mais nous étions l'équipe la plus jeune et nous naviguions sur le bateau le plus ancien, ce qui a attiré l'attention. C'est ainsi qu'on m'a proposé en 2010 de participer à une deuxième course en binôme également autour du monde, la Barcelona World Race, sans escale. Mon partenaire était Ryan Breymaier, un marin américain accompli, aujourd'hui membre de notre équipe pour le Vendée Globe. Exactement cent jours après le départ, nous sommes rentrés à Barcelone. Quatorze voiliers ont pris le départ, neuf ont atteint l'arrivée, nous à la cinquième place. J'avais déjà trente ans, et mes succès m'avaient conforté dans mon choix de ne pas chercher à travailler comme économiste.

Hasso Plattner, l'un des fondateurs de SAP et passionné de voile 505, m'avait déjà invité à rejoindre son équipe de formation à la voile. J'y ai rencontré des navigateurs professionnels, dont le métier consistait uniquement à faire des régates, à parcourir le monde et à être payés pour cela. Le rêve !

Jochen Schümann, le marin le plus titré d'Allemagne avec trois médailles d'or, m'a engagé comme co-navigateur sur son voilier de régate. Son chef navigateur, Juan Vila, avait étudié les mathématiques, la météorologie et l'informatique. Lors de nos régates en Méditerranée, je me tenais à ses côtés, la tablette étanche avec le programme de navigation à la main et j'apprenais sans cesse. Juan Vila est l'un des meilleurs navigateurs de régate au monde. Pendant deux étés, j'ai fait partie du circuit de course des super voiliers, nous avons navigué au large de Majorque, de la Sardaigne et de Saint-Tropez. J'ai fait le plein de connaissances, puis je suis reparti naviguer au large.

Venons-en à Giovanni Soldini, le célèbre navigateur hauturier italien qui m'a invité pour la première fois sur son voilier de course *Maserati* en 2012. Il était l'un des héros des livres que j'ai dévorés quand j'étais étudiant. Pendant plus de quatre ans, nous avons navigué régulièrement ensemble, j'étais responsable de la navigation et de l'électronique. Nous courions après les records : du Cap à Rio, de New York à San Francisco, de San Francisco à Shanghai, quatre traversées de l'Atlantique. Giovanni m'a beaucoup appris sur l'observation météorologique classique. Et sur la gestion d'un voilier de course et de son équipage. Nous avons parcouru ensemble plus de 100 000 milles nautiques. Pour Giovanni, ce fut, comme il l'a écrit plus tard dans un livre, « une période merveilleuse et également très amusante ».

En 2014, j'ai rencontré celle qui allait devenir ma femme, Birte, précisément l'année où j'ai passé environ 250 jours en mer. J'ai transféré le *Maserati* de la Méditerranée aux Caraïbes, puis Birte et moi y avons passé des vacances. Pendant que le voilier était à New York, Birte a vécu quelques semaines avec moi à Brooklyn. Ensuite, avec Ryan Breymaier, j'ai rallié en un temps record Los Angeles à Hawaï sur un trimaran de 30 mètres : 3 jours et 18 heures. Birte a suivi et nous avons exploré l'archipel des mers du Sud. Peu de temps après, elle m'a rendu visite en Bretagne, alors que j'y préparais un voyage à la voile dans l'Arctique, de la Norvège à l'Alaska en prenant le passage du nord-est. S'en est suivi mon troisième tour du monde à la voile avec des navigateurs français, espagnols, suisses. J'ai concouru sur un trimaran pour le trophée Jules-Verne, le record du tour du monde à la voile le plus rapide depuis 1990. Nous avons manqué le record de 45 jours de 2 jours.

C'étaient des années exceptionnelles qui m'ont conduit, moi, le fils d'un enseignant d'Oldenburg, sur de grands voiliers de course, dans les plus belles villes portuaires du monde. Ce qui m'a le plus plu, c'est le temps passé avec Giovanni Soldini. Sa devise était « travailler dur, fêter dur ! ». Dès l'âge de seize ans, il a traversé l'Atlantique à la voile et a établi sa première base de voile à Cuba avec un ami. Issu d'une famille d'industriels italiens, Giovanni était un rebelle, un anticonformiste. Les exigences bourgeoises lui étaient étrangères, la seule chose qui comptait pour lui, c'était d'associer succès et plaisir. Nous avons sillonné le monde, pressés, nous dormions dans les aéroports, chez des amis ou à cinq par terre dans un appartement new-yorkais. Un jour, alors que nous avions besoin d'un taxi à Brooklyn, Giovanni a décrété qu'il n'avait pas d'argent pour ça et il nous a acheté des skateboards. Zéro glamour, beaucoup de travail. Et beaucoup de fêtes aussi. Giovanni était rock'n'roll.

J'ai eu la chance pendant toutes ces années d'apprendre avec les meilleurs, que ce soient des skippers, des navigateurs, des météorologues, des constructeurs de bateaux, de voiliers, des experts en matériaux, des gestionnaires d'écuries de course. J'ai vite compris que je voulais faire plus que d'être un bon navigateur. Je voulais tracer ma route. Et je savais exactement laquelle.

Si ce rêve est devenu réalité, c'est une fois de plus grâce à Giovanni. Lors d'une régate sur l'Atlantique avec son *Maserati* j'ai fait la connaissance de Pierre Casiraghi, le benjamin des enfants de Caroline, la princesse de Hanovre et de Monaco. Nous nous sommes liés d'amitié et avons pris le départ de nombreuses régates ensemble dans les années qui ont suivi, dans les Caraïbes, en Méditerranée, lors de la Semaine de Kiel. Pierre qui était le vice-président du Voilier

Club de Monaco a créé début 2016 la Team Malizia. Nous organisions ainsi des événements de voile avec des bateaux de classe GC32, un catamaran de course avec des foils. Pierre savait que je rêvais depuis longtemps de participer un jour au Vendée Globe et il a complètement adhéré à mon rêve. Team Malizia est alors devenu une plateforme de collecte de fonds pour financer ma participation à cette course en 2020.

Il me restait quatre ans avant le départ.

3

Le baptême du feu

Tout plaisancier qui voit pour la première fois un monocoque du Vendée Globe regarde le bateau avec stupéfaction. C'est une machine de course sans fioritures sous les voiles. La coque plate et anguleuse ressemble à une planche de surf géante avec un tableau arrière ouvert d'une largeur incroyable. Structure basse, design aérodynamique, pas de fenêtres, seulement des trappes et des lucarnes. Le design global est à la fois élégant et agressif. Ce voilier évoque un prédateur, tapi au sol, qui est prêt à bondir.

Un voilier d'occasion adapté à cette course peut coûter un à deux millions d'euros, tandis qu'il faut compter jusqu'à six millions pour une construction neuve. Seuls les bateaux de classe « Open 60 » peuvent y participer. « 60 », parce que 60 pieds, soit un peu plus de 18 mètres de long. Et « Open », parce que les règles de classe définissent certes la longueur, la largeur, la profondeur de quille et la hauteur de mât maximales, mais aussi certains équipements de sécurité. Le reste est libre pour laisser s'exprimer les constructeurs inventifs. Et ils s'en donnent à cœur joie.

Les bateaux dessinés il y a trente ans ont d'emblée été conçus pour naviguer sur de longues distances avec seulement une ou deux personnes à bord. Cette exigence nécessite pour un bateau de cette taille que l'équipement et les technologies soient bien pensés et adaptés. Les machines de course, appelées depuis IMOCA en raison de leur association de classe, sont devenues un moteur d'innovation dans la construction de voiliers.

Designers, constructeurs de bateaux, ingénieurs, experts en matériaux, tous présentent lors de chaque édition du Vendée Globe des innovations allant de foils agrandis à des caméras infrarouges placées sur le mât. Comme les bateaux sont conçus pour pouvoir prendre de la vitesse même dans les conditions les plus extrêmes, ils sont particulièrement solides et durent, d'autant plus si leurs propriétaires les modernisent au fil des ans.

La flotte de cette course est donc très variée. Pour schématiser, les bateaux peuvent être divisés en trois catégories. Le premier groupe est composé des voiliers IMOCA les plus extrêmes jamais construits – leurs foils sont plus de deux fois plus longs que ceux utilisés lors de la dernière édition du Vendée Globe. Tout dans ces planeurs vise à faire décoller les bateaux dès que les vents sont moyens, à tel point que seule la partie basse glisse sur l'eau. Pour leur donner une plus grande stabilité, l'étrave a été élargie de sorte que de l'avant, les bateaux ont l'air plutôt « ouverts ». Les huit bateaux de ce groupe ont tous été construits au cours des deux dernières années, et leurs skippers comptent parmi les favoris de la course : Alex Thomson et les Français Jérémie Beyou, Thomas Ruyant et Charlie Dalin.

Le deuxième groupe est composé de bateaux plus anciens, mais déjà dotés de foils. Certains sont encore équipés de la version plus petite de la dernière course, les « ailes de poulet ». D'autres ont la dernière génération de foils. Mon voilier en fait partie. Au printemps 2020, c'est dans notre hangar à Lorient que nous avons remplacé les anciens foils de *Seaexplorer* par des nouveaux. Ils sont environ deux fois plus grands et sont censés soulever le bateau plus tôt et plus haut hors de l'eau. Depuis, le bateau est différent, et nous nous sommes beaucoup entraînés tout l'été pour bien le connaître. J'imagine que c'est la même sensation que pourrait ressentir un pilote de Formule 1 après un changement de moteur.

Et enfin, le plus grand groupe de la flotte est constitué par les 14 voiliers de course sans foils. La plupart d'entre eux ont une bonne douzaine d'années et ont fait au moins un tour du monde. Ce sont des bateaux qui ont fait leurs preuves, plus robustes à manier que les foilers, nerveux et sensibles. De nombreux skippers de ces bateaux participent pour la première fois à cette régate ; pour eux, le plus grand triomphe serait de franchir la ligne d'arrivée. Jean Le Cam, soixante et un ans, le plus âgé des participants et vénéré en France comme le « roi Jean », navigue lui aussi sur un bateau sans foils, ce qui ne l'empêche pas de vouloir finir en tête de la course. Il a couru le Vendée Globe quatre fois et n'a dû abandonner qu'une seule fois, en 2008, au large du cap Horn, lorsque la quille de son bateau s'est soudainement détachée, le faisant chavirer. Jean a alors tenu seize heures dans une mer déchaînée jusqu'à ce qu'un de ses concurrents le secoure.

Les voiliers IMOCA, très complexes, offrent des centaines de possibilités pour régler de manière optimale les voiles, les haubans, les foils, la quille pivotante, le mât tournant et bien d'autres choses encore. Il faut souvent des années pour maîtriser l'ensemble du tableau de commande. Le navigateur doit avoir fait l'expérience de son bateau sur des milliers de milles nautiques, surtout par tempête et par mer forte, pour savoir à quel point il est fiable et connaître précisément ses limites. C'est pourquoi les nouvelles constructions, avec leurs énormes foils, nécessitent une phase de test longue et approfondie. Mais les huit skippers de ces bateaux n'ont eu pour la plupart qu'une année devant eux, et aucun n'a réussi à aller le plus au sud possible pour exposer la coque et le gréement aux forces des mers du Sud. Dans un peu plus de trois semaines, ces prototypes pourront prouver leurs capacités pour la première fois en conditions météorologiques extrêmes.

Peu avant le départ, Alex Thomson avait déclaré publiquement qu'il était inquiet : « Je pense que personne n'a navigué autant de milles nautiques qu'il l'espérait avec les nouvelles constructions. Et encore moins dans des conditions comme celles qui règnent près des mers du Sud. Je crains que nous n'assistions là-bas à quelque chose de très désagréable : une guerre d'usure. »

Le bateau d'Alex a été mis à l'eau il y a seulement un an et demi. En hiver, il a participé à une régate transatlantique vers le Brésil où il a terminé à la 24e place. Après un départ manqué, il a pris la tête de la course à une vitesse incroyable. Mais ensuite, alors qu'une erreur tactique lui avait déjà fait perdre du terrain, le voilier a percuté un OFNI (objet flottant non identifié) et la quille a failli être arrachée. Alex a dû abandonner. Depuis, il n'a pas refait de régate. Et les

Français en particulier s'interrogent sur la rapidité et la fiabilité de « la bête noire ».

~

Les modèles météorologiques qui ont légèrement revu à la baisse la force du vent pour cette nuit se sont trompés. La tempête qui s'abat sur nous dans l'obscurité est aussi violente qu'initialement annoncé : des rafales de vent de force 8 et des vagues de 5 mètres. Lors d'une interview avec un journal allemand peu avant le départ, j'avais avoué appartenir plutôt au groupe des navigateurs craintifs. Je vais toujours naviguer avec prudence dans cette course, c'est ma résolution et je m'y tiens. Je ne veux surtout pas risquer d'avoir des problèmes de casse dès le début. Je hisse ma grand-voile et ne mets que le foc ORC.

Malgré cela, la coque saute et s'écrase dans la mer croisée. Je me rends compte que je souffre avec mon bateau. Je le connais depuis quatre ans, j'ai confiance en sa stabilité, pourtant j'écoute avec angoisse le moindre bruit, tous les craquements. Dehors, il fait froid et sombre, il pleut, et je suis heureux de pouvoir effectuer toutes les manœuvres de navigation depuis le cockpit couvert. Le bateau plonge constamment dans une montagne de vagues à l'avant, puis des masses d'eau déferlent sur le pont, s'écrasent à l'arrière comme une mer en cascade depuis le toit du cockpit et ressortent en gargouillant par le tableau arrière ouvert. Tous les bateaux de ce type sont pour ainsi dire ouverts à l'arrière, se terminant juste au-dessus de la surface de l'eau – pour la simple raison qu'un mètre cube d'eau pèse une tonne et que l'on veut évacuer le plus rapidement possible ce poids du bateau.

Faire un virement de bord par ce temps, c'est un vrai travail de forçat. Parce que chaque virage commence par le « stacking » : avant de changer de cap et comme le vent souffle dans les voiles depuis l'opposé, il faut « empiler » tous les ballasts mobiles sous le pont, ce qui revient à les faire passer d'un côté à l'autre du bateau pour faire contrepoids. J'enfile mes genouillères et mets un casque de rugby avec une lampe frontale. Ensuite, j'avance vers les sacs à voiles qui se trouvent à l'avant du bateau sombre et qui oscille d'avant en arrière. Certains sacs pèsent dans les quatre-vingts kilos. Je me cale entre les barres de soutien, puis je tire, je tire et je balance les sacs par-dessus les barres longitudinales vers l'autre côté du bateau et je les y attache. C'est comme si on vous réveillait à minuit pour aider quelqu'un à déménager. Au bout de quarante minutes, je suis dégoulinant de sueur, mon dos me fait mal et mes mains brûlent à cause des sangles des sacs à voiles.

Pour la manœuvre elle-même, je m'installe dans le cockpit. Il faut aller vite parce que par ce vent fort, les voiles ne doivent pas faseyer (flapper) trop longtemps pour ne pas s'abîmer. Je laisse le pilote automatique effectuer le virement de bord, puis je tourne le grinder de toutes mes forces. Une fois les voiles réglées sur le nouveau cap, je me laisse tomber sur le strapontin à bout de souffle et je regarde vers l'arrière. La lune n'est qu'un croissant dans le ciel, mais elle brille si fort que la traînée d'écume derrière le bateau s'étend comme une bande claire et scintillante à travers la mer sombre. Je fixe l'écume jusqu'à ce que l'alarme suivante me tire de mes pensées. Le bateau est équipé de deux douzaines de capteurs, des sortes de pulsomètres, qui signalent en permanence la pression exercée sur les foils, les haubans et les écoutes. Je règle manuellement la tolérance et dès qu'elle est atteinte, une alarme se déclenche pour m'informer.

Lorsque la tempête atteint un vent constant de force 8, j'enroule également la voile d'avant et je traverse la nuit avec la grand-voile au maximum. Aussi loin que je me souvienne, je n'ai jamais participé à une régate seulement avec la grand-voile. Ça commence bien ! J'observe sans relâche les chiffres sur les écrans et je me demande ce que je peux encore faire pour que mon bateau traverse la mer en furie en toute sécurité, sans trop prendre de retard. Lorsque je me couche enfin, je suis trop épuisé pour m'endormir. Bien que je sois allongé dans mon sac de couchage avec deux T-shirts en polaire superposés et un bonnet en laine, j'ai froid. De fatigue et aussi parce que la température sous le pont n'est que de 12 degrés. Je resserre le sac de couchage et me concentre pour respirer profondément et lentement. J'arrive alors à me réchauffer, mais toujours pas à m'endormir.

Peu après 5 heures, je décide de me lever et de préparer mon petit déjeuner. Dehors, l'aube se lève, un nouveau jour commence. Je sors un sachet de porridge aux fruits secs du sac à provisions du jour et me demande si l'on peut parler d'une nouvelle journée quand on n'a pas eu de nuit. Je remplis la bouilloire, verse l'eau chaude dans le sachet et mélange. Puis je m'assieds et je pose délicatement le sac sur mes genoux. La vapeur chaude s'échappe de l'ouverture comme un petit panache de fumée. Je me penche en avant, ferme les yeux et mets ma tête au-dessus de cette colonne de chaleur qui me caresse alors le visage et le cou. J'inspire et expire profondément plusieurs minutes.

À peu près au même moment, le Français Kevin Escoffier découvre une vingtaine de centimètres d'eau au fond de son bateau. Il lui faut un certain temps avant de constater, soulagé, qu'elle n'entre que par une valve non étanche dans le caisson de la quille. Il la remplace et pompe l'eau qui s'est infiltrée.

Puis, pour la troisième fois depuis le début de la course, un bateau rencontre un problème avec le crochet qui permet de fixer la drisse et donc la têtière d'une voile en haut du mât. Je ne comprends pas pourquoi une pièce aussi importante n'est pas plus résistante au poids des voiles. Cette fois-ci, c'est au tour de *L'Occitane en Provence*, un bateau volant jaune et noir aux lignes élégantes de seulement dix mois. Le fameux crochet s'est cassé durant la tempête de la nuit précédente et la grande voile d'avant est alors tombée sur le pont. Le skipper, Armel Tripon, a décidé de rejoindre la côte espagnole toute proche pour jeter l'ancre dans une baie et remplacer le crochet. Si tout se passe bien, cette réparation lui coûtera environ une journée.

La tempête a également fait beaucoup de mal aux autres navigateurs qui, comme moi, ont fait cap sur elle. Le Français Sébastien Simon raconte à midi dans sa vidéo de bord : « Pour la première fois de ma vie, j'ai eu le mal de mer et j'ai vomi. Après, j'ai pu dormir un peu. Maintenant, je dois nettoyer le chaos dans le bateau. » Quant à l'Italien Giancarlo Pedote, il a déclaré : « La mer était infernale ! Mais c'est une bonne chose que nous passions le test d'endurance dès le début et pas seulement dans les mers du Sud.

Si quelqu'un est touché là-bas, il faudra beaucoup plus de temps à l'un d'entre nous pour aller le secourir. »

Soudain, un message de la direction de course arrive à tous les navigateurs : Jérémie Beyou doit rentrer aux Sables d'Olonne à la suite de plusieurs avaries sur son bateau. Je n'en reviens pas : pas Jérémie ! Le Français de quarante-quatre ans est considéré comme le grand favori de cette course, tout comme Alex Thomson. Il s'est entraîné pendant deux bonnes années avec son voilier de course de dernière génération, plus longtemps que les autres skippers de bateaux de même catégorie. La dernière fois, il a remporté une régate aller-retour entre la France et l'Islande, notre répétition générale avant la course autour du monde. Jérémie fait partie des navigateurs les plus expérimentés du Vendée Globe, il y a déjà participé trois fois. Il a dû s'arrêter deux fois en cours de route, à la suite de dégâts matériels. Lors de la dernière édition en 2016, son bateau a tenu jusqu'au bout et Jérémie a terminé troisième. Mais pour cette quatrième participation, il voulait gagner. Vainqueur ou rien. Comme pour Alex, il n'y a que ces deux résultats envisageables pour Jérémie.

Il avait commencé fort en se plaçant en tête dès le départ, puis il avait été dépassé par Jean Le Cam, le vieux briscard, avant de reprendre la première position. La série de malheurs a commencé hier soir. Tout d'abord, une rafale de vent a arraché une poulie du pont, les éclats de carbone ont volé à travers le cockpit. Puis Jérémie a heurté un objet à la dérive, ce qui a arraché un safran. Peu après le lever du soleil, il a examiné les dégâts pour voir s'il pouvait réparer tout ça. C'est alors qu'une bastaque, l'un des faisceaux en fibres synthétiques qui assurent la sécurité du mât à l'arrière, s'est soudainement brisé. Il était fixé près de l'endroit où la poulie avait été arrachée. Il y avait maintenant un trou béant.

Je connais Jérémie, c'est un battant, mais trop, c'est trop. Il se trouve que contrairement à moi, il n'avait pas pris de safran de rechange pour une question de poids. Après avoir pesé le pour et le contre pendant plusieurs heures, Jérémie a finalement décidé de faire demi-tour, seulement trois jours après le départ. Comme Fabrice Amadeo, il retournera aux Sables d'Olonne pour faire les réparations, mais il devra, conformément au règlement, prendre un nouveau départ au plus tard dix jours après le début de la course. Sachant que Jérémie va mettre trois jours à parcourir les 600 milles nautiques du retour, il restera quatre jours à son équipe pour faire les réparations. Y parviendront-ils ? Sans perspective de victoire, voudra-t-il continuer ? Trouvera-t-il une troisième option acceptable entre vainqueur ou rien ?

« J'ai dû prendre une décision terrible aujourd'hui », explique Jérémie Beyou lorsqu'une chaîne de télévision française l'interviewe en visio. « Il y a pire avec tout ce qui se passe dans le monde, mais quand tu es sportif de haut niveau, tu ne vis que dans cet objectif. Depuis quatre ans, je ne vis que pour gagner le Vendée Globe, je suis à 100 % là-dedans et je ne vois rien autour. Honnêtement, je me réveille de quatre ans de préparation pour essayer de gagner le Vendée Globe. Et c'est fini, c'est parti. Une semaine avant le départ, mon papa a fait un AVC. J'ai complètement occulté tout ça. Forcément, ça m'éclate un peu à la figure aujourd'hui. Je ramène le bateau et je verrai après. »

Lorsque Jérémie entre dans le port des Sables d'Olonne, son équipe a installé deux mâts de projecteurs sur le ponton et réuni une douzaine de constructeurs de bateaux, de techniciens et d'experts en gréement qui vont travailler jour et nuit aux réparations. Jérémie prononce un bref discours plein d'émotion, puis se retire dans son appartement en ville en annonçant qu'il ne viendra pas au bateau dans les prochains jours, qu'il ne répondra à aucun message et qu'il va se concentrer pour définir ce qu'il veut faire.

J'espère qu'il aura la force et le courage de recommencer. Il est clair qu'il n'est plus dans la course pour la première place. J'ai bien en tête le vainqueur du Vendée Globe 2009 qui avait également dû rentrer au port dès le début après une panne électronique, mais il avait pu repartir rapidement, environ quarante heures après le départ. Jérémie, lui, perdra au moins sept ou huit jours et nous savons tous qu'il est impossible de les rattraper. J'ai tendance à penser qu'il devrait quand même repartir, pour ne pas réduire à néant toutes ces années de préparation, d'autant que son bateau étant l'un des plus rapides de la flotte, il peut toujours obtenir un succès d'estime, à défaut de pouvoir remporter la victoire de cette course comme il le voulait absolument.

Cyclone Theta

Le troisième jour, alors que je traverse enfin le front de la tempête, je fais une erreur tactique. Alex Thomson, qui est à égalité avec moi, met le cap au sud dans les dernières rafales de vent, tandis que je continue à naviguer vers l'ouest pendant quatre ou cinq heures. Par prudence. Derrière le front se trouve une mer croisée brutale, je ne veux pas foncer droit dedans. Lorsque je mets finalement le cap au sud, Alex et les autres skippers, qui ont navigué de manière moins défensive, ont déjà 50 milles nautiques d'avance. Et cela ne s'arrêtera pas là : contre toute attente, je me retrouve dans une zone de calme plat. La couverture nuageuse s'est dissipée, le soleil chauffe et en l'espace de trente minutes, le vent tombe complètement. Seule une légère brise, à peine perceptible souffle. De hautes vagues, désormais lisses, continuent de déferler, mais au lieu de les surfer avec puissance, le bateau se balance d'avant en arrière, comme étourdi, les voiles claquent au rythme de la houle, et j'avance très lentement.

Que se passe-t-il ? Pourquoi le vent a-t-il soudainement disparu ? Pourquoi cela ne figurait-il sur aucune prévision météorologique ? Et d'ailleurs, quelle est la taille de cette zone de calme ? Le fait que *Seaexplorer* fasse du surplace me rend complètement fou. Il n'est pas exclu que je reste bloqué ici pendant que tout le monde s'éloigne vers le sud. Je fais les cent pas sur le pont en jurant et en scrutant l'horizon : où est le nuage qui pourrait apporter un peu de vent ? Où la mer a-t-elle l'air un peu plus sombre parce qu'une brise fait onduler sa surface ?

D'abord trop de vent, maintenant pas assez. Je ne veux pas donner l'impression de râler tout le temps, mais il faut savoir que le vent détermine l'humeur du navigateur, plus que toute autre chose. Pour moi, une accalmie est encore plus fatigante qu'une violente tempête. Le pire, c'est la combinaison d'une forte houle et d'une accalmie, comme c'est le cas actuellement. Lorsque le bateau est livré sans moteur aux vagues, lorsqu'il ne fait qu'osciller et se balancer, tournant parfois en rond, et que les voiles vont et viennent dans des claquements agaçants. Et bien sûr, ça m'énerve au plus haut point d'être responsable de cette situation. Simplement parce que j'ai hésité trop longtemps. Ça m'est déjà arrivé. Je sais que quand je travaille en équipe, que ce soit à terre ou à bord, je fais très facilement et rapidement des choix. Mais lorsque je suis seul en mer et que je dois prendre une décision lourde de conséquences, je doute et j'hésite. Je pèse sans fin le pour et le contre – que mon esprit se plaît d'ailleurs à placer sur un parfait pied d'égalité.

Les décisions les plus importantes que les navigateurs doivent prendre en permanence lors des régates au long cours concernent le routage, c'est-à-dire la réflexion sur le cap à suivre aujourd'hui, demain et peut-être même dans cinq jours, qui pourrait être le plus judicieux sur le plan tactique. En mer, le chemin le plus court n'est pas toujours le plus rapide. Un détour en apparence pourrait par exemple me permettre de trouver des vents favorables qui me feraient gagner du temps. Le mot-clé dans cette phrase est « pourrait », le conditionnel évoque immédiatement la boule de cristal, sachant que les calculs des météorologues sont souvent contradictoires et que leur fiabilité diminue nettement à partir de 72 heures.

Au bout de quelques heures seulement, un vent frais venu du nord s'engouffre enfin dans la zone de calme plat dans laquelle je me trouve. Elle était sûrement trop petite et trop éphémère pour figurer dans les prévisions. Quel soulagement ! Retour en mode régate, retour devant mon écran, car deux à quatre fois par jour, je reçois de nouveaux modèles météo que j'importe dans mon ordinateur de bord. Vent, hauteur des vagues, pression atmosphérique, courants, nuages ; tout est cartographié. Si je veux connaître les prévisions concernant le vent par exemple, le programme place un quadrillage de petites flèches sur ma carte marine électronique. Chaque flèche indique la direction et la force du vent prévues pour le lieu en mer précis et je peux les consulter à tout moment pour les jours à venir. Le dernier modèle météorologique semble un peu différent du dernier modèle d'il y a six heures, à une exception près : depuis plus d'une semaine, une structure en forme de spirale de couleur rouge alarmante brille sur la carte au sud des Açores. C'est la tempête tropicale Theta. Ce cyclone se met en travers de notre route vers le sud.

Cette année, Theta est le 29e système dépressionnaire enregistré sur l'Atlantique. Un record. Ce type de dépression porte habituellement un nom attribué par ordre alphabétique latin, mais comme nous avons dépassé les 21 lettres disponibles, l'Organisation météorologique mondiale est passée à l'alphabet grec. C'est pourquoi cette tempête s'appelle Theta, du nom de la huitième lettre grecque.

Le cyclone Theta a un diamètre d'environ 500 milles nautiques. En son centre, les rafales atteignent presque la force d'un ouragan, les météorologues prévoient des vagues de cinq à six mètres de haut. Theta est sur notre route, mais semble se déplacer lentement vers l'est, en direction du Maroc. Autour de la zone de basse pression, le vent faiblit brusquement, seuls des vents faibles y soufflent.

Un défi classique pour le routage : si nous ne modifions pas notre trajectoire, nous arriverons dans environ deux jours à l'endroit où se trouve actuellement le centre de Theta. Si la tempête ne s'est pas beaucoup déplacée d'ici là, nous risquons de subir nettement plus de dégâts que lors de la première nuit de tempête. Si nous choisissons une option plus prudente et que nous amorçons sans attendre un grand virage, nous devons accepter que ce soit plus long et que notre vitesse diminue à cause du vent faible des zones périphériques. En temps normal, il n'est pas difficile de calculer la trajectoire moyenne idéale avec un point de départ stable, mais dans ce cas, le tourbillon de basse pression se déplace tantôt lentement, tantôt un peu plus rapidement. Nous avons donc une cible mouvante qui s'éloigne latéralement à une vitesse difficile à calculer. Plusieurs fois par jour, je recalcule ma trajectoire avec un mélange d'analyse de données et d'intuition. Dans ce cas, je trouve plutôt rassurant de ne pas être en tête du peloton, ça me permet de voir comment ça se passe devant.

Les deux jours suivants, je progresse rapidement. Le vent s'est levé et souffle enfin de manière relativement constante. L'ensemble de la flotte suit une trajectoire similaire en direction de Theta, mais nous sommes déjà très dispersés. Alex Thomson est en tête – et juste derrière lui, Jean Le Cam avec son bateau de treize ans sans foils. Mais ce Breton tenace et expérimenté bénéficie de l'expérience acquise au cours des quatre courses qu'il a réalisées autour du monde. Il est considéré comme un navigateur intelligent qui suit obstinément son idée, même si celle-ci le mène parfois loin. Le Cam a été le premier à bifurquer vers le sud dès le golfe de Gascogne et une douzaine de bateaux l'ont suivi. Maintenant, il veut manifestement passer encore plus près du centre de Theta qu'Alex. Son bateau est robuste et, contrairement à la nouvelle construction d'Alex, Jean sait exactement ce qu'il peut lui faire subir ; en 2016 déjà, il a fait un tour du monde avec *Yes We Cam* !

Grâce au vent qui s'est levé, j'ai réussi à rattraper un peu mon retard et à me situer à la 13e place, au centre du classement juste derrière Louis Burton qui a entre-temps purgé la pénalité de temps pour son départ anticipé : à la hauteur de Lisbonne, il a fait des allers-retours en zigzag pendant cinq heures. Plusieurs bateaux sans foils se trouvent juste devant ; je devrais bientôt pouvoir les dépasser, au plus tard lorsque les alizés m'offriront des conditions idéales et que je pourrai me détendre, malgré cette appréhension qui m'habite maintenant depuis plusieurs jours.

~

Chaque départ d'une régate longue distance provoque chez moi un stress émotionnel, surtout quand je navigue seul. Je me souviens du début d'une course transatlantique en 2018, en solitaire. Qu'est-ce que j'ai souffert les premiers jours ! Le fait de savoir que cet état se dissipe en général au bout d'une semaine devrait logiquement m'aider, mais ce n'est pas le cas. Des désirs lancinants m'assaillent. En fait, c'est complètement absurde puisque quand je suis à terre, la mer me manque et inversement bien sûr, en mer, la vie sur terre me manque. C'est justement dans les moments de calme que je réalise à quel point les petites choses à terre me manquent et combien elles sont précieuses : ma famille et mes amis bien sûr, mais aussi des moments du quotidien, comme être simplement assis dans un café, un gobelet de café chaud à la main, une fleur sur la table, et de regarder dehors dans la rue ; aller à la boulangerie le dimanche, faire la queue avec des gens détendus, discuter, puis repartir un sachet de petits pains qui diffusent une odeur alléchante à la main. Ce sont justement tous ces petits moments qui rendent la vie si riche. C'est certes une lapalissade, j'enfonce une porte ouverte, mais nous avons tous tendance à l'oublier au quotidien.

La solitude me fait revenir ces moments en mémoire avec une précision presque sensuelle et à chaque fois, je me promets de les apprécier davantage quand je serai à nouveau sur terre, de les vivre plus intensément. À mon retour, je n'oublie pas cette résolution, mais je me laisse prendre par les tracas du quotidien et je ne parviens pas à profiter pleinement de l'instant.

Je trouve qu'un long voyage en mer offre l'opportunité à chacun de prendre du recul sur sa vision et sur son approche du quotidien. Peut-être que cette fois, de retour de ce voyage qui est à la fois le plus long et le plus solitaire que j'ai eu l'occasion de faire, je serai capable de m'inscrire dans le présent.

Le stress émotionnel des premiers jours en mer s'accompagne aussi de questions qui reviennent sans cesse au premier rang desquelles on trouve : Pourquoi est-ce que je fais ça ? Est-ce que je le referais ? Où est-ce que j'aimerais vraiment être en ce moment ? Et pourquoi ? Pendant que je range les cordages dans le cockpit, je suis en proie à de telles pensées. Pour l'instant, je ne me vois pas repartir sur un Vendée Globe, je vais mettre toutes mes forces dans mes projets de protection du climat et des océans, notamment dans le programme d'éducation des élèves que Birte et moi avons mis en place. C'est utile, ça a du sens, ça rencontre un certain succès et procure beaucoup plaisir à tous les deux.

Une heure plus tard, le vent s'est levé si fort que le bateau commence à gîter – et je suis immédiatement convaincu du fait que le Vendée Globe est la plus grande aventure que l'homme puisse vivre en mer. Et que c'est pour ça que je le referai.

À la tombée de la nuit, alors que je mange seul ma nourriture en piochant avec une cuillère dans un sac, j'ai à nouveau une forte envie de retrouver la normalité de la vie à terre. J'appelle un ami et je lui demande de m'envoyer régulièrement des messages vocaux dans lesquels il me raconte ce qu'il fait pendant sa journée. Mon ami est d'abord irrité, puis il comprend et promet.

Mes sautes d'humeur sont impressionnantes, je passe de l'euphorie au doute, sans transition. Pour essayer de temporiser tout ça, j'échange avec des amis proches. Je leur envoie des messages, vocaux et écrits, ainsi que des vidéos, et je raconte généralement avec sincérité les hauts et les bas émotionnels que je traverse. Ça me fait un bien fou d'en parler, d'évacuer et ça me fait du bien d'entendre leurs conseils et leurs encouragements. « Tu t'es battu pendant des années pour être là, et maintenant tu y es ! Profites-en ! Sois fier de toi ! Concentre-toi sur la journée, ne pense pas à la course ! »

C'est vrai que je me sens mieux quand je ne pense pas à tout ce qu'il me reste à faire, mais seulement à ce que je veux accomplir aujourd'hui. Un ami qui travaille en Suisse comme coach mental pour des alpinistes m'a donné un conseil : « *One day at a time!* » Je l'ai écrit sur un bout de papier et collé sur mon écran. Quand vais-je faire mon prochain empannage, quelles sont les trois réparations que je vais effectuer aujourd'hui ? Combien de temps vais-je consacrer à dormir, à m'étirer ? Où vais-je m'allonger ce soir ? Pour ne pas me laisser submerger par l'immensité du défi, je le fractionne, je me fixe de petits objectifs réalisables. Cela implique aussi de donner une structure à la journée, avec des heures fixes pour chaque chose : 6 heures heure locale, petit déjeuner ; 12 heures, déjeuner ; 18 heures, dîner. Le soir, lors d'occasions spéciales, je m'offre un morceau de fromage ou une petite gorgée de vin.

Chaque jour, je parle à ma femme, Birte. Personne ne sait aussi bien qu'elle ce qui se passe en moi en ce moment. Hier, elle m'a suggéré de faire quelques vidéos rigolotes pour arrêter de ruminer. J'aime bien l'idée. Mais voilà, pour faire des vidéos raisonnablement drôles, il faudrait que je sois de bonne humeur et dans ce cas, je n'aurais plus besoin de les faire.

C'est comme si le Vendée Globe m'avait fait passer un double baptême du feu dès le début. Après avoir essuyé deux violentes tempêtes, il semble tester la résistance de mon bateau et la mienne tout en me faisant prendre pleinement conscience de ce dans quoi je me suis lancé. Je n'ai jamais été seul aussi longtemps dans ma vie et l'appréhension que j'éprouve à ce sujet me met psychologiquement à rude épreuve en cette première semaine.

À la fin de la semaine, je remarque que ma confiance en moi revient peu à peu, très lentement. Je réalise que je me débrouille plutôt bien. Mon bateau n'a jusqu'à présent pas été endommagé, alors qu'une douzaine d'autres l'ont été, parfois de façon assez grave. Je commence à ne plus me remettre en question aussi souvent, que ce soit personnellement ou concernant le périple que j'ai entrepris. La tension diminue. Seule la fatigue persiste, et j'espère enfin trouver le rythme tant attendu.

Avant cela, *Seaexplorer* et moi devons encore traverser Theta et en sortir sains et saufs. Le cyclone ne s'est que légèrement déplacé vers l'est au cours des deux derniers jours, ce qui facilite un peu la planification de l'itinéraire. Les navigateurs prudents se déportent tandis que les plus hardis se dirigent en biais vers la zone de danger. Et puis il y a deux téméraires : Alex Thomson et Jean Le Cam. Le live tracker montre qu'ils se dirigent tout droit vers l'endroit où, sur la carte marine, le noyau pourpre de la tempête tropicale rougeoie. Alex ne veut pas laisser passer l'occasion de faire une échappée. Une agence de presse française commente son cours avec ce titre : « La bête noire est lâchée ! »

Je ne suis pas téméraire. À plus de 150 milles nautiques du centre de la tempête, je décide de changer de cap. Plutôt que d'aller vers le sud, je me dirige vers l'ouest, loin de Theta. Je ne veux pas risquer le moindre dégât. Déjà, le bateau bondit et s'écrase dans la mer déchaînée, le gréement hurle au vent. Des masses d'eau déferlent sans cesse sur le pont et lorsque je regarde vers le haut à travers les hublots, j'ai l'impression d'être dans un sous-marin. La vue n'est dégagée que vers l'arrière. De hautes vagues abruptes se dressent derrière la poupe, la tempête leur arrache la tête et la transforme en longues traînées d'écume. Des embruns volent dans l'air et me cachent la vue, la mer et les nuages se confondent pour former un gris uniforme.

Theta fait monter la température. Je ne suis qu'en boxer sous le toit protecteur du cockpit et je prépare l'empannage, une manœuvre risquée par ce temps orageux. Je tourne la manivelle du grinder, contrôle les charges, rajuste les foils et la quille orientable, borde la grand-voile et, enfin, renverse le gouvernail. La grande bôme au-dessus de moi bat de l'autre côté, et le bateau se dirige vers le nouveau cap. Je me sauve de là !

À chaque heure qui passe, je perds plusieurs milles nautiques sur le peloton de tête. Je suis pourtant presque amusé de constater combien cette décision me fait du bien. La prudence aussi demande du courage, surtout pendant une course. Je suis heureux d'avoir pris mon courage à deux mains, et cette fois-ci sans douter ni tergiverser longtemps. Je veux simplement franchir la ligne d'arrivée, et je n'ai pas besoin de vivre les rafales d'un ouragan pour cela. La mer secoue le bateau, le bruit sous le pont est assourdissant. Je m'installe dans mon siège, mange une barre énergétique et observe les écrans de contrôle.

Alex s'approche à moins de 70 milles nautiques du noyau de la tempête. Puis il s'arrête lui aussi et passe tout près. Il doit essuyer des rafales de vent de force 10 et des creux de 6 mètres. La mer est déchaînée. Le monde entier peut suivre les aventures d'Alex sur son site Web : son rythme cardiaque monte à plusieurs reprises à 150, ses contractions musculaires sont supérieures à la moyenne, il ne mange pas assez, il n'a dormi que 10 % du temps au cours des dernières 24 heures. Tout comme son bateau, Alex est équipé de capteurs : celui sur son bras envoie ses données corporelles à terre et sur sa page d'accueil. Une sorte de reportage en direct. « Cette fois, je veux faire monter à bord tous ceux que cela intéresse », a annoncé Alex. « Les histoires particulières doivent être racontées de manière particulière, et c'est ce que j'aime », a-t-il déclaré. « Sensing Alex », c'est le nom que son équipe a donné à la rubrique où l'on peut voir en temps réel les courbes de performance des hommes et des bateaux, dans presque toutes les catégories mesurables.

Cinq heures plus tard, Alex a traversé la zone de danger. « Ce n'était pas un endroit agréable », explique-t-il, visiblement épuisé, dans un message. « Tu y vas parce que tu veux être efficace. Mais dès que tu te trouves dans de telles conditions, tout ce qui compte, c'est de survivre et de ne pas avoir de problèmes. »

Jean Le Cam approche d'encore plus près le centre de la tempête. C'est presque kamikaze. Le lendemain matin, Jean se retrouve avec son vieux bateau devant Alex Thomson. « Papy fait de la résistance ! » exulte Jean dans une interview vidéo. « Regardez ces nouveaux foilers. Ils sont tous derrière moi ! Hier matin, j'ai mangé un ragoût avec des haricots et du lard, ce qui correspond parfaitement à une zone de basse pression. Maintenant, je suis heureux. » Jean Le Cam est connu pour son franc-parler. L'homme à la crinière bouclée est une figure en France et il est suivi par plusieurs dizaines de milliers de personnes sur les réseaux sociaux. À terre, il se présente volontiers comme un personnage affable, mais en mer, c'est un stratège génial, résistant et expérimenté. Les vagues courtes et abruptes ont certes rarement permis aux foilers de décoller et de s'envoler, mais si Le Cam a saisi l'occasion de se hisser en tête du peloton, c'est avant tout grâce à lui.

D'autres favoris comme les Français Dalin et Ruyant choisissent le parcours moyennement risqué, tandis que j'empanne trois fois pour rester à une distance raisonnable. Mais il semblerait que Theta ne soit pas disposée à laisser la flotte s'en tirer à si bon compte. À cinquante-trois ans, le Japonais Kojiro Shiraishi l'a presque traversée quand son pilote automatique tombe en panne et que le bateau s'emballe à plusieurs reprises. La grand-voile se retourne violemment et se déchire dans son tiers supérieur. Une réparation en mer lui prendrait au moins quatre ou cinq jours. Que faire, abandonner ? Comme lors de sa première course en 2016, quand son mât s'est brisé dans l'océan Indien. Aux Sables d'Olonne, j'ai parlé quelques fois avec Kojiro, dont une où nous avons échangé des souvenirs de nos villes natales. Le jour du départ, l'aimable Japonais en kimono, toujours souriant, a traversé le ponton pour rejoindre son bateau. Je suis convaincu que Kojiro est si déterminé cette fois-ci qu'il va tenter la réparation. Si elle échoue, il pourra appareiller vers les îles Canaries, uniquement sous voile d'avant.

Avec Kojiro qui navigue sur le même bateau que le grand favori Jérémie Beyou, c'est le troisième bateau nouvelle génération provisoirement hors course. Beyou est, lui, toujours coincé dans son appartement des Sables d'Olonne, tandis que son équipe travaille d'arrache-pied sur le bateau, jour et nuit. Il lui reste à peine plus de deux jours avant que le délai de redémarrage n'expire.

Une fois la tempête tropicale passée, le vent et la mer calmés et le soleil de retour, j'entreprends de ranger l'intérieur de mon bateau pour la première fois depuis que je suis parti. Que ce soit dans une maison de vacances ou sur un voilier, le premier rangement est hautement symbolique. Il signifie que l'on s'est approprié les lieux. Je commence par aérer le sac de couchage et accrocher les vêtements mouillés pour les faire sécher. Je démêle ensuite le chaos des amarres dans le cockpit en jetant les écoutes et les extenseurs par-dessus bord et en les laissant traîner derrière moi ; tous les nœuds et les twists des amarres se défont. Je nettoie également mon petit espace de vie sous le pont, je sèche le sol, je range mes vêtements étanches et mes affaires de toilette. Je rassemble aussi des pommes et des oranges que j'ai retrouvées dans divers coins de la coque. Ils sont là depuis qu'une fois, le bateau a heurté une vague particulièrement forte et que les filets à fruits suspendus au plafond se sont déchirés. Je réponds aux questions de plusieurs médias par messages vocaux, puis j'enregistre deux vidéos que mon équipe publiera sur notre site Web.

Ranger permet d'y voir plus clair, aussi bien physiquement que psychologiquement. Tandis que je suis debout dans la partie arrière ouverte, je regarde la mer et je fais mentalement le bilan de la première semaine qui vient de s'écouler. Quelle chevauchée sauvage ! Je me sens épuisé et vidé, je manque encore beaucoup de sommeil. Mais *Seaexplorer* et moi avons réussi cette première épreuve d'endurance, maintenant nous allons chercher la récompense. Dans deux jours, nous serons dans la région des alizés. Enfin ! C'est l'autoroute du sud ! J'espère que je pourrai enfin sortir la tête de l'eau, lever le pied et profiter d'une navigation rapide sous un chaud soleil. Les alizés sont peut-être la plus belle promesse que les mers réservent aux navigateurs au long cours.

4

Lire dans les nuages

La course la plus difficile au monde suit un itinéraire d'une simplicité déconcertante : de la France aux mers du Sud puis à gauche vers l'Afrique, l'Australie et l'Amérique du Sud, avant de remonter l'Atlantique pour regagner la France. Les hommes et les femmes qui y participent partent en automne et vivent en trois mois toutes les saisons, en double, tout en traversant presque toutes les zones climatiques. La distance totale avoisine les 44 000 kilomètres, ce qui est légèrement plus long que l'équateur. La plupart du temps, les navigateurs sont d'ailleurs plus éloignés de la terre ferme que les astronautes de l'ISS ne le sont de la Terre.

En regardant la carte du monde, on peut avoir l'impression qu'il n'y a rien d'autre que le ciel et la mer dans ce désert nautique, et que les participants n'ont qu'à suivre le parcours tracé dans ce vaste espace vide, mais la réalité est tout autre. Le Vendée Globe est plutôt une véritable course d'obstacles.

Ce sont à la fois des zones de haute pression avec des calmes angoissants, des zones de basse pression avec des tempêtes, des courants qui freinent, des mers croisées déchaînées : les océans nous mettent constamment des bâtons dans les roues. Nous contournons certains phénomènes, nous en recherchons d'autres, comme une tempête si elle peut nous propulser dans la direction souhaitée. Il y a aussi des obstacles fixes comme l'anticyclone des Açores et son homologue dans l'Atlantique Sud, l'anticyclone de Sainte-Hélène. Tous deux traversent l'Atlantique toute l'année, comme une bande de plus de 2 000 kilomètres de large sans vent. En s'y engageant sans moteur, on risque d'y rester coincé, comme embourbé dans des sables mouvants. Autrefois, les grands et lourds voiliers y étaient parfois bloqués une à deux semaines. Faisant du surplace, certains équipages de bateaux espagnols transportant des chevaux vers les Antilles se voyaient contraints de jeter des animaux par-dessus bord pour éviter toute pénurie de la précieuse eau potable. Depuis et en leur mémoire, ces latitudes subtropicales, de calme plat sont appelées « latitude des chevaux ».

D'autres phénomènes météorologiques ont l'effet inverse : ils ne freinent pas, mais accélèrent notre course. Dans les mers du Sud, ce sont des zones de basse pression qui tournent dans le sens des aiguilles d'une montre et que nous essayons d'attraper. Sous les latitudes tropicales, ce sont les alizés. De nombreux navigateurs hauturiers s'extasient à la seule évocation de ce nom qui représente à leurs yeux des zones de navigation à la fois sereines et rapides.

Les alizés soufflent toute l'année, régulièrement, sur une large bande au nord et au sud de l'équateur. Ce courant d'air chaud et puissant traverse les mers d'est en ouest. Depuis toujours, les navigateurs européens qui veulent traverser l'Atlantique utilisent ce vent des régions intertropicales comme une sorte de tapis roulant. Ils descendent jusqu'à la hauteur des îles Canaries, puis mettent le cap sur les Caraïbes, en face, hissent leurs grandes voiles et se laissent pousser par le vent. La devise des navigateurs anglais en dit long : « Cap vers le sud jusqu'à ce que le beurre fonde, puis à droite vers les Caraïbes. »

Alors que j'entame mon deuxième jour dans les alizés, je me sens vraiment bien. Je suis serein et heureux. Pour la première fois depuis le départ, je savoure le fait d'être là, seul sur mon bateau, et je n'ai envie d'être nulle part ailleurs dans le monde. L'alizé souffle constamment avec une force cinq et le bateau se soulève. Porté par ses foils, il semble voler au-dessus des vagues à une vitesse de 20 à 25 nœuds, plus vite que le vent. Dans la houle, le bateau surfe de biais sur les vagues, sans fracas ni cabrage, il penche parfois sur le côté ou se pose à l'avant, mais tout se passe en douceur, avec fluidité, au rythme régulier des vagues. Il fait chaud, on approche les 22 degrés, et je suis assis pieds nus et en short dans le cockpit. Je n'ai pas besoin de changer de voile, de faire des manœuvres d'empannage, d'analyser un routage délicat ; je navigue, tout simplement. Il fait un temps radieux, le ciel bleu clair est moucheté de nuages moutonneux – on dirait que l'océan et son écume s'y reflètent.

La nuit aussi était magnifique. J'ai dormi deux fois deux bonnes heures d'affilée, un nouveau record pour moi. Lorsque je suis monté sur le pont vers 4 heures du matin, un ciel étoilé se dessinait au-dessus de moi. Un spectacle comme on n'en voit qu'en haute mer la nuit ! Sur le continent, il y a toujours de la pollution lumineuse : une lumière de la civilisation qui brille quelque part, même si c'est le reflet d'une ville lointaine dans le ciel. Ou bien des arbres ou des montagnes se dressent comme des ombres noires devant le firmament. Sur l'océan en revanche, il n'y a que la ligne d'horizon, comme une ligne droite et ininterrompue. Il n'y a qu'ici que rien ne vient troubler l'éclat de la Voie lactée. Surtout par une nuit comme aujourd'hui, sans nuages ni lune : les étoiles brillent avec autant d'éclat au-dessus de l'horizon qu'au zénith. À ce moment précis, la Terre est un disque et le ciel une demi-sphère lumineuse aux formes immaculées ; l'homme se tient debout sur son bateau et regarde vers le haut et sur le côté, ébloui par la lueur et par le scintillement qui l'entoure. Les nuits en mer peuvent être hypnotiques.

Quand je suis assis dans le cockpit pendant la journée et que j'ai un peu de temps libre, je regarde à l'arrière. La plupart du temps, mon regard s'arrête sur le sillage mousseux que le bateau trace à travers l'océan. Pas de vague de poupe classique, mais une trace d'écume plate, de la largeur du bateau, qui se pose sans cesse sur la crête des vagues. Je pourrais le regarder pendant des heures. Il y a quelque chose de rassurant à regarder cette ligne blanche : elle ne s'interrompt jamais et fera une fois le tour du globe. De majestueuses montagnes de vagues très espacées nous accompagnent, souvent plus rapides que le bateau. La mer monte de deux ou trois mètres derrière nous, les masses d'eau soulèvent doucement le tableau arrière, le bateau accélère et bruisse le long de la vague jusqu'à ce que la houle soit passée sous la coque. Les petites vagues que le vent soulève sur la houle scintillent dans le soleil couchant. Tout bouge autour de moi, écume et ondule sans cesse. Rien n'est fixe ni solide.

Il y a deux jours, j'étais en 12e position et maintenant, je suis 7e. Mon bateau vole encore et encore. Quelle chance que nous ayons installé ces nouveaux grands foils en début d'année. La houle est plate, le vent fort et constant avec un angle d'incidence de 110 degrés ; les conditions ne pourraient pas être meilleures. Seule la partie la plus arrière de la coque glisse encore sur l'eau.

Tous les bateaux avancent maintenant en file indienne, mettant le cap vers l'équateur. Le Vendée Globe ressemble alors à une simple course de dragsters : de la vitesse à l'état pur en ligne droite, sans jeu tactique, sans manœuvres typiques de la voile. Ça nous laisse le temps de ranger, de faire de petites réparations ou de se faire un café par exemple. L'Anglaise Samantha Davies s'est filmée en train de se couper les cheveux : « Voilà, ça sera plus simple à gérer », commente-telle, visiblement contente du résultat. Le Suisse Alan Roura a mis la musique à fond et s'est mis à danser en short dans le cockpit. Je suis bien installé et je discute avec quelques compagnons de voyage. Avant le départ, j'ai créé un groupe WhatsApp avec les 33 skippers. Certains Français ont réagi de manière déconcertante ; je pense qu'ils nous voient plus comme des combattants solitaires en haute mer. D'autres s'amusent à raconter régulièrement leur vie et à la partager avec le monde entier grâce à leurs vidéos embarquées. Alex Thomson aime ces chats et ces vidéos, l'autopromotion joyeuse correspond à son tempérament. Nous discutons presque tous les jours.

Aujourd'hui, j'ai échangé très longuement avec Ari Huusela. Le Finlandais de cinquante-huit ans est en queue de la course, dans des vents faibles à la hauteur des îles

Canaries, environ 1 200 milles derrière moi. Ari a déjà un surnom : il est notre « I-am-so-happy-man » parce que dans presque toutes ses vidéos, il prononce cette phrase. Cet homme à la barbe grise parle d'un ton mesuré et qui rayonne dans la caméra de son téléphone portable : il est si heureux ! Qu'il vienne de traverser un front de tempête ou qu'il se batte dans le calme, qu'il pleuve ou que le soleil brille – tout cela est secondaire. Parfois, il ouvre un petit cadeau de ses enfants devant la caméra, puis son visage s'illumine et il dit : « Je suis si heureux ! »

En 1999, Ari Huusela a participé sur un coup de tête à une régate en solitaire pour traverser l'Atlantique. Depuis, il est tombé amoureux de la magie de la navigation en solitaire, sans abandonner son métier de pilote d'avion. Du coup, pendant vingt ans, il a consacré chaque minute de son temps libre à travailler pour s'approcher de son rêve : disputer le Vendée Globe. Et il a réussi. L'homme d'Helsinki vit cette course comme une expérience existentielle unique. Enthousiaste, il raconte combien il apprécie l'immensité de la mer, le bleu changeant, la température qui monte. « Parfois, je vois des traînées de condensation dans le ciel », me dit-il. « Elles me rappellent à quel point j'aime voler. Il n'y a que là-haut et ici, sur la mer, que je me sens aussi libre. Tu sais, je suis heureux à l'idée de pouvoir à nouveau piloter un avion dans quelques mois. » Je suppose que c'est vraiment le cas, qu'Ari est vraiment un homme heureux.

~

L'après-midi, Jérémie Beyou reprend la mer après neuf jours de repos forcé aux Sables d'Olonne. Par un temps ensoleillé, des centaines de personnes se tiennent le long du canal et l'applaudissent lorsqu'il sort avec son bateau réparé. « J'arrête de réfléchir ! Je dois y aller », avait-il déclaré peu avant. « Je ne sais pas encore ce qui va me pousser à aller de l'avant puisque tous mes objectifs, repères se sont envolés en fumée. Pendant quatre ans, j'ai travaillé pour la victoire. C'est la seule chose pour laquelle je me suis entraîné. Là, un autre jeu commence, et je ne sais pas encore si je suis doué pour ça. Je vais sans doute me réhabituer. »

Son nouveau départ m'impressionne. Je pense que nous sommes pour la plupart contents d'avoir des concurrents à proximité, de ne pas nous sentir seuls, de pouvoir nous mesurer aux autres, de nous livrer à des petites courses au sein de la grande course. Mais Jérémie a 1 400 milles de retard sur Ari Huusela. Il va rouler en solitaire pendant des semaines, ne se battant que contre la montre et contre ses exigences. Qu'est-ce qui peut bien se passer en lui à ce moment précis ? Peut-être qu'il pense : « Merde, je dois faire ça pour mon sponsor. En fait, je préférerais rentrer chez moi puisque mon projet est tombé à l'eau. Il me suffit de me retourner et de partir. Mon co-skipper ne peut-il pas prendre le départ ? » Ou alors peut-être que c'est l'inverse et que Jérémie s'est convaincu qu'il y avait d'autres bonnes raisons d'être le dernier à se lancer la course. J'ai vraiment du mal à me mettre à sa place. En fait, c'est tout simplement impossible. En tout cas, cela doit être vraiment difficile de réussir à trouver la force en soi de reprendre la course neuf jours après le vrai départ.

Le Vendée Globe n'est pas seulement une compétition pour faire le tour du monde le plus rapidement possible. C'est avant tout une mise à l'épreuve permanente, totalement indépendante du classement. Chaque jour, de nouveaux problèmes apparaissent, que nous devons résoudre seuls – cette course est donc avant tout un test permanent de la persévérance et de la volonté de chaque navigateur. Le nouveau départ de Jérémie pour cette course solitaire perdue d'avance prouve sa détermination et force le respect.

Hier, je suis tombé sur le Français Nicolas Troussel. Son signal AIS est apparu sur ma carte numérique et peu après, je l'ai aperçu à l'horizon. Son bateau est le plus récent de la flotte, il n'a que six mois, et j'ai pris plaisir à me mesurer à lui pendant un moment. Ce matin, à 5 heures, dans une interview à la radio, il faisait l'éloge de son bateau qui filait sur la mer à 22 nœuds, puis il est allé se coucher. À 8 heures, son mât s'est brisé.

Lorsque Nicolas s'est précipité sur le pont et a vu le chaos de morceaux de mât, de voiles et d'écoutes qui traînaient dans l'eau à côté du bateau, il a immédiatement saisi sa meuleuse. Dans une telle situation, la première chose à faire pour les navigateurs est de couper les écoutes et les câbles pour éviter que le mât qui se balance n'endommage la coque ou les foils : il a tout découpé et gardé la bôme. Au bout d'une bonne heure, Nicolas a réussi à faire couler son mât dans l'Atlantique. À partir de là, il était hors de danger, mais hors course aussi. Nicolas a alors fait sauter le plomb de son arbre d'hélice, puis il a démarré le moteur et a mis le cap sur les îles du Cap-Vert, qu'il atteindra dans environ trois jours et où son équipe l'attendra.

Tous les navigateurs dont les bateaux ont été endommagés jusqu'à présent ont pu reprendre la course après un certain temps, y compris le Japonais Kojiro Shiraishi, qui a dû déployer sa grand-voile sur le pont pendant quatre jours pour réparer la déchirure. Mais sans mât, Nicolas est contraint d'abandonner, et ce même s'il était en tête. Les autres skippers lui envoient des messages de soutien *via* notre groupe WhatsApp. Nicolas a-t-il pris trop de risques, a-t-il réglé trop haut les limites de charge du mât ? Ou s'agissait-il d'une fracture d'usure, d'un point faible invisible ? Aucun d'entre nous ne veut spéculer – mais je suppose que je ne suis pas le seul à passer brièvement en mode sécurité dans l'ivresse envoûtante de l'alizé, afin de vérifier une nouvelle fois tous mes systèmes d'alarme.

Alex Thomson, quant à lui, ne bride pas son bateau. Entre-temps, il a repris la tête du peloton et s'élance à toute allure. Alex sait très bien qu'il peut perdre son avance en un rien de temps. Il sera le premier à pénétrer dans la redoutée zone du Pot-au-Noir. Cette ceinture de quelques centaines de kilomètres autour de l'équateur est un des obstacles les plus pernicieux que la nature met sur notre route autour du monde. « Pour l'instant, ça a l'air d'aller », dit Alex. « Mais nous savons tous ce qui se passe là-bas. D'abord tu es tenté, et ensuite, tu es piégé. Je ne suis pas dupe. Je m'attends au pire, et si tout se passe bien, ce sera du bonus. »

Les météorologues l'appellent la zone de convergence intertropicale. Les alizés du nord et du sud convergent ici de manière oblique, dans un couloir de basse pression qui fait le tour du globe presque sans interruption le long de l'équateur, comme une ceinture. Le petit surnom de Pot-au-Noir que lui ont donné les Français est très bien trouvé pour définir cette zone, un vrai trou noir.

Parfois, la ceinture ne fait que vingt milles nautiques de large, parfois elle en fait plusieurs centaines. Ce qui est encore plus imprévisible, c'est ce qui se passe dans ce trou noir. Un vent puissant peut s'y éteindre comme si on avait appuyé sur un bouton. Ou tourner à 180°. Des pluies tropicales et une chaleur étouffante se succèdent à un rythme effréné. Un bateau peut rester immobile dans le Pot-au-Noir, tandis qu'à une centaine de mètres de là, un autre bateau peut s'envoler porté par une énorme vague et s'éloigner comme si de rien n'était. Même les marins expérimentés admettent qu'ils ont du mal à comprendre comment ça fonctionne ici entre le ciel et la mer. Les concurrents du Vendée Globe redoutent cette zone, surtout lorsqu'ils sont en tête ; une avance brillamment acquise peut rapidement s'évaporer dans ce trou noir. À l'époque, pour connaître la météo, les marins se fiaient aux nuages, à la mer et au baromètre. Aujourd'hui, nous avons les yeux rivés sur notre écran sur lequel apparaissent plusieurs fois par jour des prévisions météorologiques actualisées et ciblées. Les photos satellites nous donnent elles aussi un aperçu très précis de la position des nuages, vus du dessus : leurs dimensions, leur activité interne. D'autres satellites utilisent la technique dite de la scatterométrie qui consiste à balayer les vagues de l'océan à l'aide de rayons électromagnétiques : en mesurant au centimètre près les irrégularités de la surface de l'eau poussée par le vent, on calcule la force et la direction du vent. Les treize marins qui ont pris le départ du premier Vendée Globe en 1989 doivent être stupéfaits de voir toutes les données météorologiques dont nous disposons trois décennies plus tard.

Mais bien que les météorologues utilisent des ordinateurs parmi les plus puissants au monde, ils ne peuvent prévoir avec précision que pour quelques jours quand il pleuvra ou quand le soleil brillera et d'où soufflera le vent. Un phénomène naturel échappe à la prévisibilité et ne se laisse pas toujours démasquer par des simulations informatiques, et ce même si elles utilisent des milliards de données. C'est à la fois agaçant et rassurant. Et on en revient aux fondamentaux : à un moment donné, le navigateur est contraint de regarder le ciel.

Les nuages sont de véritables messagers météorologiques. Ils annoncent ce qui nous attend, de manière précise et en général assez fiable. Mais seuls ceux qui connaissent les différentes formations d'eau et de glace qui se rassemblent sur trois étages de nuages, à quelques centaines de mètres au-dessus de la mer et jusqu'à 16 km d'altitude, peuvent décoder ces messages. À terre, nous avons pris l'habitude de les utiliser au mieux pour nous indiquer si la journée restera ensoleillée ou s'il vaut mieux prendre un parapluie. Dans le quotidien de la plupart des gens, le temps n'a pas réellement d'importance. En revanche, en mer, la météo détermine presque tout : notre progression et nos manœuvres, mais aussi notre humeur. Même les navigateurs expérimentés peuvent être surpris par la météo en haute mer, car elle reste capricieuse et imprévisible. Mais pour se faire une idée de ce qui nous attend, il faut savoir lire dans les nuages.

Le connaisseur ne se laissera pas duper par la beauté des cirrus, ces nuages légers et soyeux qui s'étendent sur le ciel comme des voiles de filaments délicats et soufflés. Ils flottent très haut dans le ciel et sont composés uniquement de cristaux de glace. Les cirrus annoncent souvent l'approche d'une zone de basse pression. Dans les heures qui suivent, l'altostratus se développe dans l'étage central des trois nuages, entre deux et sept kilomètres d'altitude. Une couche de gouttelettes d'eau et de cristaux de glace grise voile peu à peu le soleil. C'est le moment d'enfiler un imperméable et éventuellement de réduire la surface de la voile.

La couche devient plus sombre et plus massive et descend pour former une couverture nuageuse dense, parfois jusqu'à 200 mètres au-dessus de la mer. Le front chaud de la dépression est alors en approche. Le vent se lève, en rafales. Il pleut souvent, la mer se forme lentement. C'est à ce moment-là que nous avons l'opportunité de progresser. À l'avant de la dépression, le vent est déjà fort, mais la mer est encore calme ; ce sont d'excellentes conditions pour décoller et filer sur nos foils à toute allure.

Si nous sommes aussi rapides que la dépression, elle peut nous porter pendant des jours. Ensuite, « nous chevauchons le creux de la dépression ». Mais si elle nous dépasse, on se retrouve à gérer une alternance de lourdes averses avec des rafales et des phases calmes avec un grand ciel bleu. Ce temps typique de l'arrière est épuisant parce qu'il nous oblige à travailler en permanence sur les voiles tandis que la mer haute et agitée tourmente nos bateaux, sans compter qu'on n'avance pas.

Il existe de nombreux modèles météorologiques de ce type et autant de variantes, influencés par la température, la pression atmosphérique, la situation météorologique générale et un tas d'autres facteurs. Le modèle s'appuie certes sur les nuages, mais les navigateurs ne les utilisent pas seulement comme messagers du temps. Il faut savoir que les nuages agissent comme des ventilateurs dans le ciel, produisant leur propre énergie, surtout les cumulus bas, massifs et bosselés. Les cumulus sont les plus fréquents. Si la pluie tombe d'un tel nuage, le navigateur peut être confronté à un vent fort à l'avant du nuage. En l'absence de pluie, le vent ne souffle fort qu'à l'arrière. Juste en dessous, avec ou sans pluie, il n'y a souvent qu'une faible brise. Un cumulus de quelques centaines de mètres de large peut déjà aspirer ou expulser de grandes masses d'air selon ce modèle, c'est-à-dire déclencher le vent. Dans la ceinture du Pot-au-Noir qui nous attend, entrecoupée de zones de calme plat, nous devons tout faire pour identifier et utiliser les étroits couloirs de vent à partir de ces nuages, comme des gués dans un marais perfide.

La ceinture du Pot-au-Noir est en quelque sorte la salle des machines du climat mondial. Au niveau de l'équateur, les rayons du soleil atteignent la surface de la Terre à la verticale, ce qui fait qu'ils y réchauffent davantage l'air et l'eau qu'aux pôles. Le différentiel de température déclenche un cycle global : les masses d'air réchauffées à l'équateur s'élèvent et s'éloignent à haute altitude en direction des régions polaires plus froides. La dépression qui se crée alors au sol, le couloir de basse pression de la ceinture du Pot-au-Noir aspire les masses d'air du nord et du sud : les alizés apparaissent. Des deux côtés, ils soufflent en oblique vers l'équateur, ce sont les alizés du nord-est et les alizés du sud-est. Un échange similaire a lieu dans l'eau, par exemple avec le courant chaud du Golfe qui va vers le nord et le courant plus frais des Canaries qui va vers l'équateur au large de l'Afrique de l'Ouest.

Les processus réels dans le ciel au-dessus de l'équateur sont incomparablement plus compliqués, souvent influencés par des événements météorologiques locaux. Les processus sont tout simplement imprévisibles – et c'est pourquoi les navigateurs vivent la ceinture du Pot-au-Noir comme une alternance entre calme plat, chaos, rafales et averses. Le brassage incessant des masses d'air crée dans le ciel toutes sortes de formations nuageuses, petites et grandes.

Le plus dangereux, mais aussi le plus majestueux des nuages plane ici au-dessus de la mer : le cumulonimbus. Comme tous les cumulus, sa forme évoque celle d'un gigantesque chou-fleur d'un blanc éclatant. Ses contours sont nets, la masse compacte de minuscules gouttes d'eau ne laisse passer aucun rayon de soleil. Les multiples réfractions extérieures diffusent la lumière dans toutes les directions et donnent aux cumulus leur aspect duveteux. En son sein, des masses d'air chaud et d'air froid s'affrontent, créant de nouveaux gonflements vers l'extérieur et des trous béants. Les cumulus sont la houle du ciel.

La particularité du cumulonimbus est sa taille. C'est la seule formation qui s'étend sur les trois étages de nuages. La face inférieure sombre est suspendue à quelques centaines de mètres au-dessus de la mer, le sommet en forme d'enclume atteint les 14 kilomètres. Des masses d'air chaud et humide s'élèvent rapidement à travers le massif jusqu'à des altitudes où la température est inférieure à -10°C. C'est là que naissent les premiers éclairs, qu'un orage naît. Des flots d'air froid s'engouffrent par l'arrière du nuage et le déchirent, libérant plusieurs millions de tonnes d'eau. Parallèlement, un rouleau venteux s'abat sur la mer, certaines rafales pouvant atteindre la force d'un ouragan. La direction du vent change alors brusquement, les rafales deviennent verticales, fendent la mer et la transforment en un bouillonnement écumeux. Personne ne souhaite se trouver sous un tel nuage. Mais le changement d'hémisphère dans l'Atlantique ou le Pacifique le rend quasiment inévitable, dès l'approche de l'équateur.

Lorsque j'atteins la ceinture du Pot-au-Noir, je scrute donc très régulièrement l'horizon. De tels monstres peuvent être repérés à des centaines de milles nautiques. Sur les images satellite, j'étudie les formes des nuages environnants, même les plus petits, mais aussi leur vitesse. De nuit, je regarde les images infrarouges et radar qui me permettent de les voir aussi bien qu'en plein jour et d'en savoir plus sur leur vie intérieure ; s'ils sont susceptibles d'amener de la pluie et des rafales de vent ou des vents modérés ou encore s'ils vont me bloquer si je ne les évite pas. C'est bien la dernière chose dont j'ai besoin. Tout, mais pas une zone de calme où je n'aurais plus qu'à m'asseoir pour voir mes concurrents me dépasser, tranquillement de tous les côtés. Ça, c'est une vraie torture psychologique. Mais j'aimerais aussi contourner les nuages à tendance orageuse, reconnaissables sur les images infrarouges. Comme l'a dit un météorologue du Vendée Globe, il est aussi difficile de prévoir l'endroit exact où le rouleau de rafales tombera du ciel que l'endroit où un couvercle de casserole se soulèvera en premier pour laisser s'échapper la vapeur qui s'élève d'une eau qui bout.

Jusqu'à présent, la ceinture du Pot-au-Noir a été plutôt clémente avec nous. Aucun des modèles météorologiques n'annonce de grandes zones de calme ou un cumulonimbus dangereux. Comme les navigateurs qui m'entourent, je peux donc suivre un cap assez rectiligne à travers la ceinture du Pot-au-Noir qui s'étale sur 300 bons milles de large. Sauf imprévu, elle sera derrière nous après-demain.

Caprices tropicaux

Entre-temps, les jours se sont allongés et les nuits sont plus courtes : bienvenue sous les tropiques ! Par une température de plus de 30 °C, je suis assis en short dans le cockpit, car la chaleur étouffante est difficilement supportable sous le pont. Ce matin, j'ai pris une douche sur la plage avant, ça change, c'est agréable, mais pas vraiment rafraîchissant puisque l'eau de mer est à 28 °C. La nuit, allongé dans ma couchette, je suis en sueur. Mais je ne vais pas me plaindre, car dans à peine dix jours, le pont inférieur ressemblera plus à un réfrigérateur qu'à un four.

Régulièrement, des poissons volants claquent sur le pont, comme c'est souvent le cas sous les latitudes tropicales. D'autres rebondissent sur la grand-voile, glissent vers le bas dans une sorte de poche à voile sur la bôme et commencent rapidement à sentir mauvais. Plusieurs fois par jour, j'y repêche les poissons. Je ne vois pas d'autres animaux marins, pas de dauphins. En revanche, le bateau laboure en permanence de grands herbiers marins, des praires sous-marines. C'est la onzième fois que je traverse la ceinture du Pot-au-Noir, et chaque année, il y en a de plus en plus. Les scientifiques supposent que cela est dû, entre autres choses aux nutriments présents dans les fleuves rejetés dans la mer. En 2018, la plus longue ceinture d'herbiers marins s'étendait de l'Amérique centrale à l'Afrique de l'Ouest.

Ces prairies ne sont pas trop denses et me ralentissent à peine, mais les végétaux ont tendance à s'enrouler autour des hélices de mon hydrogénérateur, à l'arrière du bateau, ce qui réduit la production d'électricité. Je passe donc à l'énergie solaire, ce qui n'est pas un problème, car les panneaux solaires fixés sur le pont sont suffisamment grands pour couvrir les besoins du bord pendant la journée.

Il y a quelques jours, j'ai fait une visio avec une classe et nous avons parlé de la croissance de ces herbiers marins. En Allemagne et en France notamment, les enseignants utilisent le matériel pédagogique du « Malizia Ocean Challenge », le projet éducatif que nous avons développé avec Birte. Lorsque j'échange avec des enfants depuis le bateau, ils sont fascinés par l'océan, par mon expérience, ce qui est à mon avis le premier pas pour sensibiliser à la protection des mers. C'est avec cette approche que nous avons également mis en place, avec l'aide de scientifiques et d'illustrateurs, le vaste programme d'enseignement pour les 9-14 ans. Nous présentons d'abord le bateau de course, puis l'océan et son importance pour le climat, et enfin, les petits gestes du quotidien que l'on peut faire pour protéger le climat. Cette triple approche est accessible et nous avons traduit le kit de sensibilisation en dix langues.

Pendant notre courte visio, j'ai également parlé des pièges et surprises que nous réserve la ceinture du Pot-au-Noir. Un élève a demandé quel était le plus grand danger ici et c'est très spontanément que je lui ai répondu : « Faire une dépression nerveuse. »

Les averses soudaines font également partie de l'imprévisibilité de la zone. La deuxième nuit, je suis réveillé en sursaut par l'alarme du radar de pluie. Ses capteurs ont identifié un nuage plein à craquer. Je me précipite sur le pont et j'entrevois dans la lumière de l'aube un mastodonte sombre et bas qui est pile sur mon chemin. D'abord les bourrasques commencent, puis les averses et après quinze minutes, tout est terminé. Il y a bien de gros nuages, mais rien de plus. Quelques heures plus tard, la nature répète le même spectacle. Le vent passe d'une force 3 à une force 7 et le bateau atteint une vitesse de 26 nœuds. La pluie tombe si fort que la surface de l'eau semble perforée et que la visibilité est d'à peine cent mètres. L'écume vole, les foils vrombissent, ça claque, la pression augmente brusquement sur le mât et les haubans et plusieurs alarmes se mettent à biper en même temps. Je regarde l'écran avec angoisse. Les rafales les plus fortes sont de 30 nœuds, ce qui, tant que la tempête ne dure pas plus d'un quart d'heure, est encore gérable avec les grandes voiles.

Mais j'ai déjà vu des rafales atteindre 45 nœuds. Est-ce qu'il vaudrait mieux, par sécurité, que je réduise la grand-voile et que je mette une voile d'avant plus petite, juste pour être sûr ? La manœuvre me prendrait au moins une heure à vitesse lente, soit autant de milles nautiques perdus. Et il est fort possible qu'une fois ce changement fait, il n'y ait plus un nuage et que je passe la journée sans bouger et que je me fasse dépasser. Je réfléchis, j'hésite, comme hypnotisé par les images satellite et le ciel. L'équilibre entre sécurité et rapidité me fait tergiverser pendant des heures. J'ai l'impression à cet instant que ce dilemme est la clé de voûte de ma course.

Entre-temps, le ciel s'est complètement bouché, la couverture nuageuse et la mer ne font maintenant plus qu'un, dans un ton gris terne. Le vent est tombé, le bateau cogne sur les vagues à une vitesse de neuf nœuds, et maintenant que le gémissement des foils s'est tu, je peux entendre la bruine éclabousser le pont. L'air se rafraîchit agréablement, même sous le pont, et je décide de commencer par me faire plaisir avec un bon petit repas : une blanquette de veau lyophilisée. Je m'allonge et je commence à consulter mes messages vocaux. Entendre les voix de mes amis a un effet vraiment apaisant sur moi.

Certains jours, je passe d'ailleurs deux bonnes heures à les écouter et à leur répondre.

Aujourd'hui une surprise m'attend, c'est un message de Svante Thunberg. Depuis la traversée de l'Atlantique que nous avons faite ensemble, nous sommes régulièrement en contact. Svante est un homme intelligent, plein d'humour et très humble. Comme sa fille Greta, il n'avait jamais navigué sur un voilier auparavant – et voilà qu'ils se sont tous deux aventurés sur mon bateau de course sans confort pendant deux semaines. Ils n'ont pas eu le mal de mer et ne se sont pas impatientés, au contraire, ils ont apprécié cette soudaine solitude, surtout Greta Thunberg qui a passé une année aussi turbulente qu'éprouvante. Comme elle, je suis préoccupé par la crise climatique et nous avons beaucoup discuté des solutions possibles. Mais souvent, elle s'asseyait sur le pont et regardait la mer en silence.

Depuis le début de la course, Svante m'envoie des messages d'encouragement, mais cette fois, c'est une courte vidéo : un message du musicien suédois Nils Landgren. « Mr. Red Horn » est l'homme au trombone rouge, l'un des musiciens de jazz les plus célèbres d'Europe ! Sa musique m'a déjà accompagné en 2008 lors de ma première régate autour du monde, à l'époque où je voguais en équipage ; j'adore le jazz. Et là, une de mes idoles se tient debout dans sa maison en bois en Suède, un chapeau noir sur la tête et un trombone rouge dans les mains et il me parle, à moi : « Greta et Svante m'ont dit que tu étais un de mes fans. Je te souhaite bonne chance pour ta navigation, pour ta course en solitaire. J'espère que tu gagneras et que tu finiras en pleine forme. En attendant, profite de la musique. » Et là, Nils Landgren lève son trombone et se met à jouer. Allongé dans ma couchette, je suis très ému.

Dehors, le ciel se découvre d'un coup, aussi soudainement que tout ce qui se passe dans la ceinture du Pot-au-Noir d'ailleurs. Un gros rayon du soleil couchant entre par une fenêtre latérale et baigne la cabine d'une lueur chaleureuse. J'observe les particules de poussière danser dans la lumière. À moins que ce ne soit le bateau qui tangue dans la houle et fasse danser les particules de poussière ? Je n'en suis pas tout à fait sûr, mais je me laisse aller à la rêverie quelques instants, oubliant presque de regarder fixement mon écran de contrôle. Je m'allonge sur le dos et regarde le plafond juste au-dessus de la couchette, où sont accrochés de petits mots de mes amis. Je leur avais demandé de m'envoyer de courtes phrases d'encouragement pour m'accompagner tout au long du voyage. J'en ai sélectionné dix, que j'ai imprimées et collées la veille du départ :

Vis l'instant présent ! Le jour ! Un jour après l'autre !

Reste à bord. Accroche ta ceinture !

Ne cède pas un mille aux autres !

Partage l'aventure !
L'important, c'est d'arriver, pas le classement !
Abandonner n'est pas une option.
Parle du problème climatique !
Mets l'océan à *la portée des* écoliers !
Tu n'es pas seul. Tes deux femmes pensent à toi !
Souris !

Chaque phrase me rappelle des discussions avec Birte, avec des amis et des amies, avec l'équipe, sur ce qui compte le plus dans mon voyage. Les fondamentaux. Et comment me remonter le moral quand j'ai un coup dur ou un coup de mou. Je lis et relis souvent ces phrases. La plupart du temps, elles me rappellent un débat, un souvenir qui m'aide à me rappeler pourquoi je suis là, que c'est un privilège de pouvoir participer à cette folle aventure. Ces phrases me font du bien, elles me font réfléchir et rêver. Et parfois, m'aident à m'endormir.

Cette nuit-là, je suis réveillé plusieurs fois par le bip du radar de pluie. Vers 4 heures du matin, une autre alarme retentit, un son très aigu et continu : il s'agit de l'avertissement d'un obstacle fixe. Au milieu de l'Atlantique ? Je saute immédiatement de ma couchette, agrandis la carte marine sur l'écran et je vois près de ma position un cercle avec un point au milieu : plus aucun doute, ce sont les rochers de Saint-Pierre et Saint-Paul.

Will Harris, mon co-skipper, a identifié une trentaine d'endroits dangereux le long de ma route et a programmé des alertes : l'alarme retentit dès que je pénètre dans la zone de sécurité concernée. Certains points sont des bouées de mesure qui transmettent par radio des données aux stations météorologiques, comme la température locale, la pression atmosphérique, la force du vent et la hauteur des vagues. Ces tonneaux d'acier flottent au milieu de l'océan, ancrés grâce à des câbles de trois à quatre kilomètres. Ils n'apparaissent sur presque aucune carte marine. D'autres points symbolisent des hauts fonds ou de minuscules pointes rocheuses. Les bouées et les îlots rocheux sont tous équipés de réflecteurs radar, mais deux précautions valent mieux qu'une, c'est pourquoi Will a tracé des cercles autour de ces obstacles, comme des barrières acoustiques.

À une trentaine de milles nautiques, les rochers de Saint-Pierre et Saint-Paul émergent de l'Atlantique. Ces cinq rochers mesurent environ cinquante mètres sur cinquante et sont à un peu moins d'un millier de kilomètres de la côte brésilienne. Sur l'île la plus haute (18 mètres) se trouve un phare, plusieurs antennes paraboliques et une cabane servant de refuge aux chercheurs et aux naufragés. Ce groupe de rochers est le discret sommet d'un énorme massif montagneux de plus de 3 000 mètres de haut qui se dresse au fond de la mer près de la fosse Saint-Paul. La tectonique des plaques fait grandir le massif de 1,5 millimètre chaque année. Les sommets de la montagne, habités uniquement par des oiseaux de mer et les crabes rouges des falaises, émergent de l'Atlantique.

C'est dans l'obscurité que je les dépasse, à bonne distance. Dommage quelque part. Après dix jours en mer, j'aurais aimé voir un bout de terre, même si ce ne sont que des roches nues dans l'eau. Peut-être aurai-je la chance d'apercevoir l'île qui se trouve dans le cercle de sécurité le plus proche : l'atoll de Rocas. C'est le seul atoll de l'Atlantique Sud, classé au patrimoine naturel de l'UNESCO depuis 2001. L'étroit anneau de corail de trois kilomètres de diamètre est peuplé d'araignées, de crabes, de scorpions et de phlébotomes. Dit comme ça, ça ne fait pas rêver, mais la photo aérienne qui s'affiche sur mon écran montre un joyau de la nature : un lagon d'un turquoise éclatant entouré d'un anneau blanc, le tout bordé d'un océan bleu foncé. Une image digne des mers du Sud. Qui aurait cru qu'un tel atoll de corail se trouve dans l'Atlantique Sud ? Le Vendée Globe ne nous fait pas seulement parcourir les mers du monde, il nous fait aussi découvrir quelques-uns de ses secrets, des terres les plus reculées du monde.

Alex Thomson est le premier à atteindre l'équateur. Il a réussi à traverser rapidement la ceinture du Pot-au-Noir et il se trouve actuellement un peu au nord de l'équateur. Il franchit la ligne de démarcation imaginaire entre les deux hémisphères très exactement dix jours après le départ. Il y a quatre ans, lorsque des dépressions orageuses comme Theta ne se trouvaient pas sur le chemin de la flotte, Alex avait été 17 heures plus rapide, battant alors le record détenu depuis des années par Jean Le Cam.

Cette fois-ci, Le Cam passe l'équateur en quatrième position. Lorsqu'il filme le moment en direct avec son téléphone portable, il met en arrière-plan une photo de son café préféré et lève son gobelet :

« Un café noir à l'équateur ! » Et c'est reparti. Le Cam fait de la course au large depuis plus de quarante ans, il a fait une croix sur les baptêmes à l'équateur, ça, c'est pour les débutants et les romantiques.

Le moment où nos bateaux franchissent la ligne de l'équateur n'a en effet qu'une signification symbolique puisque la seule frontière entre les hémisphères qui nous intéresse n'est autre que la ceinture du Pot-au-Noir, comme un équateur météorologique. Je suis d'ailleurs soulagé de l'avoir traversée. Elle ne nous a pas trop malmenés cette fois-ci, mais les soudaines rafales de vent m'ont quand même fatigué. Il y a vingt ans, j'ai traversé pour la première fois cette zone imprévisible en solitaire. À l'époque, j'étais réellement seul, je n'avais pas de téléphone portable, donc aucun contact avec mes proches, j'étais livré à moi-même. Dans les zones calmes, je me parlais beaucoup à moi-même, à tel point que j'avais un peu l'impression de devenir fou. Mais il s'est passé la même chose cette fois-ci, à l'approche de la ceinture du Pot-au-Noir quand j'ai ressenti la première brise des alizés du sud-est. Immédiatement, mes idées noires se dissipent, le ciel s'éclaircit, la lourdeur disparaît et l'air se rafraîchit.

Après 10 jours et près de 18 heures de navigation, je franchis à mon tour l'équateur. Pas de cérémonie, pas de cri de joie, je suis peut-être trop prosaïque pour cela, mais je ressens un profond sentiment de satisfaction. Je voulais être dans le top 10 à l'équateur et c'est chose faite puisque je suis en septième position. Pris dans les alizés du sud-est, stables et puissants, je devrais longer la côte brésilienne à toute allure, peut-être escorté par des dauphins. J'aurai des nuits chaudes et je verrai les étoiles du sud dans le ciel. Je profiterai de la navigation sous les tropiques – jusqu'à ce que l'air se refroidisse et que les jours raccourcissent à nouveau, et qu'un albatros glissant sur les vagues m'annonce mon arrivée dans l'océan Austral, puis un peu plus loin, dans les mers du Sud.

5

Apollo 13

Aujourd'hui, je passe à nouveau à côté d'une de ces îles étranges qui est sur ma route, mais je ne la vois pas, je ne la découvre que sur la carte marine. Elle s'appelle Ilha do Sul et se trouve à 1 200 kilomètres de sa mère patrie, le Brésil – ce qui en fait le point le plus oriental de l'Amérique du Sud. Je suppose que jusqu'à présent, peu de personnes y ont posé le pied : avec un diamètre d'à peine 150 mètres, cet îlot de roche volcanique atteint 122 mètres d'altitude. Il émerge de la mer, abrupt et pointu, telle une aiguille rocheuse au milieu de l'Atlantique. Je me demande d'ailleurs comment la montagne s'élève sous l'eau.

Je n'ai vu aucun autre voilier depuis des jours, même à l'horizon. Pourtant, je sais bien comment ils sont répartis autour de moi grâce aux informations envoyées toutes les trois heures par la direction de course. Elle nous transmet les données de chaque bateau. Nous connaissons ainsi la position exacte, le cap et la vitesse de navigation de chaque skipper ainsi que la distance parcourue et la vitesse moyenne d'un voilier au cours des dernières 24 heures. Ces données de performance sont particulièrement précieuses lors des régates longue distance.

Je savais que mon bateau était rapide lorsque le vent et les vagues se combinent de manière idéale, comme c'est le cas actuellement dans les alizés du sud-est, mais le relevé de ce matin m'a tout de même agréablement surpris : je suis l'un des plus rapides de toute la flotte. Au cours des dernières 24 heures, j'ai parcouru 465 milles nautiques, soit un peu plus de 860 kilomètres. C'est un peu comme si j'avais traversé toute l'Allemagne du nord au sud en une journée, à une vitesse moyenne de 19,4 nœuds, soit un peu plus de 36 km/h. C'est ma meilleure moyenne depuis le départ.

Après deux semaines en mer, j'ai l'impression d'être entré dans la course. Le bruit ne me perturbe plus, je me déplace en toute sécurité sur le bateau qui saute et qui tangue, mon rythme de sommeil se stabilise également, même si je ne dors jamais plus d'une heure d'affilée. Sur d'autres bateaux, il y a eu beaucoup de casse, sur le nôtre, pas un seul dommage sérieux. Je sais bien que *Seaexplorer* n'est pas un être vivant, mais je souffre quand même lorsqu'il s'écrase dans la tempête sur la mer agitée, je ralentis souvent le rythme – et peut-être qu'il remercie ma prudence en restant aussi fiable. Nous sommes une équipe. Sans trop y penser, je parle souvent dans mes vidéos de bord de ce qui vient de « nous » arriver et de la manière dont « nous » nous préparons aux mers du Sud. Il y a quelques jours, j'ai même embrassé le pont de mon bateau.

Nous traversons toujours l'Atlantique Sud à pleine vitesse. L'alizé souffle de manière constante, *Seaexplorer* est piloté de manière optimale et je suis calé sous le pont dans mon siège baquet, observant les données sur les écrans. J'ai incliné et bloqué la coque de mon siège vers l'arrière et j'ai les pieds posés sur la console centrale, un peu comme une fin de journée au bureau : on se penche en arrière sur sa chaise, on jette les pieds sur le bureau et on rêvasse en regardant par la fenêtre. Je pense alors à l'écart qu'il y a entre la perception que les gens ont de notre sport et la façon dont nous naviguons réellement. Non, je ne suis pas debout à la barre, je ne dirige pas le bateau en regardant la ligne d'horizon, perdu dans mes pensées. En réalité, je passe la plupart de mon temps sur le pont à surveiller le pilote automatique et tous les autres instruments, à analyser les modèles météorologiques et le routage et je saisis en permanence de nouvelles valeurs dans les systèmes de contrôle du bateau sur mon ordinateur. Un travail de contrôle en position assise, entrecoupé de travaux pratiques dans le cockpit : il peut s'agir de missions courtes et physiquement éprouvantes comme des manœuvres ou des changements de voile. Je profite des rares pauses pour lister des petites réparations à faire, pour me filmer, envoyer des messages, ramper dans la coque pour faire des vérifications de routine, préparer le repas, essayer de dormir trente minutes. Je suis constamment occupé, j'ai très peu de temps à consacrer à un quelconque loisir.

En même temps, comment pourrait-il en être autrement ? Je fais le Vendée Globe. C'est la façon la plus difficile de faire le tour du monde à la voile. À certains moments, par exemple lors d'un coucher de soleil ou d'une nuit chaude et étoilée, je ressens le romantisme de la croisière à la voile. Mais ça se résume à de très brefs instants.

La réalité du Vendée Globe, c'est aussi que je ne vois généralement qu'une petite partie de ce qui m'entoure. Des masses d'eau déferlent sur le pont et s'écrasent dans la partie arrière ouverte. Je suis assis à l'abri dans ma cabine sous le pont et je regarde à l'extérieur par la trappe d'accès. Le capot de protection de trois bons mètres de long qui recouvre le cockpit est ouvert à l'arrière et permet de voir le tracé d'écume du bateau. Je vois la mer bleu cobalt avec cette ligne blanche qui file jusqu'à l'horizon, au-dessus un ciel d'alizé bleu clair, moucheté de petits nuages. Mon hublot m'offre un angle de vue d'environ 5° ; et si je veux en voir plus, je dois regarder par les petites lucarnes au plafond ou sortir dans les embruns. Le hublot arrière me suffit, la vue sur la traînée d'écume qui s'éloigne et oscille entre les crêtes des vagues. Une matérialisation de la vitesse. La houle est haute et longue, avec de petites crêtes d'écume, et le bateau, aussi plat qu'une immense planche de surf, glisse sur les vagues tantôt en biais, tantôt en ligne droite, certaines glissades faisant plus de cent mètres. Je crois que c'est le seul sport, à part l'aviron, où l'on regarde toujours en arrière.

L'alizé reste fort et constant. Une fois de plus, je suis fier de mon équipe et de la méticulosité avec laquelle nous avons testé tout l'été dans le golfe de Gascogne les réglages des nouveaux foils, les différentes voiles, les angles de quille et toutes les autres variables afin de tirer le maximum de vitesse du bateau. Mon record d'endurance d'hier récompense ce travail, même si mes 465 milles nautiques sont encore loin de la meilleure distance parcourue par un navigateur en solitaire. Ce record mondial est détenu par Alex Thomson : lors du Vendée Globe 2016, il a traversé l'Atlantique Sud à une vitesse moyenne de 22,4 nœuds pendant 24 heures, soit l'équivalent de 42 km/h, parcourant une distance moyenne de 537 milles nautiques. Actuellement, Alex est toujours en tête du peloton, à peu près à la hauteur de Rio de Janeiro avec le Français Thomas Ruyant. Tous deux se livrent un duel acharné, à une vitesse aussi régulière qu'élevée. Qui sait, Alex battra peut-être son record avant même d'atteindre les mers du Sud ?

Ça semble possible jusqu'à ce qu'à 12 h 30, en ce 14e jour de régate, la direction de course fasse une déclaration troublante : Alex Thomson a découvert hier soir une avarie à l'avant de son bateau. Son stringer, une barre de soutien centrale dans la zone de l'étrave, est fissuré en plusieurs endroits. Alex a envoyé des photos des fissures à son équipe. Il a ensuite essayé de dormir un peu pendant que les constructeurs et les concepteurs du bateau ont planché toute la nuit sur sa base anglaise pour mettre au point un plan de réparation. Ce matin, Alex a réduit la vitesse à quatre nœuds pour commencer à travailler. Son directeur technique a expliqué : « Alex a tout le matériel nécessaire à bord, ainsi qu'un plan d'action détaillé et une équipe d'ingénieurs de pointe pour le conseiller. Nous avons donc pleinement confiance en sa capacité à mener à bien la réparation. »

L'explication est bien présentée, mais le message est clair : le bateau d'Alex est sérieusement endommagé. Je suis stupéfait. La guerre d'usure dont mon ami parlait avec un sombre pressentiment avant le départ l'a atteint lui-même. De tous les concurrents, il fallait que ça tombe sur Alex ! Je ne connais personne qui ait préparé cette course avec une telle obsession du détail, sans compromis, avec une telle rigueur scientifique, tout en étant aussi audacieux et visionnaire dans la conception de son bateau. Est-ce que les faiblesses de l'étrave existaient déjà avant le départ ? ; a-t-il fait subir trop de choses au bateau ces deux dernières semaines ? Je ne sais pas et cela n'a finalement aucune importance, j'espère simplement du fond du cœur qu'il réussira à réparer et qu'il reviendra rapidement dans la course. Je lui envoie un message par WhatsApp : « Courage à toi ! La course est encore longue, nous n'avons fait que 20 %. Ton bateau montrera dans le sud ce qu'il a dans le ventre. Montre-nous un peu ça ! Ne doute surtout jamais ! »

Alex me répond immédiatement : « Je vais bien, mon ami. J'ai juste une grosse réparation à faire. »

Le rythme cardiaque d'Alex n'est plus visible en direct sur son site Web, la direction de son équipe a arrêté la transmission de ses données de performance, et du taux de stress cumulé. Il n'y a plus non plus de photos de bord ni de vidéos. Je suis irrité par la décision de son équipe. Je trouve que le message est plus fort quand on reste transparent malgré les difficultés rencontrées, qu'il vaut mieux montrer que l'on a des problèmes et comment on essaie de les gérer.

Le lendemain, Alex fait son retour avec une vidéo sur sa chaîne YouTube. Il est assis dans les entrailles de son bateau et montre du doigt une petite ouverture dans une cloison transversale : « Salut tout le monde. Je vais ramper là-dedans et vous montrer ce que j'ai découvert », dit Alex en se faufilant à l'avant du bateau dans un espace étroit, sombre et aveugle. La lumière de sa lampe frontale révèle des traverses et des barres longitudinales en carbone noir de plusieurs centimètres d'épaisseur, et des lignes blanches qu'il a tracées pour marquer les fissures. Le stringer est cassé à plusieurs endroits. « Il fait incroyablement chaud et humide ici », dit Alex, debout, mais courbé dans cet endroit qui ressemble vraiment à une caverne. « Mais je vais y arriver. J'ai emporté suffisamment de plaques de carbone et nous ne sommes heureusement pas encore dans la houle des mers du Sud. Alors, les gars, ne soyez pas tristes pour moi. Ce genre de choses fait partie du Vendée Globe. Je m'y mets et je vous tiendrai au courant. »

Le Vendée Globe a une expression adaptée à cette situation et à ce qui l'attend maintenant : c'est une « mission Apollo 13 ». L'analogie est pertinente à plusieurs égards. Tels des bateaux spatiaux, nos voiliers voguent à travers des espaces infinis et nous sommes livrés à nous-mêmes, loin de la sécurité du sol. Seule la radio nous permet de rester en contact avec notre base. Si quelque chose se casse, nous ne pouvons le réparer qu'avec les moyens du bord. Pour nous aider, notre équipe envisage rapidement plusieurs réparations possibles, en utilisant uniquement les moyens que nous avons à bord, et nous envoie ensuite le plan de la version la plus prometteuse.

Il y a un demi-siècle, le vol spatial d'Apollo 13 est devenu l'exemple le plus célèbre de ce genre de situation extrême. Après l'explosion d'un réservoir d'oxygène, les trois astronautes ont dû passer dans le module lunaire amarré pour survivre. Mais les filtres à CO_2 ne fonctionnant pas, les hommes se seraient rapidement empoisonnés avec le dioxyde de carbone expiré. Une équipe au sol à Houston a bricolé dans l'urgence un masque pour filtrer l'air à partir de tuyaux, de ruban adhésif, de couvertures de livres déchirées et d'une chaussette – uniquement des matériaux qui se trouvaient dans la capsule spatiale. Lorsque le masque a fonctionné, Houston a envoyé les instructions de réalisation aux astronautes. Trois bons jours plus tard, ces hommes ont atterri en toute sécurité sur Terre. Le directeur de vol de l'époque a qualifié l'opération de sauvetage de « la plus grande heure de la NASA ».

Si un membre de notre flotte est en danger, l'équipe à terre et la direction de course envoient immédiatement toute l'aide nécessaire. Mais en l'absence de danger imminent, les choses se compliquent, car la règle de base du Vendée Globe, c'est de naviguer seul pour faire le tour de la Terre sans escale et sans aide extérieure. Les deux premières conditions sont claires, contrairement à la troisième. À partir de quand « l'aide » commence-t-elle ? Est-ce qu'un navigateur épuisé et démoralisé passant de longues heures avec sa femme au téléphone est considéré comme aidé ? Ou est-ce lorsqu'il reçoit des conseils en matière de tactique et de routage ? Jusqu'où le soutien de l'équipe à terre peut-il aller dans le cadre d'une « mission Apollo 13 » ?

Les gardiens du Graal du Vendée Globe veillent absolument à ce que la victoire revienne à celui qui se débrouille seul, même dans les conditions les plus difficiles. Cela peut sembler impitoyable et ça l'est, mais c'est aussi et surtout ce qui fait le charme de cette course. Dans le règlement, la direction de course énumère les interdits :

– Apporter toute aide physique, sauf en cas d'urgence absolue.

– Assister le skipper pour l'analyse météorologique et les décisions tactiques de routage.

– Toute indication susceptible d'améliorer les performances du bateau.

– Accéder à des sites Web qui ne sont pas accessibles à tout le monde. Le skipper ne peut effacer l'historique de son navigateur que quatre jours après avoir franchi la ligne d'arrivée.

– Le contrôle à distance, par des personnes à terre ou des logiciels à bord.

Les organisateurs déterminent aussi le plus clairement possible ce qui est autorisé et ce qui ne l'est pas dans le règlement pour une réparation en mode Apollo 13. La liste est longue, mais c'est important, car aucune zone d'ombre ne doit subsister. Toute information permettant au skipper de « résoudre seul et avec les moyens du bord un problème technique » est autorisée. En revanche, il serait inadmissible de donner au skipper des conseils sur la meilleure manière de manœuvrer le bateau pendant la réparation afin de perdre moins de milles nautiques. Ou de lui conseiller le moment exact où il devrait commencer à travailler. Parce que derrière la recommandation, il est possible que l'heure conseillée soit aussi une question de tactique, en fonction de la météo et des positions des autres. Pour pouvoir contrôler tout cela, la direction de course doit faire partie de toute communication entre la terre et le bateau.

~

Alors que nous quittons la région des alizés et que nous nous approchons de la zone de calme de l'anticyclone de

Sainte-Hélène, le vent tombe. Alex est maintenant à la sixième place et se trouve à peu près à ma hauteur, à cinquante bons milles nautiques. Je ne le vois pas, mais Alex a envoyé des images de la caméra de son mât. On y voit son établi flottant : sous le soleil, avec peu de vent et une mer plate et lisse, Alex scie les plaques de carbone à l'aide d'une meuleuse sur la plage avant. Heureusement qu'il a emporté suffisamment de plaques pour une réparation de cette taille. Le plan que l'équipe d'urgence lui a envoyé contient des illustrations en 3D qui montrent au millimètre près la taille des découpes qu'Alex doit réaliser pour renforcer les poutres fendues. Il passe des heures à scier et à poncer, et descend régulièrement sur la plage avant du bateau pour vérifier les mesures. Il travaille jour et nuit. Les images infrarouges montrent une silhouette claire agenouillée sur le pont, une meuleuse hurlante à la main, le tout dans un nuage blanc de poussière qui s'élève dans la nuit.

Les constructeurs à terre dirigent Alex. Dans leur manuel de réparation, ils ont détaillé dans quelles boîtes se trouvent quels outils, ou encore les vis de 50 mm, quel doit être le grain du papier de verre. Et ils lui expliquent, étape par étape, chaque geste. Pour contrôler la bonne réalisation, Alex leur envoie régulièrement des vidéos de son travail. Tous savent que les plaques de carbone ne pourront être utilisées qu'une seule fois. Son équipe sur terre veut donc s'assurer que sa réparation est assez solide pour qu'Alex puisse par la suite affronter les violences des mers du Sud en toute sécurité.

Le plus dur, c'est le ponçage qu'il doit faire sous le pont. Les supports endommagés doivent être soigneusement poncés pour que la résine d'époxy adhère parfaitement. Le soleil tropical a chauffé le bateau noir, l'air dans la coque est étouffant, très humide et même la nuit, il fait 35 °C. Alex est accroupi dans sa salopette, coincé dans l'étroit habitacle et dans l'obscurité totale, il ponce. Des fibres de carbone microfines tourbillonnent dans l'air autour de lui dans le faisceau de sa lampe frontale. Aucune trappe, aucune ouverture ne permet d'aérer. Après le ponçage, il nettoie soigneusement les panneaux avec de l'acétone à l'odeur forte. Alex passe presque toute la deuxième nuit dans sa grotte, en remontant plusieurs fois sur le pont pour respirer. La chaleur, l'exiguïté, l'odeur – ça doit vraiment être horrible.

Mais au moins, tout cela ne semble pas vain. Si un dommage de cette ampleur survenait dans mon bateau, j'aurais un problème : rares sont ceux qui ont pris autant de plaques de carbone pour une réparation comme celle que doit faire Alex. Je n'en aurais pas assez et il me faudrait sûrement détruire des trappes ou les parois d'un ballast pour pouvoir faire une telle réparation.

Le lendemain matin, Alex se tient sur le pont, épuisé, mais raisonnablement satisfait. Il explique dans une vidéo que son bateau est plutôt en bazar, qu'il y a des outils et des serviettes en papier partout, que tout est plein de poussière. Mais les travaux préparatoires auraient fonctionné, il ne lui resterait plus qu'à laminer les renforts.

Il a prévu de le faire la nuit suivante, car pendant la journée, il y fait vraiment trop chaud. « Vous pensez probablement que je sais exactement ce que je fais », dit-il en souriant. « Croyez-moi, je n'en ai pas la moindre idée ! Mais je suis à la lettre les consignes de Pete. Lui et ses ingénieurs sont absolument confiants dans le fait que mon bateau sera paré pour prendre la direction des mers du Sud. »

Le vent est presque complètement tombé entre-temps et l'océan Atlantique scintille au soleil. Alex profite de la brise légère : les autres ne prennent pas trop d'avance, et son établi est heureusement relativement stable. Je n'aime pas trop ces conditions tièdes, je préfère la navigation sportive de ces derniers jours. Mais l'ivresse de la vitesse procurée par l'alizé est terminée – et avec lui, le sprint intermédiaire, tactiquement facile. Nous sommes maintenant confrontés à une situation météorologique complexe qui va nous obliger à prendre une décision. Devant, à gauche, s'étend l'anticyclone de Sainte-Hélène, le pendant de l'anticyclone des Açores. Cette immense zone de calme se situe toujours au sud de l'Atlantique. Pour éviter la chute des vents, nous n'avons pas mis le cap directement sur le cap de Bonne-Espérance, nous avons fait un arc de cercle vers l'est, le long de la côte brésilienne.

Toutefois, l'anticyclone s'est entre-temps étendu plus à l'est et s'est divisé : c'est le typique « split » de Sainte-Hélène. Entre les deux moitiés se trouve un étroit couloir d'un peu plus de 800 milles nautiques avec une forte brise. Thomas Ruyant et Charlie Dalin sont désormais largement en tête, loin devant le peloton, puisqu'ils ont déjà atteint le milieu du couloir. C'est actuellement le chemin le plus court et le plus rapide vers le sud.

Les modèles météorologiques suggèrent toutefois que l'anticyclone divisé se reforme dans les jours qui suivent. Le couloir entre les deux manquerait alors de vent et le piège se refermerait. Les leaders et leurs poursuivants directs se retrouveraient alors coincés dans un énorme trou d'air. Pour moi et pour les bateaux qui m'entourent, encore à l'entrée du couloir, il pourrait être judicieux de faire un virage à droite et de contourner l'anticyclone qui se trouve devant nous.

Cela rallonge certes le chemin, mais cela pourrait tout de même s'avérer plus rapide que de se retrouver coincé dans le piège du Pot-au-Noir. Si ce n'est pas le cas, les autres nous devanceront très largement.

Je dois à nouveau prendre une décision dans un contexte incertain, me fier à un mélange étrange de données factuelles et à mon instinct, comme le font les traders sur les marchés financiers. Si j'étais chez moi, je ferais les cent pas et j'appellerais des amis pour prendre conseil. Échanger permet souvent de peser le pour et le contre. Mais ici, c'est interdit. J'ai certes le droit de dire à mon équipe ce qui me passe par la tête pendant le routage, mais personne n'a le droit de commenter ce que je dis. Même si j'aime faire les choses à ma manière, je suis toujours à l'écoute des conseils des autres que je prends en considération, ou pas quand je décide de tous les ignorer. Je suis surpris de voir à quel point ce genre de contre-expertise me manque ici. Quelle est la meilleure voile d'avant, quel cap dois-je choisir ? Je peux ruminer des questions pendant un moment et lorsque je prends enfin une décision, elle est irrévocable. Personne ne me dit : « Bien joué, Boris ou, mais pourquoi tu as fait ça ? Qu'est-ce que c'est que ces bêtises ? » Je crois que je dois faire attention à ne pas tomber dans un état où tout me semble aussi bien que mal, car ce n'est pas ainsi que les choses se passent, et surtout pas en haute mer, où les erreurs peuvent rapidement avoir des conséquences fatales.

Mais pour l'instant, j'avance si lentement que je peux prendre le temps de réfléchir. Je peux prendre mon temps pour décider de la meilleure voie à suivre. Depuis deux jours, je me faufile, toutes voiles dehors, dans la zone périphérique de l'anticyclone de Sainte-Hélène. En fait, le couloir avec plus de vent aurait déjà dû commencer ici, mais il s'est déplacé vers le sud. Notre petit groupe de cinq bateaux à la traîne suit sagement le couloir, seul un skipper a tourné à droite. Je pense que les autres aussi aiment se sentir proches les uns des autres, savoir que nous sommes là. Nous ne nous voyons pas, mais nous avons exactement les mêmes conditions de vent, ce qui nous permet de bien comparer nos trajectoires et nos vitesses toutes les trois heures, lorsque nous recevons les données de position actuelles de la part de la direction de course.

Et puis quelque chose se produit, qui m'arrache à mes ruminations sur le marasme et les décisions à prendre. J'ai de la compagnie ! Le Français Yannick Bestaven qui a longtemps suivi une trajectoire parallèle, mais loin de moi, s'est lentement rapproché de ma route. Hier soir, j'ai soudain vu son bateau apparaître sous la forme d'un petit triangle noir à l'horizon. Et depuis cette nuit, nous naviguons côte à côte, parfois à quelques centaines de mètres seulement l'un de l'autre. Le navigateur professionnel de La Rochelle, âgé de quarante-huit ans, est comme moi sur un voilier IMOCA de 2015, conçu par le même constructeur. Nos bateaux sont à peu près à la même vitesse – c'est pourquoi nous risquons d'avoir affaire l'un à l'autre dans ce couloir pendant un bon moment.

Ma morosité à cause du vent mou s'est envolée. La décision de rester avec les autres m'a permis d'avoir un compagnon de route, c'est une très bonne nouvelle ! Depuis l'aube, Yannick et moi avons discuté plusieurs fois par radio. Une fois, on a crié de bateau en bateau. « Salut, Boris ! » a-t-il crié en faisant signe. « C'est pas fou, ça ? » Je lui ai fait signe de revenir et j'ai crié : « Salut, Yannick ! » Nous avons encore échangé quelques phrases. Ce n'était certainement pas la conversation la plus riche du monde – mais c'était une vraie conversation d'homme à homme.

L'après-midi, je fais voler mon drone et je filme nos bateaux depuis le ciel. En regardant la vidéo sur la tablette, je suis surtout impressionné par les prises de vue à haute altitude ; elles montrent un océan immense et vide et, en bas, deux petits voiliers proches l'un de l'autre. Quelle joie de ne plus être seul !

Je suis amusé de constater combien notre proximité nous force mutuellement à être plus rapides. Nous sommes véritablement en train de disputer une course dans la course entre nous au milieu de l'Atlantique. À cet instant précis, il ne s'agit en effet plus de parcourir 44 000 km, mais de ne pas perdre un mètre. La nuit dernière, au clair de lune et sur une mer lisse, et aujourd'hui encore, nous nous sommes dépassés à plusieurs reprises. Il est environ un mille nautique devant moi. Je suis aussi concentré que s'il s'agissait d'une régate à la journée. Mais j'avoue que je veux surtout rester près de Yannick parce que ça me donne des ailes d'avoir de la compagnie. C'est pourquoi je me bats chaque jour comme si c'était le dernier, les yeux rivés sur les écrans, réglant écoutes, foils et quille pivotante.

Pendant près de trois jours et trois nuits, Yannick et moi avons roulé côte à côte, oscillant entre la huitième et la cinquième place au sein du groupe des poursuivants. Nous avons tous les deux choisi un raccourci risqué. Jusqu'à présent, le vent reste favorable. Les hommes de tête avancent bien également. Ils approchent déjà de la sortie des alizés. Jean Le Cam est toujours en troisième place. Il m'impressionne. Depuis deux semaines, la plupart des voiliers à foils ultramodernes ne parviennent pas à rattraper le doyen des participants et son bateau construit en 2007. Jean en a d'ailleurs parlé aujourd'hui dans une vidéo avec son style inimitable : « Quand les gens me voient ici, si loin devant, ils doivent penser : "Mon Dieu, Le Cam est si vieux" », dit-il en souriant. « Mais voilà, le truc, c'est que plus tu fais d'erreurs quand tu es jeune, plus tu sais ce que tu ne dois plus faire. C'est ce qui s'est passé pour moi. Maintenant, j'ai soixante et un ans et beaucoup d'expérience. Bien sûr, il y a aussi des jeunes intelligents et des vieux stupides. Mais si je devais un jour embaucher quelqu'un, j'aurais tendance à choisir une personne plus âgée qui aura plus d'intelligence opérationnelle et réagira mieux en cas de souci. »

Alex Thomson a entre-temps pris beaucoup de retard, il est à plus de 600 milles nautiques du leader. Le matin suivant, c'est la troisième nuit de réparation. Il se tient dans son poste de commande, vêtu d'un T-shirt blanc, un capteur de données sur le bras et un large sourire qui lui fend le visage, il tourne la manivelle du grinder et s'exclame face à la caméra : « C'est fini. Ouais ! Ça a pris beaucoup plus de temps que prévu, mais maintenant tout va bien, je viens d'atteindre une vitesse de vingt nœuds, c'est fantastique ! »

Alex marque une pause et tourne son grinder avec énergie. « Je peux enfin me concentrer à nouveau sur la course et me lancer aux trousses des premiers ! Je pense que nous atteindrons les mers du Sud dans deux ou trois jours. J'ai hâte. » Puis Alex se penche et hurle : « *The boss is back!* » Il a réussi. Je suis convaincu qu'il va maintenant se lancer dans une course folle pour rattraper son retard.

~

Peu après, alors que j'analyse les dernières prévisions météorologiques et que je me demande combien de temps le couloir de vent va encore tenir, je reçois une mauvaise nouvelle de la direction de course. La guerre de l'usure a fait une nouvelle victime. Et c'est encore un leader qui est touché. Thomas Ruyant, qui était en deuxième position, a été réveillé cette nuit par un grand craquement. À la lumière de sa lampe frontale, il a découvert plusieurs larges fissures sur le foil gauche de son bateau. Thomas a immédiatement freiné le bateau et alerté son équipe. Depuis 3 heures ce matin, une cellule de crise rassemblant des designers de bateau, des ingénieurs et des experts en foils se demande comment cela a pu arriver et quels conseils donner à Thomas. Une nouvelle opération Apollo 13 commence.

Voilà qu'un autre de mes amis est touché. Je connais Thomas depuis dix ans. Nous nous sommes souvent rencontrés lors de courses d'entraînement en Bretagne. En 2017, nous avons pris le départ ensemble sur mon bateau de la Transat Jacques-Vabre, une course mythique en double qui rallie la France et le Brésil, et nous avons décroché la quatrième place. Thomas est un Français discret de trente-neuf ans, père de deux enfants, navigateur professionnel – il est aussi la preuve vivante que quelqu'un qui veut être en tête de la régate la plus difficile du monde n'a pas besoin d'être un paquet de muscles impressionnant : il mesure 1,69 mètre, il est mince et athlétique.

En 2016, il a pris le départ de son premier Vendée Globe. Au large de la Nouvelle-Zélande, il est entré en collision avec un OFNI, un « objet flottant non identifié », selon le terme officiel utilisé pour désigner ces obstacles. Thomas a alors tout juste réussi à regagner un port néo-zélandais. Depuis, il a des comptes à régler avec le Vendée Globe. Pour mettre toutes les chances de son côté, Thomas et son équipe ont fait construire il y a un an une véritable fusée profilée bleu clair à voiles équipée de foils géants de dernière génération. Je me demande ce qui a bien pu arriver à son foil gauche cette nuit.

Les foils sont le turbo des voiliers de course. Ces ailes de cinq mètres de long à moitié recourbées s'élèvent dans l'eau de part et d'autre d'un voilier. Leurs profils sont dessinés comme les ailes d'un avion. À partir d'une certaine vitesse, ils commencent à soulever le bateau dans les airs. La construction de bateaux est devenue un domaine très compétitif, ce qui a entraîné des progrès considérables dans le développement des foils. C'est ainsi que ces ailes d'apparence simple sont en réalité de véritables merveilles de technologie. Elles sont composées de 300 couches de fibre de carbone alignées au millimètre près par des robots et pressées. Pour réguler l'altitude de vol, les foils peuvent être inclinés jusqu'à cinq degrés comme les volets d'une aile d'avion. Des capteurs invisibles mesurent la charge de pression à plusieurs endroits et la transmettent à l'ordinateur *via* des câbles en fibre optique aussi fins que des cheveux. Le contrôle a pour but d'éviter qu'un foil ne se brise : en vol incliné, le bateau ne glisse plus sur l'eau que sur la partie la plus à l'arrière de la coque – et sur le foil qui se trouve sous le vent. La pression sur ce foil est énorme, elle peut atteindre plus de vingt tonnes par vent fort. Comme je ne veux prendre aucun risque, j'ai réglé le système sur une charge maximale de 16 tonnes, à partir de laquelle l'alarme retentit.

Sur le bateau de Thomas Ruyant, c'est comme si le turbo gauche était désormais en panne, car un foil endommagé ne peut pas être réparé en mer. C'est donc un peu comme si le bateau se préparait à faire le reste de la course à cloche-pied. Cela ne signifie pas nécessairement que Thomas est relégué à l'arrière puisque près de la moitié des bateaux n'ont pas de foils. Mais ce n'est pas un hasard si Thomas se trouve à la deuxième place. Comme Alex, il fait partie des favoris. Peut-être que la météo l'aidera à rester devant comme le vent vient de la gauche sur une grande partie du Vendée Globe. Le bateau décolle sur le foil droit, qui est, lui, encore intact chez Thomas.

Comme sur mon bateau, il peut également rétracter la majeure partie des foils dans la coque, ce qui laisse tout de même deux bons mètres dépasser dans l'eau. Le risque pour Thomas, c'est que le foil endommagé se casse sur cette longueur, par exemple dans une mer agitée. Il pourrait alors endommager la coque ou, pire encore, la fixation de l'outrigger, ce tube qui relie l'outrigger à la coque du bateau et qui par extension assure la sécurité du mât. Le mât pourrait alors se briser à son tour. « Nos experts sont en train de calculer quels scénarios sont les plus probables », explique le manager de l'équipe de Thomas. « Si le risque nous semble trop grand, Thomas devra scier le foil. »

Je me doute qu'en plus du mode Apollo 13, le manager a activé un deuxième plan d'urgence : le fameux plan de gestion de crise. Chaque équipe en a un. Chez nous, le document compte douze pages, chez Thomas, neuf. C'est une sorte de manuel qui décrit la manière dont toute la communication doit se dérouler en cas de problème avéré. Qui parle au skipper, à la direction de course, à la famille, au public ? Les échanges avec les médias sont cruciaux : c'est le premier Vendée Globe pendant lequel le monde extérieur suit pratiquement en temps réel tout ce qui se passe à bord de chaque bateau. De nombreux skippers ont plus de cent mille followers sur les réseaux sociaux. Si quelque chose arrive à leur idole, ils veulent eux aussi être informés immédiatement, selon un plan par étapes bien rodé, de manière objective, transparente et sans aucune spéculation. Le plan de Thomas Ruyant stipule que la communication doit être assurée par des « personnes capables de contrôler leur nervosité et leurs émotions pour parler avec assurance ».

Le lendemain, Thomas fixe son téléphone portable sur le bastingage et filme sa descente par-dessus bord, sur le foil. Assuré par deux palans, il s'y assied à califourchon et le découpe avec une scie sauteuse. De retour sur le pont, il raconte, au bord des larmes : « Je viens de scier mon magnifique foil ! » Derrière lui, on distingue un moignon qui dépasse du ventre du bateau. L'amputation doit vraiment lui peser. Aucune pièce à bord n'est plus compliquée à construire, plus élégante à concevoir et plus difficile à comprendre et à maîtriser que le foil. Samantha Davies, qui est actuellement en neuvième position, a même donné des noms à ses foils : Orville et Wilbur, les prénoms des frères Wright, les pionniers de l'aviation.

~

Assis dans le cockpit, je réfléchis aux problèmes que les favoris ont rencontrés. Quand un bateau percute un OFNI, c'est de la malchance. Mais quand Jérémie Beyou voit un safran se détacher, quand l'étrave d'Alex s'affaisse et quand Thomas voit son foil se fendre, ce n'est pas de la malchance, c'est le destin. Je suis convaincu que le déroulement du Vendée Globe se décide à quatre-vingts pour cent avant le départ. L'incident vient très souvent d'un point faible, si petit soit-il, qui sommeille quelque part dans le bateau sans que l'on s'en aperçoive : un boulon qui va lâcher, une stratification qui se désagrège, un morceau de carbone qui a fait l'objet d'une minuscule erreur de calcul lors de sa conception. Les machines de course sur lesquelles nous sillonnons les océans sont complexes, sensibles et fragiles, des milliers de points de rupture sont possibles. L'équipe les a sûrement tous vérifiés, plusieurs fois même – à l'exception d'un ou deux détails peut-être. C'est pourquoi chacun part avec la crainte d'avoir embarqué la fatalité.

Cependant, cette supposition signifie aussi que quelqu'un qui part avec un bateau absolument fiable a une probabilité de quatre-vingts pour cent d'arriver à destination. Dans une course où seule la moitié y parvient en général, quatre-vingts pour cent de chances de réussite, c'est beaucoup. C'est la raison pour laquelle j'ai failli devenir fou pendant mes quatre années de préparation à cette course. Et j'ai aussi failli rendre mon équipe folle. J'étais le super perfectionniste qui agaçait tout le monde en permanence. Je voulais être sûr qu'on n'oublie rien. Nous avons renforcé chaque étai de l'avant du bateau et installé deux fois plus de systèmes électroniques. Pour d'éventuelles réparations à distance en mode Apollo 13, nous avons photographié chaque recoin du bateau. Nous avons rassemblé des centaines de pièces de rechange, la plupart pouvant avoir plusieurs usages différents. Au grand désarroi de mon équipe, j'ai décidé d'emporter un safran de rechange quelques mois seulement avant le départ. Je ne sais pas si j'arriverais à changer le gouvernail de 32 kg tout seul si besoin à l'arrière d'un bateau qui tangue, mais je préférais l'avoir sous la main, au cas où.

Lorsque je me suis retiré en quarantaine la semaine précédant le départ et que je n'avais plus le droit d'accéder à mon bateau, j'ai été surpris par ma sérénité. Il n'y avait plus rien à vérifier, plus rien à améliorer, toutes les check-lists avaient été vérifiées – je savais que nous avions vraiment tout fait pour nous assurer les quatre-vingts pour cent de chances de réussite. Bien sûr, un tronc d'arbre, un conteneur ou une baleine endormie pourraient toujours se mettre en travers de mon chemin, mais ça, ce n'est pas un problème : je peux vivre avec la malchance, mais pas avec la négligence.

Stuart, de mon équipe, a insisté il y a quelques jours pour que je rampe dans la coque afin d'inspecter chaque centimètre des parois et des barres de soutien à la recherche d'éventuelles fissures. Les dommages subis par Alex l'inquiètent. Stuart est sans doute de notre équipe celui qui a la relation la plus intime avec *Seaexplorer*. Lorsque nous discutons et que nous évoquons la fiabilité du bateau dans l'Atlantique, il finit souvent par dire : « Prends bien soin de lui ! » En rampant aujourd'hui dans un coin que je n'ai pas encore vérifié, j'ai découvert quelque chose d'inattendu : pas de fissures dans le carbone, mais le dessin d'un petit raton laveur se tenant debout ! C'est le deuxième petit dessin de ce genre que je trouve, tracé au crayon blanc sur une paroi. Je sais qui l'a fait. Greta Thunberg m'avait prévenu en descendant à New York qu'elle avait laissé quelques animaux sur mon bateau et que je finirais bien par les découvrir.

Cela peut paraître idiot, mais je suis très heureux d'être tombé sur ce petit message. Seul au milieu de tout ce matériel et de toute cette technologie sans âme pendant des semaines avec seulement des photos de ma famille, j'ai aussi été très ému en découvrant un petit cadeau de mon équipe dans mon sac de nourriture, quand j'étais près de l'équateur. Cette casquette en tissu bleu clair n'était vraiment pas à mon goût, mais cela m'était complètement égal : quand je l'ai mise, j'ai eu l'impression que toute mon équipe se trouvait soudainement à bord. Je les soupçonne d'avoir dissimulé d'autres cadeaux dans les sacs de nourriture des longs jours que je passerai dans les mers du Sud. Dans notre groupe WhatsApp, d'autres skippers ont raconté qu'ils avaient eux aussi trouvé des petits messages de leurs équipes : Samantha Davies a reçu un globe gonflable en passant l'équateur – pour qu'elle sache où elle allait. Ari Huusela a trouvé un renne en chocolat emballé par ses enfants. Et l'équipe d'Alan Roura avait fixé un petit paquet dans la zone de l'étrave, avec un fil dépassant et l'inscription « Si tu es de mauvaise humeur, tire ici ! ». Il y a quelques jours, Alan était de mauvaise humeur alors il a tiré, et lorsque le pétard a explosé, une pluie de confettis s'est répandue sur la plage avant du bateau. Malheureusement, Alan venait d'y étaler des sacs à voile mouillés, et les morceaux de papier colorés et humides se sont immédiatement collés partout, colorant à la fois la coque et les sacs !

Yannick Bestaven, qui navigue toujours non loin de moi, a trouvé de petits cadeaux de son équipe à Noël, mais il devra attendre encore quatre semaines pour les ouvrir. Je le connais depuis 2001. C'est à cette époque que j'ai pris le départ de ma première course au large, la Mini-Transat, une course en solitaire entre la France et le Brésil.

Vingt-sept navigateurs y participaient dans ma classe, je suis arrivé onzième – et Yannick a gagné. Ce navigateur professionnel tenace et surtout très tactique est aussi un joyeux luron qui adore à se mettre en scène dans ses vidéos de bord. Alors que son bateau filait à toute allure dans les alizés, il se tenait dans le cockpit, souriant, en train de jouer de l'air guitar. Récemment, il a essayé de cuisiner un poisson volant. Hier, il s'est versé un seau d'eau dessus, sa « première douche depuis 14 jours ». Il s'est ensuite rasé avec une lame, ce qui est « assez difficile à faire quand on est sur un bateau qui tangue ».

Yannick aussi s'inquiète des problèmes rencontrés par les favoris depuis le départ. Alex Thomson et Thomas

Ruyant ne sont pas plus téméraires que les autres dans le groupe de tête. Jean Le Cam s'est aventuré encore plus loin qu'Alex dans la tornade. Les skippers des bateaux récents n'ont apparemment tout simplement pas eu assez de temps pour apprendre à connaître réellement leurs bateaux très sensibles – pour Yannick aussi c'est la cause des incidents survenus jusqu'à présent.

Quelle chance que nous soyons tous les deux sur des bateaux de 2015. Pendant quatre ans, nous avons pu apprendre à les connaître, à les maîtriser pour en tirer le meilleur. Nous avons appris quand les brider, quand freiner ou lever le pied. Ceux qui négligent cette préparation prennent le risque de ne pas réussir à finir le Vendée Globe.

Parce que nos bateaux, depuis que nous les équipons de foils, sont conçus pour s'autodétruire.

6
L'albatros

Seul un souffle de vent est perceptible, juste assez pour permettre au pilote automatique de maintenir un cap raisonnable. Le bateau glisse sur la mer lisse, l'eau clapote doucement contre la coque. Une houle légère, à peine perceptible, soulève et abaisse la surface de l'eau. C'est comme si l'océan respirait.

Ce midi, quand je changeais une voile à l'avant du bateau, j'ai jeté quelques coups d'œil en bas, vers la mer. Le soleil était presque au zénith, et je pouvais voir ses rayons pénétrer à la verticale dans l'eau. Ces faisceaux de lumière scintillants se perdaient rapidement dans l'obscurité la plus complète des bas-fonds. L'Atlantique était une masse transparente sur laquelle mon bateau flottait. Je suis resté longtemps sur le bastingage à regarder en bas. Je ne voyais pas de poisson, pas de méduse, pas d'ombre ; il n'y avait rien sur quoi mon regard pouvait s'arrêter, seulement cette étendue à perte de vue qui, quelque part en bas, se transformait en obscurité totale.

La journée a passé et maintenant, juste avant le coucher du soleil, la chaleur et la brume de la journée ont disparu. L'air a un goût frais, l'horizon est dégagé. Je suis assis dans le cockpit en short et T-shirt. La mer n'est plus translucide, c'est plutôt une surface bleue qui ondule légèrement jusqu'à l'horizon. Dans le ciel, quelques gros nuages commencent à rougir dans la lumière du soir. Je les observe changer de forme et de couleurs… j'apprécie de plus en plus ces moments de contemplation du ciel et de la mer au milieu de la concentration intense que nécessite la course.

Quand tout se passe bien, au bout de deux ou trois semaines, le navigateur en solitaire prend un rythme très différent de celui que l'on peut avoir à terre. Il se détache complètement de la routine de la vie normale. Ce qui compte désormais pour lui, c'est ce dont le bateau a besoin et ce dont il a besoin. Tout en dépend : son sommeil, son appétit, ses pensées et même ses aspirations. Chaque jour, il a de nouveaux défis à relever et c'est sur cela qu'il se concentre : un jour après l'autre ! Plus rien ne le distrait. C'est comme s'il vivait dans un monde à part, où il n'y a plus que le navigateur, son bateau et la mer bien sûr.

Personne n'a décrit cette transformation avec autant de force que le Français Bernard Moitessier. Son livre *La victoire gâchée* est la bible des navigateurs hauturiers que j'ai d'ailleurs lu plusieurs fois. Moitessier a pris le départ de la Golden Globe Race en 1968, la première course en solitaire sans escale autour du monde. Il aurait pu gagner – mais dans la dernière ligne droite de l'Atlantique, il a décidé de poursuivre son périple, ne voulant « plus vivre qu'avec la mer et avec mon bateau, pour la mer et pour [son] bateau ».

Le bateau était devenu pour lui « une petite planète [formée] d'espace, d'air pur, d'étoiles, de nuages et de liberté au sens le plus profond et naturel qui soit ». Après un tour du monde et demi, il a enfin jeté l'ancre dans un lagon de Tahiti.

Moitessier était un excellent navigateur et un homme sensible qui vivait la solitude en mer comme une expérience mystique. Il a écrit qu'il pourrait regarder la mer pendant des heures, des jours, des semaines, des mois. « Je contemple cette mer immense, je respire ses embruns, et je sens s'ouvrir en moi, ici, dans le vent et l'espace, quelque chose qui aspire à l'immensité de l'Univers pour pouvoir s'accomplir. »

Je n'en suis pas encore là. Honnêtement, je ne pense pas être capable d'atteindre un tel état d'osmose, même si le Vendée Globe est quatre fois plus long que ma plus longue course en solitaire à ce jour. Je n'en suis pas capable, notamment car j'ai besoin de mes contacts quotidiens avec mes proches. Je pourrais décider de me déconnecter de tout, des appels vidéo, des groupes de discussion, mais je ne me transformerais probablement pas en Bernard Moitessier pour autant.

Le fait de quitter complètement la vie normale peut toutefois être ressenti par un navigateur du Vendée Globe, même à l'ère de WhatsApp, car la possibilité d'en parler avec d'autres ne diminue en rien les défis élémentaires auxquels nous devons faire face : maîtriser seul le bateau dans la tempête ou monter dans le mât, rester vigilant pendant des mois sans interruption, faire face à la solitude, ne pas avoir la possibilité de se reposer. Contrairement à la vie sur la terre ferme, chacun d'entre nous est livré à lui-même, avec ou sans smartphone, et il faut parfois du temps pour vraiment intérioriser cet état et se mettre au rythme de la navigation en solitaire.

~

Après dix-huit jours de mer, nous approchons des mers du Sud. Je me sens prêt. Bien sûr, ça va me manquer de m'asseoir dehors comme ce soir, avec des températures douces, et de regarder la mer. Mais il n'y aura plus ces zones de calme, plus ces changements épuisants tactiques. Là-bas, les conditions météo qui nous attendent sont simples : des tempêtes constantes venant de l'arrière, des creux de vagues venant de la même direction, un cap tout droit vers l'est. Nous sommes tous venus pour cette partie de la course dans les mers du sud. Cette étape, c'est le cœur même du Vendée Globe.

Pour l'instant, la plupart des bateaux se faufilent encore le long de l'anticyclone de Sainte-Hélène. Tout le monde veut bien sûr réussir à arriver dans les mers du Sud le plus vite possible. Là, une énorme zone de basse pression s'est mise en route depuis l'Argentine vers l'Afrique du Sud. Elle va traverser l'Atlantique, toujours en longeant les mers du Sud. C'est le train dans lequel nous voulons absolument réussir à monter. Les dix, voire les quinze premiers bateaux pourraient *a priori* y arriver.

Le leader, Charlie Dalin, a entre-temps cherché à atteindre les quarantièmes rugissants. Cette région orageuse, qui s'étend jusqu'au 50e degré de latitude, est la ceinture extérieure des mers du Sud. Thomas Ruyant et Jean Le

Cam sont sur les talons de Dalin. Notre groupe de poursuivants n'a cependant plus confiance en ce couloir de vent, Yannick Bestaven et moi avons également tourné à droite pour contourner l'anticyclone qui se trouve devant nous. La route sera plus longue, mais nous espérons avoir plus de vent en dehors de cette zone de haute pression. Il nous reste une bonne quarantaine d'heures pour attraper la tempête.

Nous savons que nous vivons nos derniers jours de mer calme avant environ six semaines. C'est le moment d'en profiter pour ranger nos bateaux, réparer les dégâts et faire le plein de sommeil. Nous avons dû transporter de lourds sacs à voiles de l'avant à l'arrière, soit environ 300 kg au total, et les attacher pour mettre tout le poids vers l'arrière : cette règle est connue de tous les navigateurs qui s'attendent à traverser une mer agitée. Ça permet d'éviter d'avoir un voilier trop lourd à l'avant et qu'il ne s'enfonce brutalement dans un mur d'eau. Sortir les sous-vêtements chauds, attacher les sacs contenant les pièces de rechange et de provisions, vérifier l'émetteur de secours – la check-list pour affronter le sud froid est incroyablement longue.

Certains concurrents ont profité de ces dernières journées avant le grand Sud pour partager des vidéos avec la terre.

Jean Le Cam, en troisième position, a placé 14 petites peluches côte à côte dans le cockpit. « Mesdames et messieurs, dit-il, voici mon équipe qui se trouve à bord du bateau duquel nous faisons un tour du monde. Je vais vous donner leurs noms et vous allez deviner qui est qui. » Et il énumère effectivement tous les noms, de Usho le pingouin à Chipp and Dale, un monstre en peluche au long cou, en passant par le personnage de bande dessinée Marsupilami.

Samantha Davies, neuvième, envoie elle un message à son fils en Angleterre, qui est pour le moment seul chez ses grands-parents puisque son père participe également au Vendée Globe. Romain Attanasio se trouve actuellement loin derrière sa femme, à la 16e place. Samantha avait pris le départ de son premier Vendée Globe en 2008. À l'époque, elle avait envoyé une vidéo depuis les mers du Sud : on la voit danser joyeusement sur le pont en ciré sur la musique de *Girls Just Want to Have Fun*. Lors du Vendée Globe 2012, son mât s'est brisé et elle a dû abandonner. En 2016, elle est restée avec son fils parce que Romain participait à la course pour la première fois. Ils se sont rencontrés lors d'une régate. Mais pour cette édition, ils ont pris tous les deux le départ. À quarante-six ans, Samantha a plus d'expérience et un bateau plus rapide.

Le 12e, Giancarlo Pedote, est Italien. Il prépare des pâtes avec une montagne de parmesan fraîchement râpé sur le dessus.

Le 13e, Benjamin Dutreux, fait décoller un drone et filme, à hauteur de nuages, son bateau qui semble minuscule sur la mer lisse comme un miroir.

Le 14e, Maxime Sorel, pointe du doigt un cargo qui passe. « Le capitaine vient de m'appeler par radio pour me demander ce que je faisais là », raconte Maxime. « Je lui ai dit que je faisais le tour du monde à la voile en solitaire. Il se demandait pourquoi. Je lui ai dit que c'était une course. Il m'a dit : “Ah bon, OK.” »

La 17e, Clarisse Crémer, est allongée dans son sac de couchage et raconte dans quelle position elle s'endort le plus rapidement.

Le 18e, Alan Roura, a passé trois heures à nettoyer son bateau. L'huile du système hydraulique de sa quille pivotante a fui et s'est répandue jusque dans ses sacs de nourriture, dans son sac de couchage… « à la fin, j'en avais même dans les cheveux ». Lorsqu'Alan en parle, sa voix se brise, le jeune Suisse fond en larmes, secoué par les sanglots pendant plusieurs minutes.

Plus loin, deux hommes très différents approchent de l'équateur. Lorsqu'Ari Huusela franchit la ligne en 29e position, il verse de l'alcool finlandais dans la mer, rayonnant et s'exclame : « Je suis si heureux ! »

Il en va tout autrement pour Sébastien Destremau à la 30e position. Il récite un poème sur un air de violoncelle décrivant l'endroit qu'il est en train de traverser : « Ici, ils ont jeté les esclaves par-dessus bord/j'ai tellement honte/vous êtes des escrocs et des propriétaires de bateaux/vous devez payer pour ça. » C'est un réquisitoire de cinq minutes, anticapitaliste, surréaliste : « Le commerce des esclaves, le commerce des devises/la corruption et la pollution/avec votre soif de profit, vous empoisonnez le monde/vous finirez en enfer/vous me faites pleurer/qui éteint les étoiles ? »

Le Vendée Globe, c'est aussi ça, des personnages totalement différents. Des activistes et des perfectionnistes, des ambitieux et des romantiques, des compétiteurs. Des femmes et des hommes. Je connais la plupart d'entre eux. Nous avons pris le départ des mêmes régates, nous nous sommes rencontrés dans des chantiers navals ou nous sommes restés assis quelque part pendant des heures à discuter de nos préparatifs pour le Vendée Globe. J'ai appris à les connaître avec toutes leurs différences.

On peut imaginer que les participants à la course la plus difficile du monde sont des personnes spéciales, faites du même bois, mais pas du tout. Ni dans le physique, ni dans l'âge, ni dans le charisme. Yannick Bestaven ou Alex Thomson, par exemple, ont une carrure imposante. Thomas Ruyant, en revanche, est mince et filiforme, tout comme Isabelle Joschke. La plupart ont entre trente-cinq et quarante-cinq ans ; Alan Roura n'a toutefois que vingt-huit ans et Jean Le Cam déjà soixante et un. Il n'y a pas non plus d'unité dans leur comportement. J'ai rencontré des navigateurs du Vendée Globe modestes, des grandiloquents, des méticuleux, des drôles, des ascètes, des silencieux et des sociables. Donc tout existe.

Pendant longtemps, le Vendée Globe a été une affaire d'hommes. Depuis 1989, seules sept femmes en ont pris le départ. En tout, cette année, pas moins de six femmes sont là et aucun d'entre nous ne s'attend à avoir un classement séparé comme dans de nombreux sports. Pourquoi y en aurait-il un d'ailleurs ? Selon Isabelle Joschke, « nous les femmes, nous sommes résilientes, impitoyables et tenaces ». Cette franco-allemande de quarante-trois ans, de 1,60 mètre et 50 kg dit d'elle même qu'elle est un « tough cookie », une dure à cuire. Elle a étudié le grec et le latin à la Sorbonne à Paris, puis s'est installée pendant deux ans dans un camping-car qui lui permettait d'aller de régate en régate. Comme moi, elle a commencé par la Mini-Transat, la course en solitaire à travers l'Atlantique, puis elle s'est battue jusqu'au Vendée Globe. Isabelle se lance également en tant qu'ambassadrice d'une cause qui lui tient à cœur. L'association « Horizon Mixité » qu'elle a fondée s'engage pour que les femmes prennent confiance en elles, que ce soit au travail ou dans le sport. Isabelle veut montrer que la combativité est payante : « Oui, on peut être une petite femme fragile et réussir un défi aussi éprouvant que de faire le tour du monde à la voile. »

Six femmes pour le Vendée Globe 2020/21, c'est clairement trop peu pour Isabelle. Si la résilience, l'intelligence, le courage et l'habileté manuelle sont les principales qualités nécessaires pour la course, « pourquoi n'y aurait-il pas autant de femmes que d'hommes à y participer ? ». Il n'y a pas de différences. Et le fait que les femmes soient physiquement moins fortes que les hommes ne serait pas non plus un obstacle. « Nous pouvons compenser cela à bord. Les hommes peuvent se permettre de faire certaines choses simplement. Nous devons davantage anticiper, réfléchir au déroulement exact de chaque manœuvre qui va nous demander de l'énergie. » Parfois, une technologie adaptée peut aussi aider. Isabelle utilise par exemple son grinder en position assise : au lieu de tourner avec les bras, elle pédale avec les jambes.

Cinq des six femmes au départ cette année participent pour la première fois, dont Isabelle. Seule Samantha Davies, l'Anglaise de quarante-six ans, sait exactement ce qui l'attend puisque c'est sa troisième participation, avec une nouveauté cependant : c'est la première fois qu'un couple s'affronte au Vendée Globe.

À ma connaissance, presque tous les participants sont mariés et beaucoup ont des enfants. Je trouve cela intéressant. Cela confirme qu'il ne faut en fait pas être un solitaire, un loup esseulé pour trouver son bonheur dans la solitude en mer. C'est peut-être simplement l'endroit où l'on a besoin d'être pour nous épanouir et pour prendre conscience de l'importance qu'on a, ce qu'on représente pour l'ensemble de nos proches.

Nous gérons différemment la séparation en elle-même. Alan Roura, jeune marié, a convenu avec sa femme qu'ils n'auraient aucun contact pendant la course. Il craint que la nostalgie le rende fou, dit-il. Quant à moi, je téléphone presque tous les jours à Birte, car entendre sa voix et ses petites histoires du quotidien me font beaucoup de bien. Parfois, je lui demande de poser le téléphone portable à côté de la tête de notre fille endormie. J'écoute pendant quelques minutes Malou respirer, soupirer paisiblement et faire de l'apnée dans son petit lit – alors que moi, je suis assis à un demi-globe de distance dans mon cockpit à tendre l'oreille. C'est beau à pleurer.

Je suppose qu'il y a une deuxième raison pour laquelle on trouve si peu de solitaires ou d'égocentriques parmi les marins du Vendée Globe, du moins ce que j'ai pu observer. Pour participer à cette course, il faut avoir réussi à convaincre de nombreuses personnes, pendant des années. À commencer par les sponsors : ils ne soutiennent pas seulement une perspective de victoire, ils veulent aussi pouvoir s'identifier au sportif en tant qu'individu. Il y a aussi l'équipe, généralement une douzaine d'experts et de navigateurs professionnels, qui travaillent aux côtés du navigateur pendant des années pour adapter le bateau et faire en sorte que la course soit organisée. Il ne suffit pas de les payer, il faut les intéresser, qu'ils s'enthousiasment pour la mission. Quant aux autres navigateurs du Vendée Globe, leur appréciation est également importante. En tant qu'élite de la course au large, nous nous rencontrons régulièrement lors de courses dans le monde entier, beaucoup s'entraînent ensemble, se soutiennent mutuellement. Chaque skipper doit s'efforcer très tôt à s'intégrer à cette communauté soudée. Et enfin la famille et les amis : ils ne doivent pas seulement croire en toi, ils doivent aussi être prêts à supporter pendant des années quelqu'un qui ne pense qu'à une chose : la course et la victoire.

Le Vendée Globe est donc aussi un défi d'un point de vue social. Seule une personne capable de rallier d'autres personnes à sa cause, qu'il s'agisse du patron d'une entreprise, d'un artisan, d'un concurrent ou d'un ami, seule une telle personne pourra appréhender un tel projet. Même les navigateurs en solitaire doivent être à l'aise en équipe.

Nous avons un autre point commun : notre obsession. Ou, pour le dire plus gentiment, notre détermination. Nous partageons tous le même rêve, et nous savons que ce rêve de vie insensé n'est réalisable que si nous y croyons fermement malgré les innombrables obstacles et risques, si nous ne doutons pas trop souvent au fil des années, si nous faisons tout ce qui est en notre pouvoir pour nous en rapprocher petit à petit. Malheureusement, il est dans la nature du rêve de toute une vie de paraître irréalisable – sinon, ce ne serait pas le rêve de toute une vie. La campagne de financement d'un départ du Vendée Globe coûte des millions : le bateau, l'équipe, le temps de la préparation et des régates de qualification. Nous avons besoin de soutien de grandes entreprises. Pendant des années, nous n'avons pas réussi à réunir l'argent nécessaire, mais nous avons continué malgré tout. J'ai toujours eu la conviction que je finirais par y arriver. Et aujourd'hui, c'est chose faite.

Alors, qu'est-ce que ça fait ? Est-il possible d'être heureux tous les jours simplement parce que l'on est en train de réaliser le rêve de sa vie ?

Je pense que les jours sont trop différents pour cela. C'était génial de longer le Brésil dans les alizés. Mais je ne peux pas être aussi serein et confiant dans mon cockpit quand le bateau stagne dans une mer calme pendant toute une journée. Ou lorsque le sentiment oppressant de la solitude m'envahit.

Le Vendée Globe, c'est aussi un voyage intérieur. Il nous emmène, mes émotions et moi, dans des régions inconnues, et ce que j'y découvre me préoccupe. J'ai déjà connu ces sautes d'humeur lors de mes précédents voyages, mais je ne m'attendais pas à ce qu'elles soient aussi présentes. Cette fois, peut-être qu'elles font partie d'un voyage aussi extrême et que je dois apprendre à mieux les maîtriser. Je suis sûr que c'est pareil pour les autres, mais ils n'en parlent pas. Mais, quoi qu'il en soit, même si les moments de doute et de découragement ne sont pas toujours des plus agréables, je n'ai jamais remis en question le rêve de ma vie qui vient tout juste de commencer à se réaliser !

En tout cas, aujourd'hui est à nouveau un jour de pur plaisir. Le vent est légèrement plus fort, le bateau évolue rapidement, le soleil brille et Yannick est toujours là, à environ deux milles nautiques de moi. La mer est si calme que je peux même en profiter pour poser mon gobelet de café sur la console devant mon ordinateur sans risquer de le voir m'arroser. Je pose ensuite mon orange quotidienne à côté et je la regarde rouler lentement, mon café se balance tout doucement lui aussi, d'avant en arrière. C'est génial ! Pas de sursaut, pas de fracas, au lieu de cela, le bateau file vers le sud comme sur des roulettes.

L'air s'est refroidi et, sur mon écran, je vois que la température de l'eau n'est plus que de 15 °C. Nous sommes sur le point de quitter la zone climatique subtropicale pour nous rapprocher des hautes latitudes. Ce terme désigne deux zones de la Terre au climat similaire : le tiers nord de l'hémisphère nord et le tiers sud de l'hémisphère sud. J'ai grandi au bord de la mer du Nord, pour ainsi dire à la limite inférieure des hautes latitudes, et j'aime tellement plus cette zone de transition climatique que les tropiques. Sous les tropiques, il n'y a en fait que le jour et la nuit, une clarté éclatante qui se transforme en quelques minutes en une nuit noire comme le jour, et inversement. Du blanc et du noir, aucune nuance. Dans les hautes latitudes, en revanche, le soleil qui disparaît met en scène un spectacle luxuriant, laissant parfois le ciel s'embraser au-dessus de l'horizon pendant des heures, dans des camaïeux de rouge, bleu, violet et gris. Et c'est pareil lorsque le jour se lève, dans les heures qui précèdent l'émergence du dôme rouge vif de la mer.

Je suis tout simplement un gars du nord. J'aime toutes ces ambiances différentes en une seule journée. Et je supporte mieux le froid que la chaleur étouffante. Je commence en somme à me sentir comme chez moi. Je suis encore loin des hautes latitudes, mais le changement de temps s'annonce.

Alors que pendant plusieurs jours seuls quelques nuages étaient suspendus dans le ciel, une couverture nuageuse épaisse s'est installée dans l'après-midi. Sur l'image satellite, je vois qu'elle s'étend loin vers le sud – et qu'elle est balayée par des vents puissants. Pour la première fois depuis dix jours, j'enfile un T-shirt à manches longues et je prépare tout dans le cockpit pour changer de voile. Le Code Zéro, ma plus grande voile d'avant avec 292 m² et fixée tout à l'avant a exploité au mieux le moindre souffle de vent en propulsion dans l'anticyclone de Sainte-Hélène. Mais elle est trop grande pour ce qui m'attend. Je veux le remplacer par le petit gennaker. Yannick, avec qui je parle brièvement au téléphone, a fait la même chose.

En fait, c'est une manœuvre de routine.

En montant sur la plage avant du bateau, je tire le sac à voiles derrière moi. Le gennaker est enroulé, formant comme une grosse saucisse d'une bonne trentaine de mètres de long, repliée plusieurs fois pour tenir dans le sac. Je fixe une extrémité au bout-dehors, je tire l'autre avec une drisse jusqu'au sommet du mât et je la verrouille. Ça marche. J'essaie de déverrouiller le hook. Ça ne marche pas. Je mets la drisse sous tension à plusieurs reprises, mais la voile ne peut plus descendre. Il y a quelque chose qui coince là-haut.

Pour les prochains jours, le petit gennaker convient, mais pour les tempêtes des mers du Sud, il sera trop grand. Il faut donc absolument que je règle ça avant. Je réalise que je ne peux débloquer le hook qu'en montant au mât et que je dois le faire sans attendre. Aujourd'hui, c'est l'un des derniers jours de mer calme, et dans un peu plus d'une heure, le soleil se couchera. Chaque minute compte.

Un vrai cauchemar ! Le mât s'élève à 29 mètres, presque aussi haut qu'un immeuble de dix étages. Et depuis tout petit, j'ai le vertige. La dernière fois où j'ai essayé, c'était dans le port. Je voulais grimper seul en haut du mât et j'ai dû m'arrêter à mi-hauteur. J'avais la nausée, malgré le fait que le bateau soit immobile et accroché au ponton. Ici, il oscille dans la houle, certes en douceur, mais les légers mouvements, là-haut, en tête de mât, seront amplifiés et pourront atteindre plusieurs mètres. Je n'ai vraiment pas le choix. Je ne peux pas hésiter entre deux options comme je le fais d'habitude pendant des heures. Et je n'ai pas non plus le temps d'imaginer tout ce qui pourrait mal tourner. Je dois monter là-haut. Maintenant.

Je rassemble tout en vitesse. Couteau, pince, marteau, spray lubrifiant, cordes, lampe de poche. J'enfile un casque équipé d'une caméra, des chaussures et des genouillères. Je termine avec mon équipement professionnel d'alpinisme : un baudrier, des coinceurs, des mousquetons, des boucles de corde. Le kit d'escalade est complet puisque je dois monter seul. Je prends aussi mon téléphone portable au cas où, pour une raison ou une autre, je me retrouverais bloqué, même s'il est improbable que ça arrive. C'est improbable, mais pas impossible. Si ça arrivait, je me balancerais là-haut et je regarderais le pilote automatique continuer à faire naviguer mon bateau vers les mers du Sud sans pouvoir agir. Ma seule chance serait Yannick. Je devrais l'appeler et lui demander de venir, de sauter à bord et de me faire descendre. Je ne veux pas m'attarder sur la question de savoir si et comment il pourrait faire ça.

Vers 20 heures, je commence l'ascension. Je pèse 85 kg, auxquels s'ajoute une bonne dizaine de kilos d'équipement. Lentement, je me hisse vers le haut du mât, selon un processus progressif qui a fait ses preuves : je suis suspendu à un baudrier fixé à la corde par une poulie autobloquante. Ma jambe droite est pliée, mon pied est dans une boucle. En même temps que je pousse sur cette jambe, je me hisse avec les bras et je progresse ainsi le long de la corde vers le haut. La ceinture se bloque automatiquement sur la corde dans sa nouvelle position. Suspendu librement, je peux maintenant remonter ma jambe droite avec la boucle de corde et la plier à nouveau. Avec mon bras droit, je fais à nouveau glisser la prise d'escalade autobloquante le long de la corde. Je me repose un peu. Puis je reprends : je pousse sur ma jambe, ce qui fait progresser mon corps de 50 cm vers le haut, puis je tends la jambe et je me repose. Cela dure environ vingt minutes. Je ne regarde jamais en bas. Je me parle à moi-même : « Du calme, mon garçon, du calme ! » Quand je m'arrête, je ferme les yeux.

Puis j'arrive en haut. Enfin presque en haut. Car la corde qui m'a permis de me hisser disparaît dans le mât à environ un mètre du sommet. Mais ce fichu hook est accroché tout en haut ! Le bras tendu, je fais passer une corde dans un œillet de la têtière de la grand-voile, je la fais passer dans ma ceinture, puis je la fais repasser dans l'œillet, jusqu'à ce que je sois sécurisé grâce à mon harnais antichute. Ça m'aide de parler à voix basse, de détailler tout ce que je fais, de me dicter chaque geste comme si j'étais un robot sans émotion qui obéissait à des ordres simples. Finalement, je parviens à me hisser assez haut pour atteindre le problème.

Je suis suspendu à une trentaine de mètres de hauteur à un mât qui oscille assez fort d'avant en arrière. Le bateau en dessous de moi a l'air si petit. Le vertige m'assaille. Mon ventre se contracte et je regarde rapidement vers l'horizon. Le soleil vient de se coucher, mais le ciel est encore suffisamment lumineux pour que l'on puisse distinguer précisément l'accastillage en tête de mât. J'examine le verrouillage de la drisse. Je ne parviens pas à l'ouvrir à la main, le gennaker accroché en dessous est trop lourd. Il faudrait que j'installe un second palan en haut du mât pour tirer toute la voile un peu plus haut et ainsi réussir à soulager le crochet du hook. Comme je m'attendais à quelque chose de ce genre, j'ai emporté toutes les cordes et poulies nécessaires. J'allume la lampe frontale et recommence à me donner des instructions à haute voix. Pas de regard vers le bas, pas d'hésitation, je me concentre uniquement sur chaque geste que je fais ! Je respire bruyamment ! De peur qu'un cordage ou un outil ne me glisse des mains, je me déplace tout le temps comme au ralenti, tout en m'accrochant au mât avec mes jambes.

Une fois le système de hook désengagé, je le manipule pendant plusieurs minutes – jusqu'à ce que soudain, un déclic se produise et que le verrouillage se libère. C'est bon !

Moins d'une heure après le début de mon ascension, je me laisse descendre lentement le long de la corde en utilisant la même technique que pour la montée. En dessous, je vois à peine mon bateau dans la nuit noire, ça m'aide. Une fois sur le pont, je continue à travailler, sans réfléchir, sans aucune émotion, comme si j'étais programmé. Je hisse à nouveau le gennaker avec une autre drisse cette fois, le déverrouillage fonctionne, je retourne dans le cockpit, je rajuste les voiles, je vérifie le cap, je note que Yannick m'a distancé de dix milles, je range les outils, les amarres et le matériel d'escalade. Je tente de manger une barre aux noix, mais en fait, je n'ai pas faim, et je m'installe dans la couchette. Quand j'étais suspendu en haut du mât, j'avais prévu de me récompenser une fois que tout serait fini : pour la première fois de ce voyage, j'ai eu envie de regarder un des nombreux films stockés sur mon ordinateur portable. Malgré l'envie, je ne peux pas, je n'y arrive pas. Allongé dans mon sac de couchage, je tremble, j'accuse le coup.

Le lendemain matin, la terreur est encore bien présente dans mon esprit. À tel point que quand j'échange avec mon équipe à propos de ce qui s'est passé, ils me sentent encore très perturbé. « Va voir du côté du réservoir de diesel à tribord. Il y a quelque chose en dessous », écrit Holly. J'y vais et je découvre dans une petite cavité une bouteille de rhum enveloppée dans une photo de l'équipe debout sur le pont de *Seaexplorer*, les pouces levés.

Au dos de la photo, chacun a écrit un petit mot d'encouragement ou des éloges : pour me féliciter d'avoir réussi à franchir le cap de Bonne-Espérance. « Bravo pour ton premier virage à gauche ! » m'encourage Edwin. « Une petite gorgée pour ne pas avoir froid dans les mers du Sud », écrit Will. « Nous veillons tous sur toi, Boris ! » me rassure Lucia.

Quelle équipe merveilleuse ! Je n'atteindrai le cap de Bonne-Espérance que dans cinq jours environ, mais cela n'a aucune importance. Ce cadeau et les encouragements sont arrivés à point nommé. J'ouvre la bouteille et j'hume avec délectation l'arôme du rhum. Je ne veux pas boire, je veux juste le sentir. Je prends une grande inspiration.

Ce parfum épicé est vraiment un plaisir inhabituel pour moi puisqu'à bord, il n'y a aucune odeur : je suis entouré de matériaux artificiels, à l'exception de mon petit cactus.

Même le monde qui m'entoure est inodore, car la mer ne sent que quand on se trouve près de la terre et dans les ports. Ça sent alors le poisson, l'algue, le sel séché, mais en haute mer, l'eau est pure, l'océan ici dehors peut mousser, bouillir, il peut être glacé comme sur la banquise ou tiède comme dans les tropiques... mais il n'a pas d'odeur.

Je ferme les yeux et je sens les flaveurs du rhum envahir mes narines. Quelle sensation agréable ! Mon odorat semble être devenu si sensible dans ce monde pauvre en stimuli qu'une bouteille de rhum ouverte suffit à m'envoûter. Je referme la bouteille – et je me demande si je ne fais pas de tort à l'océan en lui imposant cette odeur et en affirmant qu'il n'en a pas. Il y a peut-être une odeur d'Atlantique, et peut-être que je ne la perçois pas parce que je la respire en permanence depuis trois semaines, sans autre note olfactive.

Le ciel s'est bouché jusqu'à l'horizon. La couverture nuageuse est suspendue au-dessus de moi comme un matelas sombre et épais. Je ne verrai désormais plus le soleil que rarement, puisque nous naviguerons pendant cinq ou six semaines la plupart du temps sous un ciel gris, sur une mer grise, chassés par les tempêtes. Je me sens prêt à affronter les mers du Sud. Mon escalade d'hier y a aussi contribué. J'ai encore des crampes au ventre en pensant à la vue de là-haut, mais en même temps, je suis fier d'avoir réussi. J'espérais sincèrement ne jamais avoir à monter au mât, je n'avais déjà pas réussi à le faire au port à cause du vertige. Mais maintenant, j'ai passé cette épreuve. Dans notre quotidien à terre, il est rare de devoir faire quelque chose qui nous terrifie. Dans la plupart des cas, la peur est un instinct sain. Mais si nous ne dépassons jamais nos limites, nous risquons de manquer l'occasion de réaliser que nous sommes capables de faire beaucoup, notamment en situation d'urgence, de nous sentir par là encore plus forts.

~

Cette réparation m'a fait perdre deux places au classement, je suis passé de la cinquième à la septième position. C'est sans importance. Mon objectif est maintenant d'atteindre à temps la zone de basse pression qui se déplace vers l'est, perpendiculairement à notre trajectoire. Pour pouvoir la chevaucher, nous devons nous placer juste devant elle, puis mettre le cap à l'est et laisser la tempête nous poursuivre le plus longtemps possible dans les mers du Sud. Celui qui ne parvient pas à maintenir le rythme et se laisse dépasser par le front est pénalisé : par la mer agitée et chaotique que chaque tempête crée derrière elle comme une traînée. Il me reste environ une journée pour monter dans le train polaire.

L'après-midi, la direction de course nous informe que quelques icebergs ont été repérés au sud de l'océan Indien et qu'ils dérivent vers notre route. Elle va donc étendre la ZEA. La « Zone d'Exclusion de l'Antarctique » qui représente une zone interdite aux navigateurs, une sorte de muraille autour de l'Antarctique.

Lors du tout premier Vendée Globe, son créateur, le Français Philippe Jeantot, naviguait lui aussi et il a envoyé un message radio en France lorsqu'il a rencontré des icebergs à l'extrême sud : « C'est la roulette russe ici ! Il faut changer les règles ! » Mais rien n'a changé. Dix ans plus tard, l'Anglaise Ellen MacArthur, qui reste à ce jour la meilleure navigatrice du Vendée Globe avec sa deuxième place, a filmé plusieurs icebergs géants à proximité de son bateau. Malgré le danger, elle aussi avait succombé à une tentation tactique : elle voulait prendre le chemin le plus court. En partant de l'Atlantique Sud, l'itinéraire fait le tour de l'Antarctique. La Terre étant une sphère, la distance se raccourcit lorsque les navigateurs se rapprochent de l'Antarctique. Plus on s'en rapproche, plus on le contourne rapidement – mais plus le risque de heurter un iceberg est grand. Certains débris de glaciers flottent dans la mer comme d'énormes masses terrestres, d'autres ont à peu près la taille de porte-conteneurs. Les icebergs de cette taille ne font pas particulièrement peur aux navigateurs puisqu'ils sont détectés par le radar. Par contre, les blocs de glace à peine plus grands que le voilier de course lui-même sont eux, particulièrement traîtres. Le radar ne les détecte toujours pas et le skipper ne les voit pas forcément non plus, car il est généralement retranché sous le pont à cause de la mer déchaînée. Il ne lui reste donc plus qu'à espérer avoir de la chance.

Les participants aux premières courses étaient joueurs. Le navigateur du Vendée Globe Pete Goss, élu meilleur navigateur du monde en 1997, a déclaré en toute franchise à son retour : « J'étais plutôt fataliste. Si cette saloperie te vise, tu lui rentres dedans ; sinon, ça va. » Herbert « Blondie » Hasler est allé encore plus loin. L'officier de marine britannique avait organisé en 1960 la première régate en solitaire à travers l'Atlantique et y avait lui-même participé. Selon lui, une personne qui prend volontairement un tel risque n'a pas le droit moral d'appeler à l'aide en cas de détresse en pleine mer. Pour lui, les navigateurs en solitaire devraient « couler comme des gentlemen ».

Tout cela donne l'impression que le Vendée Globe était à l'époque une compétition presque suicidaire. Et il se trouve en effet qu'en trente ans de course, deux personnes y ont perdu la vie : en 1992, un Britannique dans le golfe de Gascogne et en 1996, un Canadien dans les mers du Sud. Depuis, le Vendée Globe est devenu une course plus sûre à chaque édition. Organisateurs et navigateurs mettent tout en œuvre pour minimiser les risques en mettant en place des règles de construction plus strictes pour les voiliers, un équipement de sécurité important et une surveillance permanente de la flotte. Nous avons des téléphones satellite, des balises de détresse automatiques, des AIS, des radars de nuages et des modèles météorologiques extrêmement précis et depuis 2016 une ligne rouge a aussi été tracée autour de l'Antarctique, la ZEA, la « Zone d'Exclusion Antarctique » est interdite, car elle est parsemée d'icebergs.

Parce que les icebergs dérivent, la ligne rouge doit être régulièrement mise à jour. La direction de course a confié cette mission à la société française CLS. C'est depuis Toulouse que cette entreprise observe et analyse les mers du monde : elle utilise pour cela des radars et des images satellite lui permettant de détecter tout ce que ses clients veulent connaître sur les océans. Comme une agence de détectives, CLS travaille pour des gouvernements, des organisations de protection de l'environnement, mais aussi pour des compagnies maritimes et des groupes miniers. Cette société est une pépite cachée, un leader mondial inconnu. Elle ne possède pas ses propres caméras dans l'espace, mais ses analystes de données hautement spécialisés savent exactement à quels opérateurs de satellites ils doivent acheter quelles images pour travailler. Ils sont capables de rechercher des chalutiers de pêche opérant illégalement, des nappes de pétrole, des zodiaques de pirates, des icebergs à proximité des routes de fret. Ils localisent les îlots flottants de déchets plastiques, enregistrent les changements de niveau de la mer ou de courants sous-marins.

Les bonnes images satellite sont chères, c'est aussi pour cela que les experts de CLS ne peuvent vérifier qu'une fraction de la surface globale des océans. Mais s'ils savent précisément dans quelle région chercher, peu de choses leur échappent.

Le problème, ce sont les morceaux de glace. Ils sont trop petits pour les satellites, mais avec leurs trois ou quatre mètres, ils sont bien assez grands pour arracher le gouvernail ou éventrer la coque d'un voilier de course qui les heurte. Chacun de ces morceaux s'est détaché d'un iceberg quelques semaines ou mois auparavant – ce qui donne aux éclaireurs de CLS une chance de le repérer malgré tout. Pour chaque iceberg qu'ils détectent, ils calculent la taille des éventuels débris et la direction dans laquelle ils pourraient dériver en fonction du courant, de l'état de la mer, du vent et de la température de l'eau. Il en résulte des zones en forme d'éventail où la probabilité de rencontrer des blocs de glace est relativement élevée. La direction a donc dessiné un tracé délimitant toutes ces zones. C'est la limite de notre zone d'exclusion : une ligne rouge qui traverse la mer tout autour de l'Antarctique, avec des renflements vers le haut et vers le bas, à un peu moins de 1 000 milles nautiques en moyenne de la calotte glaciaire du continent. Toute personne pénétrant dans la zone interdite doit retourner immédiatement à l'endroit où elle a franchi la frontière, sous peine d'être disqualifiée.

Deux semaines avant le départ, la direction de course nous a transmis les coordonnées des balises de frontière et nous les avons saisies dans nos logiciels de navigation. La direction de course nous a envoyé aujourd'hui une mise à jour des points GPS, car les experts CLS ont constaté qu'au sud-est du Cap, plusieurs icebergs dérivaient un peu plus vite que prévu. La ligne rouge s'incurve donc à présent vers le nord, par précaution.

En entrant les nouvelles coordonnées dans mon logiciel, je vois que je vais probablement passer demain soir par l'île Tristan da Cunha, la terre la plus isolée de toutes les îles habitées au monde. 270 personnes y vivent, la plupart travaillent comme pêcheurs de langoustes. Il n'y a pas d'aéroport, le seul lien avec le monde extérieur est un bateau de ravitaillement qui vient tous les deux mois environ du Cap, à 2 800 km de là. Peut-être que la prochaine fois que je me sentirai seul, je devrai essayer de penser à l'île Tristan da Cunha.

~

Le froid s'est installé, la lumière du jour diminue. Le vent a encore forci et je décide de réduire ma surface de voile. Il me faudra une bonne heure de travail pour changer la voile. Mais je n'ai pas l'impression que le vent va se calmer. Je ne crains pas que le vent tombe juste après, comme c'est souvent le cas : les bords de la dépression m'ont atteint et je pense arriver demain midi devant le front de la dépression orageuse qui me poussera vers l'Afrique du Sud.

Je me glisse dans mon ciré, enfile mes bottes, allume ma lampe frontale et grimpe sur la plage avant. En tirant le sac de voiles sur l'avant du bateau, j'enclenche comme toujours le mousqueton de mon harnais de sécurité sur une ligne de vie qui fait le tour du bateau. Un navigateur en solitaire qui passe par-dessus bord est perdu. Entre-temps, je me déplace comme un chat sur le bateau, ce qui fait que parfois, lorsque je veux juste me rendre au mât, je ne m'attache pas. Pourtant, en mer comme en voiture, le port de la ceinture de sécurité est obligatoire, c'est même une règle absolue.

Et puis, alors que je marche de la plage avant vers le cockpit, je le vois soudain. Une silhouette sombre qui flotte à une trentaine de mètres au-dessus du sillage du bateau : un albatros ! L'emblème des mers du Sud. Pour les marins, voir un premier albatros a toujours été un moment particulier, le signe de l'arrivée dans les mers du Sud. Je ne m'attendais pas à vivre ce moment avant quelques jours, avant mon arrivée dans les quarantièmes rugissants. Plus au sud, on trouve les cinquantièmes hurlants, puis les soixantièmes mugissants. C'est là, heureusement cachée derrière la ligne rouge, que s'étend la mer polaire. L'océan polaire proprement dit avec ses ouragans, ses montagnes de vagues et ses masses de glace à la dérive.

Je m'assieds dans le cockpit et j'observe le vol de l'albatros. Lors de mes deux précédents tours du monde à la voile, j'avais déjà pu observer les oiseaux à l'infini. Maintenant encore, je suis saisi par son élégance, il semble glisser sans effort. Des ailes de trois mètres et demi d'envergure le portent, aucun autre oiseau n'a d'ailes aussi longues.

Pendant des mois, l'albatros se laisse porter par les tempêtes à travers les mers du Sud, la mer déchaînée en dessous de lui. Souvent, il flotte entre les crêtes des vagues, quelques mètres seulement au-dessus de l'eau, profitant des courants ascendants sur des vagues particulièrement raides. Il vole sans battre des ailes et dort sans interrompre son glissement. Parfois, il parcourt plus de 1 000 km pour apporter un repas à son petit sur une île éloignée. Sans vent, un albatros ne peut pas voler. Pas étonnant donc qu'il vive ici, dans les mers du Sud.

Quelque part derrière les nuages, le soleil se couche. En ombre chinoise, l'albatros se détache sur le ciel aux reflets blafards. Je me demande depuis combien de temps il me suit. Parfois, il bascule sur le côté et disparaît dans un creux de vague. Je le cherche des yeux jusqu'à ce qu'il émerge de la houle à un tout autre endroit que celui où je l'attendais. Le bout de ses ailes semble effleurer les crêtes des vagues, on dirait qu'il joue avec elles. Il glisse ainsi à travers la mer, tantôt à gauche, tantôt à droite de mon bateau, puis il se hisse à son poste d'observation et plane stoïquement derrière moi au-dessus de la traînée d'écume blanche. Il ne bat jamais des ailes.

Désormais, les albatros m'accompagneront régulièrement, durant les six semaines à venir. Le ciel reste voilé, la lumière baisse, la mer s'assombrit. Les étoiles, si les nuages venaient à se déchirer, scintilleraient et brilleraient plus que sous les tropiques. De l'eau glacée va constamment déferler sur le toit du cockpit et s'engouffrer comme un torrent dans le tableau arrière ouvert. Je vais fermer l'ouverture du cockpit avec une bâche et essayer de garder un peu de chaleur dans le bateau. Je mettrai un gros pull par-dessus mes sous-couches polaires et je porterai aussi un bonnet de laine dans mon sac de couchage. Je sais ce qui m'attend. Lors de mes trois tours du monde à la voile, j'ai navigué pendant des semaines dans les mers du Sud.

Mais une chose sera différente cette fois. Tout ce qui m'attend, je devrai le gérer seul. Les mers du Sud sont la région sauvage la plus éloignée et la plus intacte de la Terre, et je n'ai que le vent à mes côtés pour la traverser. J'évoluerai tel un albatros.

Je descends dans la cabine, j'allume le plafonnier, je mets de l'eau à chauffer et j'attrape un sachet de boulettes de viande végétarienne lyophilisée dans le sac à provisions. Pour le dessert, je mange une barre de noix et je respire à nouveau la bouteille de rhum. Je contrôle à l'écran les données relatives au vent et au bateau, les positions des autres bateaux, je vérifie le routage, j'envoie quelques messages et je me glisse dans ma couchette. Je veux essayer de dormir plusieurs fois 90 minutes. Les mers du Sud vont me donner du fil à retordre.

Je m'attends certes à une période difficile, mais je ne m'attends toutefois pas à devoir chercher un compagnon de voyage plusieurs nuits plus tard dans une mer agitée.

7

La nuit la plus longue

Le jour où son bateau se disloque, Kevin Escoffier est en train de faire une impressionnante remontée. Vingt-trois jours après le départ, nous sommes depuis deux jours dans les mers du Sud. Nous espérions pouvoir embarquer à bord de notre premier train polaire sur une grande dépression orageuse qui traverserait l'Atlantique Sud en direction du Cap. Mais il a été trop rapide pour nous. Seul le premier, Charlie Dalin, est parvenu à chevaucher le creux de la vague : il tient farouchement devant le front froid, se laisse chasser par lui vers l'est avec un vent portant et a déjà plus de 200 milles d'avance.

Le groupe de poursuivants, dont je fais partie, a quant à lui été dépassé par le front froid. À l'arrière, nous nous sommes retrouvés dans une mer croisée typique : une piste de bosses composée de vagues courtes, raides et rapides. Les vagues s'entrechoquent et sont agitées par des rafales de vent qui balayent l'eau dans une direction différente de celle de la zone de basse pression. Les navigateurs français l'appellent « mer hachée ». Je déteste ça. Nos foils ne nous sont d'aucune utilité ici. Au contraire : lorsqu'une rafale de trente nœuds tombe soudainement du ciel, le bateau se met à sauter comme enragé sur les foils par-dessus des vagues de quatre mètres de haut, pour être brutalement arrêté par le mur d'eau suivant, je sens que *Seaexplorer* s'autodétruirait si je le laissais faire. Alors je bride mon bateau et je relâche la pression jusqu'à ce que sauts et fracas me semblent plutôt supportables.

Sur le tracker, je vois que le Français Kevin Escoffier a navigué à une vitesse moyenne de 18,4 nœuds dans la mer croisée au cours des dernières 24 heures. Une vitesse incroyable, d'autant que ce n'est pas seulement une pointe de vitesse dans une rafale de vent, mais bien une moyenne sur 24 heures ! Il détient le record de rapidité de toute la flotte, personne ne navigue actuellement plus vite que Kevin. Sa stratégie pour les mers du Sud semble être : en avant toute ! Après avoir dépassé Jean Le Cam, il est maintenant troisième, à seulement 20 milles de Thomas Ruyant. Il se maintient étonnamment bien à la deuxième place, malgré son foil gauche scié – mais je suppose que Kevin va le dépasser dans la journée, puis il se lancera à la poursuite du premier.

Je connais bien Kevin Escoffier, nous nous sommes souvent entraînés ensemble au « Pôle Finistère », le centre de formation et de suivi des sportifs de haut niveau, fréquenté notamment par les navigateurs du Vendée Globe. Kevin est un navigateur professionnel de quarante ans et les mers du monde sont son terrain de jeu depuis l'enfance. Son père a fait plusieurs régates transatlantiques et son frère travaille comme marin-pêcheur de bulots sur le plateau des Minquiers au large de Saint-Malo. En 2012, Kevin faisait partie de l'équipage qui a remporté le trophée Jules-Verne sur un trimaran, le prix légendaire de la navigation la plus rapide autour du monde sans escale. Il leur a fallu 45 jours et 13 heures. En 2018, il a fait partie de l'équipage du bateau vainqueur de la Volvo Ocean Race, une course autour du monde en plusieurs étapes.

Kevin a étudié l'ingénierie mécanique et est considéré comme un surdoué de la technologie. C'est un vrai MacGyver, capable de gérer toutes les avaries possibles et imaginables en haute mer. Lors de la Volvo Ocean Race, par exemple, le dessalinisateur de son bateau est tombé en panne et tandis que son équipe se préparait à l'abandon, il a réussi à mener son bateau à la victoire. Et cette fois, trois jours après le départ du Vendée Globe, lorsque de l'eau est soudainement montée jusqu'aux genoux dans son bateau, il a brièvement filmé l'inondation, a plaisanté sur son « nouvel aquarium » et a ensuite rampé dans l'eau pour trouver l'origine de la fuite. Il a finalement découvert une vanne défectueuse, l'a remplacée, a pompé son bateau à sec, et a poursuivi sa route, tout simplement.

Tout comme moi, Kevin participe cette année pour la première fois au Vendée Globe. Il est le nouveau skipper de *PRB*, un bateau de dix ans qui a dû abandonner lors des deux dernières éditions du Vendée Globe à la suite de collisions avec des OFNI. Ce bateau léger et très rapide a été équipé de foils il y a trois ans. Depuis, c'est un engin volant, le plus rapide de l'ancienne génération. Lors de la Transat Jacques-Vabre de 2019, le bateau a surfé devant de nombreux bateaux flambants neufs et hypermodernes pour se hisser à la deuxième place.

Kevin craignait cependant que le *PRB* ne soit pas assez solide pour résister avec ses nouveaux foils comme accélérateurs, à la houle brutale des mers du Sud. Lorsque nous nous sommes rencontrés en Bretagne au milieu de l'année 2020, il m'a expliqué qu'il venait de renforcer le pont avant avec 200 kg de carbone. Il voulait absolument éviter que les mers du Sud fragilisent sa coque. Kevin, qui s'était spécialisé dans les matériaux et les structures utilisés dans la construction de bateaux pendant ses études d'ingénieur, savait exactement ce qu'il faisait. Peu de gens auraient pu mieux préparer que lui le bateau pour passer ces épreuves. Je suppose qu'il peut ressentir chaque fibre de carbone de son bateau – même maintenant, en pleine chevauchée infernale de cette mer croisée. Je suis convaincu qu'il sentira exactement ce qu'il peut faire subir à son bateau dans cette impressionnante course pour rattraper son retard.

~

À 14 h 46, heure allemande, le manager de l'équipe de *PRB* reçoit un SMS de Kevin Escoffier :

« SOS !

Je coule !

Ce n'est pas une blague ! »

Je n'oublierai probablement jamais les douze heures qui ont suivi, même si j'aimerais bien. Ce n'est qu'avec le recul que j'ai compris comment tout s'était imbriqué, le maîtrisable et le destin. Aucun Vendée Globe n'a jamais vu autant de filets de sécurité déployés ; tout a parfaitement fonctionné, les plans d'urgence, les systèmes de localisation et la communication. Mais la mer reste toujours la plus forte. Et celui qui veut lui arracher un naufragé n'y parviendra pas avec la seule technique moderne. Il doit avoir des marins expérimentés à ses côtés – mais aussi une chance inouïe.

Ce n'est que plus tard que j'ai appris quelles tentatives avaient été faites dans le monde entier pour soutenir les recherches sur place. Avec trois autres navigateurs, j'ai ratissé la mer jusque tard dans la nuit à la recherche de Kevin. Il n'y avait que nous, nos bateaux et la mer sombre et vide. Mon désespoir grandissait et, malgré le contact permanent avec la direction de course, je me sentais seul et presque écrasé par le poids de la responsabilité. Je n'étais pas au courant de la communication fébrile entre les acteurs de l'opération de sauvetage. Ils étaient assis dans leurs centres de commandement aux Sables d'Olonne, au Cap, à Paris, à Hambourg, à Abu Dhabi et à Norfolk aux États-Unis. Ils ont scruté leurs écrans et ont vu quatre bateaux quadrillant une zone maritime à un peu plus de 1 100 km au sud de l'Afrique du Sud, à la recherche d'une cinquième embarcation.

Je n'étais pas au courant des options qui étaient discutées au niveau international. Quant à ceux qui étaient sur le continent, ils n'avaient aucune idée de ce que nous ressentions ici, en mer. Seuls les rapports d'enquête, les procès-verbaux, les interviews et les historiques de chat rassemblés *a posteriori* permettent de raconter sans faille les événements de cette nuit-là, sous différents angles.

30 novembre 2020, 14 h 42, mers du Sud : Nuages sombres et bas. Vent froid venant du sud, de l'Antarctique, avec des rafales pouvant atteindre force 7. Mer croisée, vagues de cinq mètres de haut, température de l'eau à 11 °C. Conditions météorologiques normales dans les quarantièmes rugissants, à environ 1 100 km au sud-ouest du Cap. Kevin Escoffier est dans le cockpit lorsque son voilier enfourne à la suite d'un surf effréné à près de 27 nœuds, il vient de s'enfoncer dans la vague qui le précède. En regardant devant lui, Kevin voit soudain l'étrave se relever à la verticale. Le bateau a été déchiré transversalement par le choc, il est béant, comme un car-ferry lors du chargement.

Kevin saute sous le pont. Là, l'eau gicle, la mer pénètre dans le bateau. Kevin a le temps de lancer un bref appel à l'aide à son équipe, puis un court-circuit détruit l'électronique, de la fumée s'échappe du tableau électrique. Il attrape sa combinaison de survie et la jette hors du cockpit. Entre-temps, il a de l'eau jusqu'à la taille dans la coque. Kevin grimpe dans le cockpit et se glisse dans la combinaison en néoprène qui doit lui permettre de rester au chaud dans la mer pendant un certain temps. Il active la balise de détresse fixée sur le tableau arrière et détache le radeau de sauvetage. Il ne lui manque plus que le petit sac d'urgence aussi appelé Grab bag avec le téléphone satellite, la radio et l'émetteur GPS. Seulement, le sac est attaché au fond du cockpit et le bateau est déjà si enfoncé que le cockpit est submergé. Kevin plonge dans l'eau et essaie de décrocher le sac, mais une énorme vague déferle sur le bateau et le jette à la mer avec son radeau de sauvetage. C'est ainsi que le Grab bag reste à bord de *PRB* qui continue de couler.

Le radeau de sauvetage se gonfle en dix secondes : un canot pneumatique hexagonal à parois hautes avec aide à l'embarquement et un toit qui se ferme. Même dans les conditions de mer les plus difficiles, il est censé flotter et protéger le marin. Kevin y grimpe et évacue le peu d'eau qui se trouve à l'intérieur, puis il ferme le toit et s'allonge.

Cinq minutes à peine se sont écoulées depuis que son bateau s'est brisé en deux. Kevin sait que le message qu'il a envoyé à l'équipe en France est bien arrivé. Il sait que la balise de détresse RLS qu'il a activée envoie un signal d'alarme et la position du bateau par satellite aux centres de coordination de secours du monde entier. Il sait que nous ne sommes pas loin. Sa combinaison de survie le tient au chaud. Son radeau de sauvetage contient comme le veut la règle six litres d'eau, deux kilos de nourriture à haute valeur énergétique, deux fusées-parachutes, trois feux à main, trois grenades fumigènes flottantes et, sur le toit, un feu clignotant. Dans sa poche, un petit émetteur de signaux AIS transmet la position du radeau à environ deux ou trois milles nautiques.

Ingénieur jusqu'au bout des ongles, Kevin croit aux faits et aux probabilités. Il pense qu'il y a de grandes chances qu'on le trouve.

14 h 48, Les Sables d'Olonne : Le directeur de course du Vendée Globe, Jacques Caraës, est informé que Kevin Escoffier a envoyé un appel de détresse à son équipe. Caraës tente en vain de joindre le navigateur par téléphone satellite. La phrase « Ce n'est pas une blague ! » l'intrigue. S'agirait-il d'une mauvaise blague ?

14 h 53, cap Gris-Nez : Aucun endroit en France n'est plus proche de l'Angleterre que les falaises du cap Gris-Nez. C'est de là que partent ceux qui veulent traverser la Manche à la nage. Dans une tour ressemblant à un phare située non loin de là se trouve le Centre régional opérationnel de surveillance et de sauvetage, le CROSS, qui intervient en cas d'incidents ou d'accidents en mer. Si des ressortissants français sont en détresse quelque part dans les mers du monde, le CROSS Gris-Nez coordonne l'intervention des secours. Depuis des années, ce centre collabore avec les organisateurs du Vendée Globe, établit des plans de crise, enregistre les données des balises de détresse. Les ordinateurs du Vendée Globe contiennent les données de tous les bateaux participants. C'est ainsi que le signal qui arrive à 14 h 53 est identifié par le centre de contrôle qui prévient le directeur de course, Caraës. Il comprend alors que le SMS n'était pas une blague.

14 h 58, Le Cap : Le centre d'opérations maritimes sud-africain est informé du naufrage de *PRB*. Il reçoit du CROSS Gris-Nez les coordonnées du lieu de l'accident : 40° 53'15 sud/9° 16'8 est. C'est à plus de 1 100 kilomètres du continent, bien au-delà de la zone d'intervention habituelle. Les Sud-Africains assurent les Français de leur aide.

15 h 15, Les Sables d'Olonne : La direction de course demande à Jean Le Cam d'aller chercher Kevin. Jean est à 26 milles nautiques de lui. Grâce à un fort vent portant, il devrait pouvoir atteindre dans un peu plus de deux heures la dernière position connue de *PRB*. Personne ne sait si Kevin est encore à bord, s'il a coulé avec le bateau, s'il a réussi à rejoindre le radeau de sauvetage.

En cas d'urgence, la direction de course distingue généralement trois niveaux d'alerte. Un navigateur mal en point ou dont le bateau a subi des dommages mineurs est en alerte jaune. Pour les traumatismes, les blessures graves, les dommages importants au bateau ou une absence de contact pendant 24 heures, l'alerte est orange. Si les incidents sont si graves qu'ils mettent une vie en danger, l'alerte rouge est déclenchée : en cas de blessures très graves, de chavirage, de quille brisée ou d'homme à la mer. Pour chaque niveau d'alerte, il existe un plan bien précis. Il définit qui fait partie de l'équipe de crise, qui garde le contact avec le skipper et qui coordonne l'aide extérieure. Et aussi, qui parle à la famille, aux médias. Car c'est justement en cas d'urgence que des formulations irréfléchies peuvent avoir des conséquences désastreuses ; la plupart des équipes ont donc préparé des communiqués de presse gradués, allant du démâtage au chavirage en passant par la mort.

Le directeur de course Jacques Caraës déclenche donc l'alerte rouge.

17 heures, voilier Seaexplorer : Stupéfait, je fixe le tracker. La direction de course vient de nous informer que Kevin et son *PRB* ont disparu. Nous recevons maintenant, comme toutes les trois heures, les positions actuelles de tous les bateaux. Sur le tracker, une sorte de carte marine numérique, il est possible de visualiser en accéléré les trajectoires suivies par les navigateurs au cours des derniers jours ou des dernières heures.

Je recule de trois heures, à 14 heures, et j'appuie sur Démarrer. Comme dans un jeu vidéo, les pictogrammes de nos bateaux se déplacent sur la carte marine : Kevin en orange, Jean Le Cam en blanc, Yannick en rouge, moi en gris. Tout le monde se déplace, se suivant de près. En bas de l'écran, l'heure défile. À 14 h 58, au milieu de la carte marine, le symbole du bateau de Kevin s'arrête. Si anodin. Si horrible. Je ne me souviens pas d'avoir déjà vu quelque chose comme ça sur un tracker.

Puis, vers 16 h 45, le bateau blanc, c'est-à-dire Jean Le Cam, s'approche du point orange figé. La ligne droite des points blancs se transforme alors en zigzags dans un espace très restreint. Le Cam a reçu le signal d'un détecteur de position AIS et commence les recherches sur le lieu de l'accident. Kevin doit dériver quelque part dans un rayon de seulement quelques milles nautiques.

17 h 04, voilier Yes We Cam ! : Des vagues de cinq mètres, un vent de force 7, une mauvaise visibilité. Soudain, Jean Le Cam aperçoit le radeau de sauvetage tout près de lui : il crie de toutes ses forces. Une fente s'ouvre alors dans du radeau, Kevin sort la tête.

« Je l'ai vu. Il portait sa combinaison de survie. Je lui ai crié que je revenais tout de suite. Il n'y avait aucune raison de se précipiter. Je voulais d'abord réduire mes voiles et mettre le moteur en marche. Impossible de lui faire quitter son radeau autrement dans cette mer agitée. »

Mais le moteur, plombé depuis le départ, ne démarre pas. Jean appuie encore et encore sur le démarreur. Enfin, le moteur vrombit et Jean se dirige vers le lieu de la découverte.

Peu avant le départ, un banc de brouillard envahit la flotte.

On se salue en quittant le port pour rejoindre la ligne de départ.

La couchette à tribord. Si le bateau est incliné, elle peut être relevée.

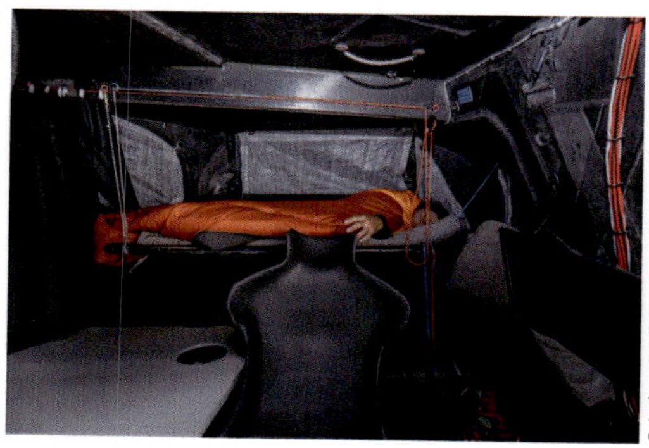

Sous le pont, je dirige le bateau à l'aide de nombreux instruments.

Un bref coup d'œil sur les voiles et devant moi, le foil rétracté.

À grande vitesse vers le soleil couchant, au large de l'Atlantique Nord.

Contrôle des données et de la carte marine numérique, de nuit.

Les messagers du temps : des formations d'eau et de glace, façonnées par le vent.

Poste de commande avec vue : le cockpit avec le grinder au centre.

Photo personnelle

Navigation nocturne dans les chauds alizés du sud-est le long de la côte brésilienne.

Photo personnelle

Il fait encore chaud sous les tropiques, j'en profite pour manger sur le pont.

Photo personnelle

Pendant plusieurs jours, nous faisons une course privée à 1200 milles de la terre.

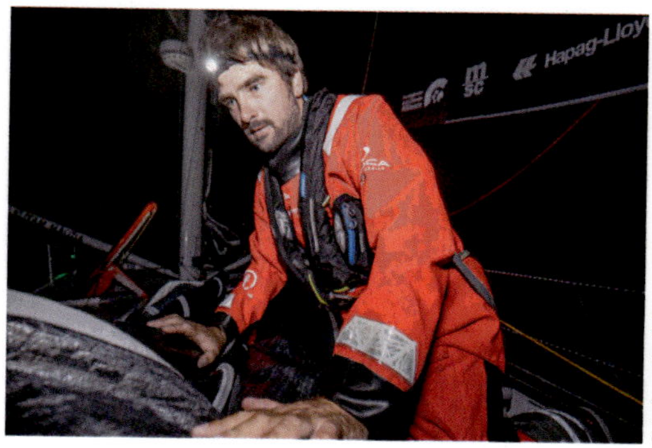

© Andreas Lindlahr

Changement de voile d'avant de nuit, avec lampe frontale et ceinture de sécurité.

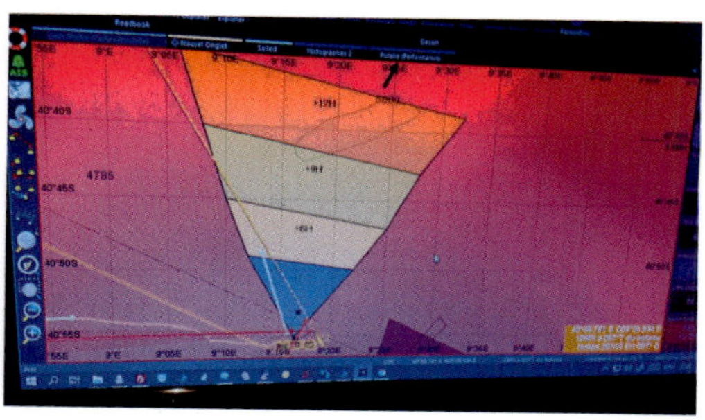

Photo personnelle

Le triangle de recherche apparaît sur ma carte marine électronique. Les océanographes français ont calculé en fonction du temps la zone de dérive possible du radeau de sauvetage de Kevin. Ils l'ont ensuite découpée en 4 : on m'a confié la bande verte « 9H ».

Photo personnelle

Les montagnes d'eau, les nuages, mon bateau, tout est en mouvement perpétuel.

Photo personnelle

Noël dans le Pacifique Sud, avec des photos de mes proches autour de l'écran.

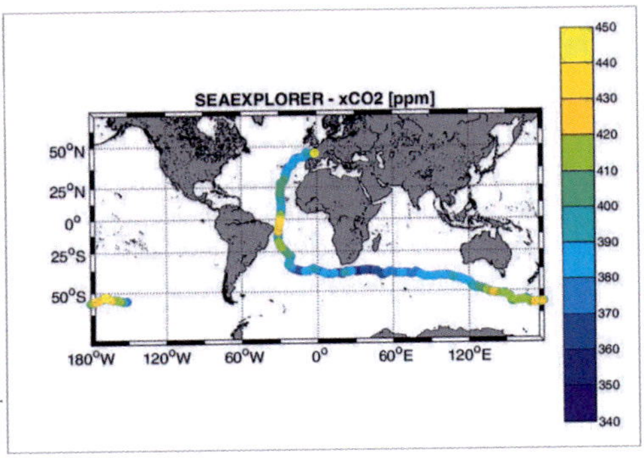

Photo personnelle

Série de données sur le CO2 jusqu'au Point Nemo. À la fin de la course, la première série complète de données de ce type autour de la Terre sera disponible.

Photo personnelle

Terre en vue ! Dans la brume à l'horizon se détache la silhouette de l'île des États.

© Andreas Lindlahr

Mon ordinateur de bord, le centre névralgique du bateau pendant la course.

© Andreas Lindlahr

L'esprit Malizia.

Les autres participantes et participants (© Team Malizia)

Yannick Bestaven

Charlie Dalin

Louis Burton

Jean Le Cam

Thomas Ruyant

Damien Seguin

Giancarlo Pedote

Benjamin Dutreux

Maxime Sorel

Armel Tripon

Clarisse Cremer

Jérémie Beyou

Romain Attanasio

Arnaud Boissières

Kojiro Shiraishi

Alan Roura

Stéphane Le Diraison

Pip Hare

Didac Costa

Clément Giraud

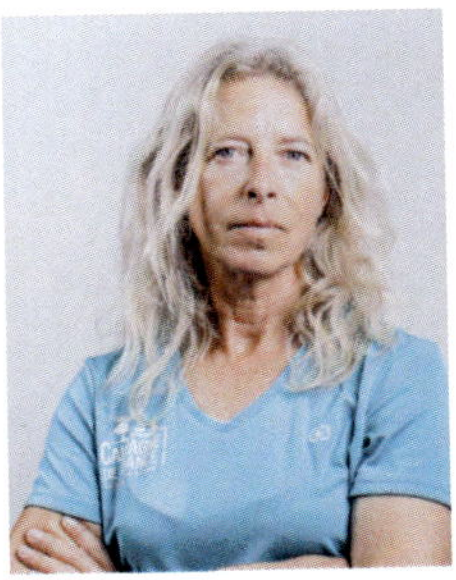
Miranda Merron

Manuel Cousin

Alexia Barrier

Ari Huusela

Sébastien Destremau

Isabelle Joschke

Fabrice Amedeo

Samantha Davies

Sébastien Simon

Alex Thomson

Kevin Escoffier

Nicolas Troussel

Open 60 Seaexplorer - Yacht Club de Monaco

Longueur :	18,25 m
Largeur :	5,70 m
Tirant d'eau :	4,50 m
Hauteur de mât :	29,00 m
Surface de voilure :	290 m^2 - 490 m^2
Déplacement :	7,6 t
Année de construction :	2015
Architecte :	VPLP/Verdier
Chantier :	Multiplast

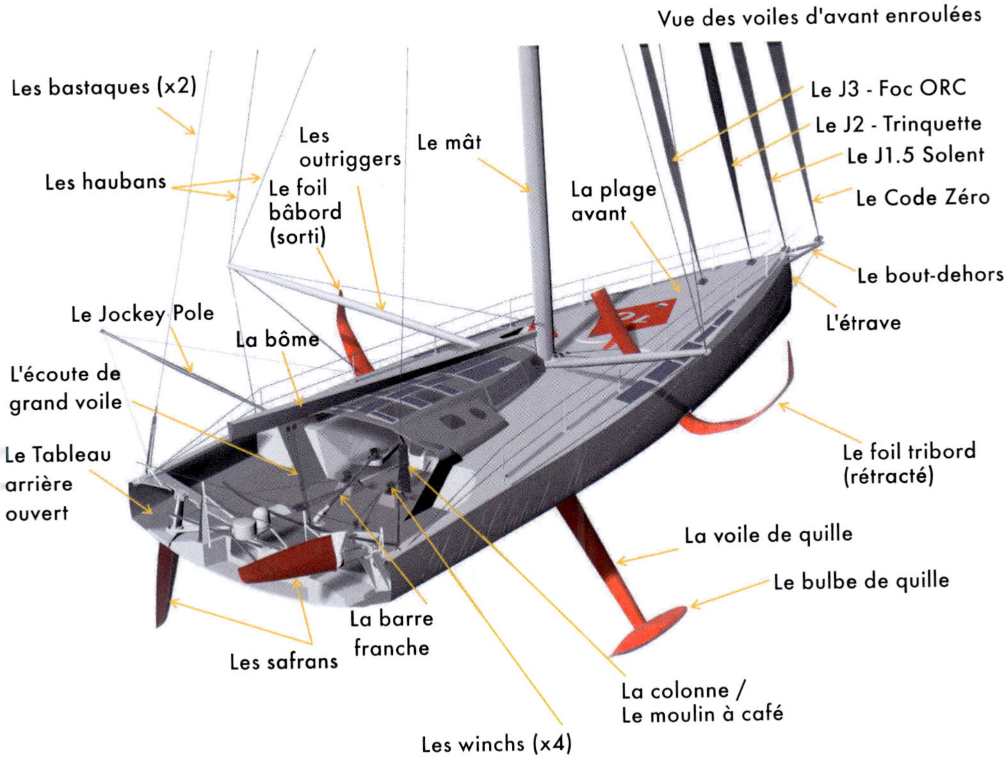
Vue des voiles d'avant enroulées
Les bastaques (x2)
Le J3 - Foc ORC
Le J2 - Trinquette
Le J1.5 Solent
Le Code Zéro
Les outriggers
Le mât
Les haubans
Le foil bâbord (sorti)
La plage avant
Le bout-dehors
L'étrave
Le Jockey Pole
La bôme
L'écoute de grand voile
Le Tableau arrière ouvert
Le foil tribord (rétracté)
La voile de quille
Le bulbe de quille
La barre franche
Les safrans
La colonne / Le moulin à café
Les winchs (x4)

« Mais il n'était plus là. J'ai passé près de deux heures à chercher Kevin. J'ai fait six fois le trajet. J'ai donc dû faire six virements de bord – ce qui est un enfer avec cette mer croisée de merde. Tout en ayant les yeux rivés en permanence sur la crête des vagues. À un moment donné, mon bateau a dérivé. C'est là que j'ai décidé que ça suffisait.

Il me faut une pause ! »

18 h 33, voilier Seaexplorer : La direction de course demande maintenant l'aide des navigateurs des trois bateaux les plus proches : Yannick Bestaven, Sébastien Simon et moi. Nous mettons immédiatement le cap sur le lieu de l'accident. Il me reste cinq heures avant de l'attendre et j'essaie de dormir pour être à peu près en forme pour la nuit à venir. Mais je n'y arrive pas, je suis bien trop tendu. Comment Kevin se sent-il maintenant dans le radeau de sauvetage ? Et comment se sent Jean ? Il a trouvé Kevin, il lui a parlé – et puis il l'a perdu de vue. C'est terrible ! J'espère qu'il arrivera à ne pas s'en vouloir. C'est son cinquième Vendée Globe, personne ici n'a autant d'expérience que lui.

Mais comment se fait-il que personne ne connaisse la position exacte du radeau de sauvetage ? Kevin devait avoir son sac d'urgence dans le cockpit, à portée de main, pour sauter avec dans le radeau de sauvetage. Il devrait donc avoir le sac avec lui maintenant, avec le téléphone satellite, la radio et l'émetteur GPS – trois possibilités de nous informer. Pourquoi diable ne nous envoie-t-il pas sa foutue position ?

19 h 30, radeau de sauvetage : Après que Jean Le Cam lui a crié qu'il reviendrait tout de suite, Kevin a refermé le toit du radeau et attendu.

« Quand j'ai reconnu Jean, j'ai su que j'allais être sauvé. C'est le plus grand. Quand il n'est pas revenu, j'ai quand même continué à croire en lui. »

Il fait nuit noire. Kevin ne peut pas envoyer ses coordonnées puisque le sac d'urgence est resté sur le bateau et que les ondes ne passent pas. Les signaux de position du petit émetteur AIS qu'il a sur lui ne traversent pas les hautes vagues qui l'entourent. Ce n'est que lorsque son radeau flotte un court instant sur la crête d'une montagne d'eau que les ondes radio de l'émetteur peuvent se propager. Kevin reste calme. Il sait qu'au cours de la nuit, le vent et la houle vont nettement diminuer. Au lever du soleil, à 4 h 40, le signal AIS sera reçu de manière constante, à plusieurs milles nautiques, et la visibilité sera bonne. « J'avais la conviction que Jean ou les autres me trouveraient le lendemain. »

La mer est à 11 °C et l'air à 10. Kevin n'a pas froid, sa combinaison de survie le maintient au chaud et il est au sec dans son radeau de sauvetage. Il mange une barre énergétique, s'allonge dans le fond du radeau qui se balance et tente de dormir. Pour économiser de l'énergie pour la recherche du lendemain, Kevin retire les piles de son émetteur AIS.

Le directeur de course Jacques Caraës a commenté : « Il a bien fait. Il avait deux possibilités. Kevin ne s'attendait pas à être retrouvé dans la nuit, c'est pourquoi il n'a pas allumé de fusées de détresse. Plus tard, il m'a dit qu'il s'était immédiatement mis en mode survie. Pas de panique, juste un fonctionnement froid et réfléchi. » Kevin est cartésien, il a parié, pas sur la chance, mais sur les probabilités.

20 h 13, Les Sables d'Olonne : La direction de course crée le groupe « PRB Rescue » sur WhatsApp et y ajoute Yannick, Sébastien et moi. La recherche sur le terrain ne peut être fructueuse que si toutes les personnes concernées se concertent en permanence. « Nous préparons un plan de recherche précis jusqu'à votre arrivée sur place », nous écrit le directeur de course Caraës.

Vincent Riou, le vainqueur du Vendée Globe 2004, rejoint le groupe de discussion depuis la terre ferme. En tant que navigateur expérimenté, il a été le premier à s'engager dans le projet et a transmis le bateau à Kevin Escoffier en 2017. Depuis, il est le manager de l'équipe du disparu. De plus, Vincent Riou est un expert en matière de sauvetage en mer : lors du Vendée Globe 2008, il a réussi, avec l'ancien *PRB* à réaliser un exploit au large du cap Horn. Dans une mer agitée, il a fait monter à bord Jean Le Cam qui, après avoir chaviré, était resté 16 heures à bord de son voilier flottant à l'envers. Mais aujourd'hui, les rôles sont inversés, et c'est Jean Le Cam qui cherche le skipper de *PRB*.

20 h 18, Hambourg : Holly Cova, le manager de notre équipe, crée un groupe WhatsApp avec le co-skipper Will Harris et le capitaine de bateau Stuart McLachlan. Ils sont censés m'aider dans ma recherche en me donnant des conseils. Will s'occupe de la météo et de la navigation depuis l'Angleterre, Stuart gère des détails techniques depuis la Nouvelle-Zélande. Il me rappelle de préparer la corde à lancer avec la bouée de sauvetage et de charger le projecteur portable et ma lampe frontale. Holly envoie un communiqué de presse, en accord avec la direction de course, pour dire que quatre navigateurs ont interrompu la course pour rechercher un coéquipier disparu.

20 h 20, CROSS Gris-Nez : Au centre de secours français, la colère monte contre les collègues d'Afrique du Sud. Le centre de contrôle du Cap avait certes fait savoir qu'il « envisageait d'envoyer un avion dans la zone », mais les Français n'ont pas eu d'informations depuis. Selon un accord international, une intervention d'urgence en mer doit toujours être suivie sur place par le centre national de coordination des secours concerné. Mais le CROSS Gris-Nez ne veut pas attendre plus longtemps et alerte la Marine française. Le Centre d'opérations de l'Atlantique signale qu'il n'a actuellement aucun bateau disponible dans l'Atlantique Sud. Peut-être de l'autre côté de l'Afrique ? Le centre de commandement des opérations dans l'océan Indien, basé à Abu Dhabi, répond que la frégate *Nivose* se trouve près des îles Kerguelen, un archipel dans les mers du Sud, à un peu plus de 3 000 km. Beaucoup trop loin. L'Armée de l'air peut-elle aider ? La Réunion possède un aéroport militaire. Certains avions sont équipés de caméras thermiques et les équipages sont formés pour effectuer des recherches en mer. À 23 h 18, la Réunion annonce que les avions sont actuellement en mission à Madagascar.

21 h 12, groupe WhatsApp « PRB Rescue » : La direction de course nous envoie à nouveau les coordonnées du lieu de l'accident. Il y a six heures, Kevin y a lancé son appel de détresse ; des éléments de l'IMOCA *PRB,* s'ils flottaient encore dans l'eau, auraient dérivé d'environ deux milles nautiques par heure vers le nord. Nous devons donc veiller à ne pas entrer en collision avec d'éventuels débris. À 21 h 33, Yannick Bestaven est le deuxième navigateur à atteindre la zone de recherche. « Bon, j'y suis, mais je ne reçois aucun signal AIS. »

21 h 51, CROSS Gris-Nez : Un radeau de sauvetage a généralement très peu de résistance à l'eau et dérive. Sa trajectoire dépend donc surtout de la direction et de la force du vent, de l'état de la mer. Le centre de secours français envoie toutes les données dont il dispose à partir de notre site Web à Météo-France. C'est là, dans le département d'océanographie, que se trouvent des experts capables de calculer des modèles de dérive précis. On fait notamment appel à eux lorsqu'un bateau perd du pétrole et que les forces d'intervention et les États veulent savoir exactement où la marée noire va dériver. Aujourd'hui, les experts doivent faire de même, mais avec le radeau de sauvetage de Kevin et surtout dans un temps record.

Météo-France met les bouchées doubles. À 22 h 14, le centre de coordination des secours reçoit le modèle de dérive des océanographes et l'envoie immédiatement à la direction de course.

22 h 24, Le Cap : Le centre opérationnel sud-africain informe les Français qu'il n'est pas en mesure d'envoyer des bateaux ou des avions dans la zone de recherche, car elle est trop éloignée. Entre-temps, les Français ont appris qu'il n'y avait à proximité ni bateaux militaires ni bateaux marchands. L'intervention de l'Armée de l'air française n'est pas envisageable avant au moins 48 heures. Les seuls à pouvoir maintenant retrouver Kevin sont donc les quatre navigateurs du Vendée Globe qui ont été alertés.

22 h 27, groupe WhatsApp « PRB Rescue » : La direction de course a utilisé le modèle de dérive des océanographes pour définir une zone de recherche précise. Elle nous envoie les coordonnées de la zone que je reporte immédiatement sur ma carte. La zone ressemble à un triangle posé sur la pointe. La pointe est l'endroit où Jean Le Cam a vu le radeau de sauvetage il y a un peu plus de cinq heures maintenant. De là, un triangle en forme de V s'ouvre vers le haut, vers le nord-est, dans la direction vers laquelle le vent, les vagues et le courant ont très probablement poussé le radeau. Les deux lignes latérales font environ 25 milles nautiques. Quelque part dans ce triangle, entre ces lignes, Kevin dérive, les experts en sont convaincus.

La direction de course a divisé le triangle en quatre bandes transversales. Chaque zone de recherche doit être prise en charge par un navigateur. « Parcourez vos zones en zigzags, écrit la direction de course, le plus lentement possible : sous moteur au ralenti, avec trois ris dans la grand-voile, sans voile d'avant. Allumez les spots. Si Kevin voit la lumière, il fera exploser une fusée de détresse. Et faites hurler la corne de brume en permanence. »

22 h 35, voilier Seaexplorer : Je passe l'endroit où Jean Le Cam a vu le radeau de sauvetage et je vire vers le nord. Je rentre dans le triangle de recherche avec un vent arrière. C'est de là que Kevin et son radeau auraient dérivé vers le nord-est. Mais jusqu'où ? On m'a attribué la troisième bande transversale dans le triangle. Je l'atteindrai dans environ deux heures. En chemin, je traverse la zone de recherche de Sébastien Simon qui n'arrivera ici que vers minuit. J'ai monté à fond le volume de mon récepteur AIS. J'ai allumé le spot, le radar et la caméra infrarouge en haut du mât. J'avance lentement et je fixe la mer qui brille au clair de lune. Peut-être que Kevin est encore à la dérive quelque part près du lieu de l'accident.

Yannick passe déjà au peigne fin son secteur de recherche. Jean, quant à lui, roule très lentement au bord de sa zone, car la direction de course lui a demandé de se reposer un peu. Elle anticipe une longue nuit. Entre-temps, elle part du principe que Kevin n'a pas sur lui son sac d'urgence contenant les téléphones. Mais qu'est-ce qui ne va pas avec son émetteur AIS ? Je ne comprends pas pourquoi l'émetteur n'émet plus la position. Jean avait bien reçu des signaux !

23 h 54, Paris : À la demande du centre de secours, le ministère des Affaires étrangères français a informé immédiatement l'ambassade de France en Afrique du Sud. Peu après, l'ambassadeur est tiré du lit. En tant que diplomate, il le formulerait différemment – mais l'essentiel de la conversation téléphonique porte sur ce qu'il est possible de faire pour que les autorités sud-africaines agissent dès que possible. Elles sont inactives et ne donnent quasiment aucune information d'après Caraës, le directeur de course. Peu après, le centre de secours américain de

Norfolk/Virginie nous contacte : les États-Unis n'ont eux non plus actuellement aucun bateau militaire en service dans l'Atlantique Sud.

1er décembre, 00 h 02, groupe WhatsApp « PRB Rescue » : Un nouveau signal de *PRB* a été reçu en France ! Le voilier n'aurait donc pas coulé ? Ou est-ce que Kevin a une seconde balise de détresse avec lui dans le radeau de sauvetage ? Le fait que la position se situe à 12 milles nautiques à l'extérieur du triangle est très mystérieux, sachant d'où vient le vent. Aucune épave, aucun radeau de sauvetage ne peut dériver contre le vent.

« Nous ne savons pas de quelle balise provient le signal », écrit la direction de course. « Nous pensons que ce serait une erreur de ne pas y aller. Sébastien, s'il te plaît, prends le relais. » Sébastien : « OK, je vais voir. Qui vérifie ma zone ? »

Direction de course : « Toi, quand tu auras vérifié la balise. » Sébastien : « Je ne peux pas faire les deux. C'est trop long. »

Direction de course : « OK, Jean, tu vas prendre en charge la zone de Sébastien. »

Les signaux des balises de détresse sont reçus par des satellites situés à 20 000 kilomètres d'altitude et transmis aux stations terrestres. Parfois, les perturbations atmosphériques entraînent de minuscules erreurs dans l'indication de la position. Peut-être la balise se trouve-t-elle donc en réalité à l'intérieur du triangle ? Ça fait beaucoup d'incertitudes. Sébastien se met néanmoins en route vers la position indiquée. Il faut aussi donner une chance à la chance.

00 h 30, voilier Seaexplorer : J'arrive à l'extrémité ouest de ma bande de recherche. Après avoir traversé tout droit le triangle, j'entreprends une recherche méthodique. Je fais demi-tour et je longe le bas de la bande jusqu'à l'extrémité est. Il me faudra une bonne heure et demie pour parcourir les dix milles à faible vitesse, puis je ferai à nouveau demi-tour pour revenir. Je naviguerai ainsi en zigzags serrés dans ma zone de recherche. « Veille à respecter une distance de 500 à 700 mètres entre les passages », me conseille la direction de course. Je pense pouvoir augmenter la distance après le lever du soleil, si la visibilité est bonne. Mais il me faudra certainement quinze à vingt heures pour passer toute ma zone au peigne fin. Après une journée longue et fatigante, je doute de pouvoir tenir sans faire de pause, mais je vais essayer.

La direction de course m'a autorisé à briser les scellés de mon moteur par mesure de précaution. Sans voile d'avant, seulement avec une grand-voile fortement réduite, je fais route en naviguant lentement. Le vent, qui souffle à plus de force 6, est toujours aussi glacial et vient du sud de l'Antarctique. Je suis en ciré, un bonnet de laine sur la tête et avec des gants dans la partie arrière ouverte, les bras appuyés sur le toit du cockpit devant moi, j'ai le regard fixé sur la mer sombre. La lune est maintenant très haute et disparaît parfois derrière des lambeaux de nuages, mais la plupart du temps, elle projette sa lumière vive sur la mer. Là où elle se reflète brille un large rayon lumineux qui s'étend de l'horizon jusqu'à moi en passant par les montagnes de vagues. Je regarde dans toutes les directions – mais je suis toujours attiré par cette route lumineuse. J'espère tellement apercevoir soudain dans la mer scintillante un point sombre, la silhouette d'un radeau de sauvetage, ce qui est impossible avec cette forte houle, à moins que mon bateau ne se retrouve en même temps que le radeau à la crête d'une vague. Je suis saisi d'un incommensurable sentiment d'impuissance.

Normalement, par un temps pareil, je ne sors sur le pont que pour faire des manœuvres, mais cela fait maintenant plus de deux heures que je suis dehors. Le froid me cisaille le visage, les yeux me brûlent. Je n'ai pas dormi depuis vingt heures. Je dois rester très concentré, même tout ça semble vraiment désespéré. Je me demande combien de secondes maximum je peux regarder dans la mauvaise direction sans risquer de manquer Kevin.

Depuis 2008, je passe environ un tiers de l'année en mer, mais je crois que je n'ai jamais ressenti aussi intensément combien nous sommes petits ici. Nous pensons qu'avec toute notre technologie, notre équipement et notre expérience, nous pouvons maîtriser les risques. En réalité, seule une fine enveloppe de carbone nous protège de la mer hostile, et si elle se brise, nous sommes à la merci des éléments.

Je pense à Kevin. C'est un type baraqué, droit, persévérant, généralement de bonne humeur et qui tient constamment une cigarette électronique à la main. Je sais qu'il a une femme et une fille. Je ne veux pas qu'une famille perde son père.

01 h 15, voilier Yes We Cam ! : Le CROSS Gris-Nez a reçu un nouveau signal d'une balise d'urgence de *PRB*. Cette fois, la position se situe bien à l'intérieur du triangle. La direction de course ne s'explique pas ces signaux déroutants. Y a-t-il finalement trois balises ou des erreurs dans la transmission ? La position la plus récente se trouve dans le secteur de recherche de Sébastien. Mais celui-ci est toujours en route vers le dernier signal reçu. La direction de course envoie donc les nouvelles coordonnées à Jean Le Cam. Lorsque le Breton arrive sur place, il passe le secteur au peigne fin, mais ne trouve rien. « C'est là que j'en ai eu marre. J'étais épuisé ! Je voulais faire une pause et attendre le lever du soleil. »

Et puis il réfléchit. Supposant qu'une lampe est allumée sur le radeau de sauvetage et que « découvrir une telle lumière, c'est évidemment un peu plus facile la nuit », Jean Le Cam se force à poursuivre ses recherches. Il avance à deux nœuds, l'allure d'un promeneur, il reprend le quadrillage du secteur de Sébastien.

01 h 50, voilier Seaexplorer : Comme je le pensais, j'arrive à l'extrémité est de ma bande de recherche après à peine une heure et demie. Je vire de bord et refais à peu près parallèlement le même trajet, à 600 mètres d'écart. Je suis épuisé et gelé. Des embruns froids me claquent au visage, mais je ne peux pas aller sous le toit protecteur du cockpit, je n'y ai pas une vue assez dégagée sur la mer. Je fais de mon mieux pour garder les yeux ouverts. Toutes les demi-heures environ, je descends, je m'assieds et je ferme les yeux deux minutes, pas plus. Je n'arrive pas à me reposer, je pense à chaque fois qu'à cet instant précis, mon bateau vient de passer devant Kevin et que je l'ai manqué.

Je me demande à nouveau comment il se sent dans son radeau de sauvetage. A-t-il froid, a-t-il peur, peut-il dormir, a-t-il quelque chose à boire, est-il blessé ou en hypothermie ? Sait-il que son appareil AIS n'envoie pas de signal ?

La mer est impitoyable. Nous avons tendance à la glorifier, à nous extasier sur les expériences qu'elle nous offre, à nous réjouir de la beauté naturelle, de l'authenticité et de la liberté que procure la navigation en haute mer. Même lorsque nous parlons de la mer comme de la dernière région sauvage et intacte de la planète, c'est très romancé. En réalité, la mer est notre ennemie – non pas parce qu'elle aurait quelque chose contre nous, mais parce que nous lui sommes totalement indifférents. Personne n'a mieux formulé ce sentiment que Joseph Conrad qui était marin avant de devenir écrivain. Ses lignes impitoyables sur la mer me sont familières :

Car la mer n'a jamais été amicale avec l'homme,
malgré toutes les glorifications en poésie et en prose.
Celui qui place sa confiance dans l'amitié de la mer
et néglige sa propre force et sa propre habileté à ce sujet,
est un imbécile !
La mer ne connaît ni compassion, ni fidélité,
ni commandement, ni échappatoire.
Comme si elle était trop grande, trop omnipotente
pour les vertus ordinaires

Les mers du Sud ne s'en prennent pas directement à Kevin, mais elles le tueront si on ne le trouve pas. Et les chances de le trouver sans signal de position sont de plus en plus faibles. Je sens le peu de confiance qu'il me reste s'évanouir. Le triangle de recherche est immense et s'étend de plus en plus vers le nord à chaque heure qui passe. Ce serait vraiment de la chance, une chance incroyable, si nous réussissons à le trouver.

2 heures, Les Sables d'Olonne : Comme Jean Le Cam n'aime pas écrire avec son téléphone portable, la direction de course reste en contact avec lui en vidéo sur Skype. Depuis hier après-midi, ils sont en visio sans interruption. Grâce à une caméra installée dans le pupitre de commande de Jean, l'équipe de direction peut le voir descendre, vérifier les instruments et le cap dans le faisceau de sa lampe frontale, grommeler, puis remonter dans la noirceur de la nuit. Lorsqu'il a vu Kevin dans son radeau de sauvetage il y a maintenant neuf heures, Les Sables d'Olonne ont été témoins en direct de ses cris de joie – et ils ont aussi assisté aux minutes qui ont suivi, quand il l'a perdu de vue.

Directeur de course Caraës : « Jean aime jouer les durs, les grognons et grincheux. Pourtant, il est sensible. Il était si désespéré lorsqu'il a perdu Kevin. Il en a beaucoup souffert. Nous avons tout de suite échangé sur nos ressentis et sur la manière dont nous pouvions aller de l'avant. Il était de mon devoir de le soutenir et de le rassurer, pas seulement en tant que directeur de course, mais aussi en tant qu'ami. »

Vers 2 heures du matin, la direction de course entend Jean Le Cam crier. Sur son écran, il n'y a rien d'autre que quelques panneaux d'affichage qui brillent dans l'obscurité de l'intérieur du bateau. Jean est dehors dans le cockpit et appelle à nouveau. Puis, à en juger par les bruits, il marche sur le pont, va et vient. Quelque chose s'écrase au sol, on dirait un paquet de cordes.

Ensuite, c'est le silence. Les minutes s'écoulent. Le directeur de course Caraës devient presque fou. Que se passe-t-il ?

2 heures, voilier Yes We Cam ! : Dans l'obscurité de la mer, Jean a vu quelque chose clignoter, disparaître, réapparaître, un peu plus fort cette fois, parfois à deux endroits en même temps, le tout de manière très irrégulière. Le Cam a l'impression que les vagues reflètent une lumière, à moins que ce ne soient ses yeux qui, surmenés lui jouent un très mauvais tour ?

Tout à coup, il voit un point lumineux fixe. Les montagnes de vagues l'engloutissent, mais le point lumineux réapparaît toujours, au même endroit, avec la même intensité. « C'était un moment tellement fou. D'un coup, le désespoir laisse place à un immense espoir. »

C'est bien la lumière du radeau de sauvetage. Jean hurle dans la nuit. La fente du toit du radeau s'ouvre et la tête de Kevin apparaît.

« Jean ! » crie Kevin. « Qu'est-ce que tu fais ? Tu reviens plus tard ? »

« Non, on va le faire maintenant ! Tout de suite ! »

Un voilier IMOCA est conçu pour surfer sur la crête des vagues, pas pour rester sur place dans une mer croisée et chaotique. Sans moteur, le *Yes We Cam* ! se balance frénétiquement. Dans un peu moins de deux heures, l'aube se lèvera, la visibilité sera meilleure et le vent aura diminué, ce qui facilitera nettement l'opération de sauvetage, mais il est absolument hors de question pour Jean de prendre le risque de perdre Kevin une seconde fois.

Jean démarre le moteur et manœuvre son bateau qui tangue violemment. En même temps, il veille à garder en permanence le radeau dans le faisceau de son projecteur pour ne pas perdre le contact visuel. Alors que le bateau recule lentement vers Kevin, il lance une corde avec une bouée de sauvetage dans sa direction. La bouée dérive avec le vent vers le radeau.

Kevin la saisit, la met autour de lui et commence à tirer sur la corde pour rapprocher le radeau de sauvetage du bateau. Il a ouvert en grand la toile qui recouvre le radeau, s'est penché jusqu'à quelques mètres seulement du bateau. Le radeau roule sur le côté poussé par une vague et Kevin tombe à l'eau.

Il s'accroche alors à la corde et est traîné dans l'eau. Juste devant lui, la houle soulève brusquement l'arrière du bateau, puis le fait retomber. Quand l'hélice sort de l'eau, le moteur lancé à plein régime hurle. Tant bien que mal, Kevin parvient à saisir le bastingage de l'appareil et à s'y accrocher. Il s'élance et Jean attrape son col, le tire à lui.

Kevin Escoffier titube dans le cockpit.

2 h 16, Les Sables d'Olonne : La direction de course a les yeux rivés sur l'écran. Elle ne voit encore que vaguement l'intérieur sombre du bateau et a entendu Jean démarrer le moteur. Pourquoi a-t-il fait ça ? Et où est-il ? Un rayon de lumière traverse l'obscurité. Jean, une lampe torche à la main, se laisse tomber dans son siège dans le cockpit et se met en face de la caméra, arborant un large sourire.

Derrière lui, une seconde personne apparaît, vêtue d'une combinaison de survie rouge vif, c'est Kevin Escoffier.

2 h 18, groupe WhatsApp « PRB-Rescue » : Message pour Yannick, Sébastien et moi-même : « Tout va bien, les gars ! Kevin est à bord avec JEAN !!!!! »

2 h 23, voilier Yes We Cam ! : Kevin appelle sa copine, puis son équipe, et enfin son sponsor, un groupe français de matériaux de construction. Le souffle coupé, il raconte les onze heures passées dans le radeau de sauvetage, il rit de manière stridente face à la caméra, il est surexcité. Mais lorsqu'il décrit comment le bateau s'est brisé, il s'interrompt, on entend presque la boule se former dans sa gorge.

« Je ne comprends pas. J'avais renforcé le bateau ! »

Jean est derrière lui, il ajoute : « Ce n'est que du matériel, ça n'a aucune importance ! »

« Je suis désolée », dit Kevin. Il se met les mains sur le visage, se concentre pour garder son calme.

« Kevin, arrête ! » crie Jean. « Tout va bien. Zen ! Zen ! »

2 h 28, voilier Seaexplorer : Je suis toujours dans le cockpit à scruter la mer. Je viens de terminer le second trajet de ma zone de recherche.

Mon téléphone portable est resté sur la table de navigation. Ce n'est que lorsque je descends pour fermer à nouveau brièvement les yeux dans mon siège que je vois que Kevin est sauvé.

Incroyable ! Figé dans mon siège, je pleure de soulagement, de bonheur et d'épuisement. J'écris en retour à la direction de course :

« Comment Jean l'a-t-il trouvé ? »

« Nous avons reçu un nouveau signal de la balise et nous y avons envoyé Jean. Il n'a rien vu, puis il a continué vers le sud-est et au bout d'une heure, il a trouvé Kevin. »

Quelle chance peut avoir un être humain ? Le fait que quatre autres navigateurs se soient trouvés à proximité de Kevin lorsque son bateau s'est cassé était déjà un heureux hasard. Mais il était encore plus improbable de voir de nuit, par une mer agitée, un radeau de sauvetage qui ne signalait sa position qu'à la lueur d'une petite lampe. Et en plus, Kevin a eu la chance que Jean la voie ! Le plus expérimenté d'entre nous a réussi quelque chose d'improbable : en pleine nuit, un homme de soixante et un ans a manœuvré seul un voilier de course de 18 mètres de long jusqu'à un radeau de sauvetage et, par un vent fort et des vagues de trois mètres, il a sorti un naufragé de l'eau.

Douze ans plus tôt, Jean Le Cam a été repêché par l'ancien skipper de *PRB* et aujourd'hui, c'est exactement l'inverse. C'est complètement fou.

J'appelle Jean. On parle un peu, puis je lui dis que j'aimerais entendre Kevin. Il a l'air vif, survolté, probablement encore dopé à l'adrénaline. Il me remercie, puis ne parle plus que du fait qu'il a tout de même beaucoup renforcé son bateau. Il n'arrive tout simplement pas à comprendre pourquoi il s'est cassé ! « C'était incroyable. J'aurais dû prendre une photo de l'étrave. Il s'est juste retourné ! »

J'ai l'impression que Kevin ne réalise pas encore qu'il a eu une chance incroyable. C'est peut-être un mécanisme de protection. Il ne réalisera que dans quelques mois, lorsqu'il ira à la plage la nuit et que la mer brillera au clair de lune, que le souvenir remontera sans filtre : peut-être qu'alors il comprendra à quel point il s'en est fallu de peu.

Lors de n'importe quelle course, s'il arrive que des navigateurs sauvent un concurrent en détresse, le temps perdu est ultérieurement compensé en temps bonus. Cette fois encore, le jury calculera le nombre d'heures dont ils nous créditeront pour la recherche. Pour l'instant, ça me passe complètement au-dessus. Une fois informé du sauvetage de Kevin par la direction de course, j'ai remis mon pilote automatique en mode course et j'ai essayé de dormir un peu. Toute la matinée, je suis resté assis sous le pont à regarder les écrans sans rien faire. À midi, j'ai dormi une heure. Au réveil, je n'avais toujours pas faim et ma vue est restée floue pendant un moment. Ce n'est pas l'épuisement, c'est cette nuit d'angoisse qui m'achève présentement. Yannick Bestaven vient de m'écrire pour me dire qu'il était en pleurs dans son cockpit.

Dans l'après-midi, Emmanuel Macron se fait mettre en relation en visio avec le voilier *Yes We Cam* ! dans les mers du Sud. Assis dans un salon lambrissé d'or du palais de l'Élysée, le président caresse sa cravate et se réjouit de voir apparaître sur son écran les visages de Jean Le Cam et de Kevin Escoffier.

Kevin : « Bonjour, monsieur le Président ! »

M. Macron : « Bonjour. Ça va mieux là ? »

Kevin : « Oui, ça va mieux ! Désolé, on déroge un peu aux règles de confinement en vigueur en ce moment, on se retrouve à deux, mais c'est pour la bonne cause. »

M. Macron : « Vous avez passé combien de temps en mode survie, Kevin ? »

Kevin : « Environ une douzaine d'heures. »

Et sa description de l'accident jaillit.

Kevin : « […] On a un peu le temps de gamberger quand même. »

M. Macron : « Je veux bien le croire ! »

Kevin : « En tout cas, ça nous a fait plaisir que vous nous appeliez, j'imagine que vous avez d'autres sujets de préoccupation. »

M. Macron : « Non, non, franchement… D'abord j'ai été rassuré pour vous et puis je suis un grand admirateur de Jean, donc je voulais vous dire… chapeau encore. On est hyper fiers, hyper heureux pour Kevin et vous, pour toute sa famille et hyper fiers de ce que vous avez fait. »

Le Cam : « Super, merci d'avoir passé un petit moment avec nous. »

M. Macron : « Ça m'a fait super plaisir et je peux vous dire que ça me fait du bien aussi. »

Le Cam : « Et donc, monsieur le Président : Yes We Cam ! »

M. Macron rit : « Je le sais et allez jusqu'au bout, Jean, et merde pour la suite. »

Monsieur le Président lève les pouces, souhaite encore un bon voyage aux deux hommes, puis l'écran redevient noir.

Le navigateur en solitaire Jean Le Cam a désormais un homme à bord. Ils partageront ses provisions et peut-être même son cher vin rouge – mais Kevin ne doit pas l'aider. Pour respecter les règles de la course, il ne doit ni participer aux manœuvres ni même commenter les décisions stratégiques de Jean. Je suis sûr qu'ils respectent ces règles. Ne serait-ce que parce que Jean ne se laisse pas dire quoi que ce soit. Dans environ cinq jours, Kevin sera récupéré par la frégate française *Nivose*. Le transfert est prévu en haute mer, au nord des îles Kerguelen. Des soldats de la Marine embarqueront Kevin à bord d'un canot pneumatique et lanceront à Jean Le Cam un sac de nourriture ; exactement la quantité que Kevin a consommée de ses provisions. Le comité de course est très vigilant et précis sur le sujet.

En fin d'après-midi, les nuages s'écartent pour la première fois depuis plusieurs jours. Assis dans le cockpit, les yeux fermés, je sens la chaleur sur mon visage et je réfléchis à ce qu'Alex Thomson a dit un jour : pendant le Vendée Globe, il faut toujours s'attendre à l'inattendu. J'ai souffert pendant quelques jours de mon ascension en haut du mât et je venais juste de m'en remettre quand on a dû entreprendre cette recherche traumatisante de Kevin. Que va-t-il encore arriver ?

Tempêtes, accidents, solitude, opérations de sauvetage : tous ces événements constituent en soi d'énormes défis. Mais le plus grand de tous est leur enchaînement. Dans la vie normale, on ferait tout pour avoir quelques jours de repos après de tels événements. Mais la normalité n'existe pas ici. Ce sont quatre-vingts jours et nuits sans répit.

Demain, je passerai le cap de Bonne-Espérance et j'entrerai dans l'océan Indien. D'après les prévisions météorologiques, des dépressions nous y attendent les unes après les autres. Pas un seul jour de vent léger jusqu'en Australie. Et à partir de maintenant, nous avons plus que jamais en tête le fait qu'un voilier de 18 mètres peut tout simplement se briser en deux en pleine mer.

Bien sûr, je le savais, mais maintenant que je le vis, c'est différent. Pour passer la ligne d'arrivée du Vendée Globe, il faut disposer d'une multitude de compétences et de qualités. L'une des plus importantes n'est pas propre au métier de marin. C'est la persévérance.

8

La mer de Dante

Aujourd'hui, nous sommes le dimanche 6 décembre et c'est la Saint-Nicolas ! Hier soir, j'ai mis une de mes chaussures sur le pont. Et comme par magie, ce matin, il y avait un morceau de chocolat dedans. Voilà une journée qui commence bien ! Il est maintenant 10 heures, je viens de déguster mon chocolat avec un petit café, le tout premier depuis une semaine : un expresso bien serré au goût merveilleux.

Cette nuit-là, je n'ai pas bien dormi, j'ai trop gambergé, je m'inquiète de tout et de rien. J'ai allumé deux fois le générateur pour qu'il recharge les batteries – et puis, allongé sur ma couchette, j'ai écouté la courroie trapézoïdale pour vérifier qu'elle faisait le même bruit que d'habitude. C'est fou, presque maniaque !

C'est pourquoi j'ai décidé ce matin que la Saint-Nicolas serait un bon jour. Après avoir savouré café et chocolat, j'ai suivi un très bon conseil de Birte : je me suis forcé à écrire ce qui me réjouit, ce que je prévois de faire qui me rend heureux. Même des choses banales et secondaires peuvent devenir un plaisir particulier ici, et j'ai donc rapidement dressé une liste pêle-mêle : manger une pomme, manger une orange, faire une petite sieste, observer un albatros, faire une vidéo de ma manœuvre d'empannage de l'après-midi. Et téléphoner à Birte.

Le ciel est voilé, la mer écume en blanc. Il fait froid. Un fort vent d'ouest pousse le groupe de tête, à la limite sud de l'océan Indien, toujours au plus près de la zone d'exclusion. Avec un vent venant exactement de l'arrière, nous pourrions naviguer en ligne droite directement jusqu'en Australie – mais pas plus vite que le vent lui-même. Dès qu'il tourne, nos voiliers accélèrent subitement, à tel point que lorsque le vent vient de l'arrière, mieux vaut ne pas naviguer tout droit dos à lui, mais de s'en écarter en zigzaguant. Le chemin en est certes allongé, mais le temps jusqu'à l'arrivée se raccourcit. Le résultat est notre slalom d'empannage le long de la ligne rouge. L'après-midi, je prépare l'empannage, mon premier depuis trois jours. Par vent fort, c'est une manœuvre délicate, car la grand-voile passe soudainement d'un côté à l'autre. Je vais travailler dur pendant un peu moins d'une heure en étant très concentré, ce qui me permettra d'éloigner toute pensée mélancolique liée à la recherche passée de Kevin qui m'a tellement marqué.

Comme avant chaque empannage ou virement de bord, je déménage tout : sacs à voiles et à provisions, pièces de rechange, vêtements. Une fois de plus, je balance tout, soit environ 300 kg d'un bord à l'autre. J'ai besoin de ce lest mobile pour équilibrer mon bateau face au nouveau sens du vent. C'est une vraie corvée à chaque fois, d'autant que je dois faire attention à ne pas me blesser dans l'obscurité et durant mes allers-retours sur ce bateau bondissant. C'est pourquoi je porte toujours dans ces moments-là des genouillères et un casque de rugby. C'est surtout à cause de tout ce bazar que je pèse longuement le pour et le contre avant de décider d'un empannage ou d'un virage pour être sûr que j'en ai vraiment besoin.

Une fois que tout est empilé et arrimé de l'autre côté, je monte dans le cockpit pour tourner le grinder pendant une bonne vingtaine de minutes, ce qui me permet d'enrouler et de dérouler les voiles d'avant, de rajuster de nombreuses écoutes et les charges, de rentrer et sortir les foils, d'abaisser le safran au vent et de faire tourner le mât. J'ai des milliers d'empannages de ce type à mon actif, je peux en faire un les yeux fermés et pourtant, à chaque fois, je répète les gestes à l'avance. En même temps, je range constamment le fouillis du cockpit pour que rien ne s'emmêle. Les navigateurs en solitaire n'ont pas le droit à l'erreur puisqu'il n'y a personne pour te corriger. Il n'y a personne non plus pour te soutenir si tu as manqué quelque chose. Finalement, je débranche le pilote automatique et j'attrape la barre. Je préfère effectuer moi-même la manœuvre.

J'attends qu'une vague particulièrement haute soulève la coque, je tire la barre et je fais tourner le bateau lentement par paliers de 20°. La grand-voile, précédemment molle, se retourne et se remplit du vent venant de l'autre côté. Avec ce nouveau cap, *Seaexplorer* descend finalement la pente des vagues. Je suis en sueur, mais satisfait de constater que tout s'est bien passé. Je me laisse tomber sur le siège du cockpit et j'observe la traînée d'écume derrière le voilier.

Charlie Dalin mène avec une large avance le groupe de tête de dix bateaux. Derrière, le premier bateau se trouve à pas moins de 600 milles nautiques. Je suis septième juste derrière Jean Le Cam et Yannick Bestaven. La recherche de Kevin nous a coûté moins de milles nautiques que nous ne l'avions craint au départ. Bien sûr, le jury compensera ce temps passé. Je réfléchis : comment ce temps aurait-il pu être compensé si j'avais perdu le contact avec le groupe ? Combien d'heures de bonus la perte de mon sentiment de sécurité aurait-elle valu ? Je suis si heureux de pouvoir continuer à être entouré de mes compagnons de course, surtout en ce moment. L'océan Indien est le plus sauvage et le plus imprévisible des trois océans. Dans les modèles météorologiques que nous recevons plusieurs fois par jour, les dépressions orageuses qui se dirigent vers nous par l'arrière changent constamment de direction et de force ; pas beaucoup, mais suffisamment pour devoir envisager un nouveau routage. La seule chose qui est sûre, c'est que nous ne pouvons pas nous attendre à avoir une journée à peu près tranquille avant d'arriver en Australie.

J'aime naviguer par vent fort tant que la mer est de mon côté. Et effectivement, depuis l'empannage et le nouveau cap, les formations de vagues tapent de biais vers l'arrière du bateau. Ces conditions de surf sont parfaites pour la première fois depuis au moins une semaine.

Des montagnes de vagues majestueuses et allongées dépassent *Seaexplorer*. Dès qu'une vague venant de l'arrière soulève lentement l'arrière du bateau, le pilote automatique modifie le cap de telle sorte que le bateau le maintienne en descendant la pente en biais, aussi longtemps que possible.

La vitesse passe alors de 17 à 25, 28 nœuds et le bateau chasse parfois sur plusieurs centaines de mètres le long du mur d'eau en pente douce, jusqu'à ce que la crête des vagues passe sous nous et que le pilote automatique retrouve son ancien cap. Le barreur électronique ne chôme pas comme le montre la ligne serpentine d'écume que nous traçons dans la mer.

Quel plaisir ce serait de surfer de cette manière jusqu'en Australie, à la vitesse maximale – sans sauter, sans craquer, sans rebondir. Les foils soulèvent en grande partie la coque hors de l'eau, nous volons donc droit et calmement, presque imperceptiblement au-dessus de la houle. De temps en temps, l'étrave touche une vague, faisant jaillir des fontaines de part et d'autre. De temps en temps seulement, des masses d'eau déferlent sur le pont. Je suis à l'arrière, je me tiens dans le cockpit et je sens les mouvements de balancier. *Seaexplorer* qui a pris le rythme des vagues oscille et glisse le long des pentes, doucement et harmonieusement malgré sa vitesse folle, comme s'il caressait la houle.

Yannick Bestaven, mon compagnon de route de l'Atlantique Sud, est lui aussi ravi de l'ivresse du surf. Il tourne une vidéo le montrant en train de sauter et de danser dans le cockpit et de jouer de l'air guitar sur la chanson *Smells Like Teen Spirit* de Nirvana qu'il a mise à fond. Derrière lui, la mer s'élève à cinq ou six mètres et un mur d'eau semble sur le point de s'engouffrer dans le cockpit, mais Yannick ne se retourne même pas. Son pilote automatique modifie à peine le cap, et voilà que le bateau dévale la montagne de vagues en oblique, encore et encore. « C'est de l'excès pur et simple ! » s'exclame-t-il. « Nous surfons sur la houle du sud et c'est exactement pour cela que nous faisons cette course ! »

Deux places derrière moi, l'Italien Giancarlo Pedote m'a dit hier que c'était la musique de l'océan Indien. La houle donne le rythme, nous devons nous y tenir, le bateau et l'homme font alors partie de la musique. Je lui ai répondu en riant que sur mon bateau, on n'entendait que les foils hurler. Nous avons encore bavardé un peu, notamment sur la manière dont il cuisine à bord.

Mais derrière ce que dit Giancarlo, il n'y a pas seulement la magie du moment, mais un sentiment général, une perception plus grande : la fin de la surabondance de stimuli. Tous les bruits, les odeurs, les voix et les couleurs de la terre ferme ont disparu. Depuis le départ, nous vivons dans un univers relativement austère où il n'y a que le ciel, la mer et le bateau. Il n'est donc pas étonnant que nos sens deviennent plus réceptifs et que notre perception s'aiguise. Giancarlo entend la musique des vagues, je remarque quant à moi que mon regard sur l'espace et le temps change. Depuis cinq semaines, je ne vois que de l'eau, de l'eau en mouvement. Elle change sans cesse de forme et d'éclat, elle est modifiée par le vent et le soleil tout en étant d'une éternelle uniformité, car en fait rien ne change et jour après jour, la même image s'offre à moi, le même paysage. Il n'y a pas de points fixes sur l'océan, pas de repères qui m'indiqueraient que je suis bien en mouvement, que je suis en train d'avancer.

Et c'est ainsi qu'il m'est récemment venu à l'esprit une question : celle de savoir comment je pouvais être sûr que je naviguais actuellement autour du monde. Enfin, je ne me la suis pas posée en ces termes. Mais le fait est que je ne perçois pas le fait de faire le tour du globe. D'après la carte, Madagascar, le Yémen et l'Iran passent loin au nord de ma position, et je vais bientôt être à hauteur de l'Afghanistan et de l'Inde. Comment savoir que c'est vrai ? Et si je me trouvais tout le temps au même endroit avec mon bateau et que quelqu'un ne faisait que pousser des vagues et des nuages contre moi. Sans l'électronique de bord, je ne m'en rendrais peut-être même pas compte ?

Je pense à Donald Crowhurst. Ce sont peut-être des jeux d'esprit aussi absurdes que celui-ci qui l'ont rendu fou. Crowhurst était l'un des huit marins qui ont participé à la Golden Globe Race en 1968, le fameux ancêtre du Vendée Globe. À l'époque, lorsque Bernard Moitessier a renoncé à une victoire certaine pour continuer à naviguer depuis le cap Horn jusqu'à Tahiti, Crowhurst est soudainement devenu favori. Lui aussi semblait être dans l'Atlantique après son tour du monde et n'avait plus qu'un seul concurrent plus lent devant lui, tous les autres participants ayant entre-temps abandonné.

Personne ne savait que cet Anglais de trente-six ans n'avait jamais quitté l'Atlantique Sud. Peu de temps après le départ, il s'est rendu compte que son bateau, préparé à la hâte, ne résisterait pas aux assauts des mers du Sud. Par peur d'être contraint d'abandonner, Crowhurst a croisé pendant des mois dans l'Atlantique Sud sans être découvert, envoyant régulièrement par radio des messages de position imaginaires et rédigeant un faux journal de bord. Mais la peur d'être démasqué a dû être plus forte et il a fini par sombrer dans le désespoir et le délire et a rédigé un long traité philosophique : « L'explication de tous nos soucis est que des existences cosmiques jouent avec nous », a-t-il écrit. Les gens devraient apprendre à manipuler le continuum espace-temps.

Huit mois après son départ, Donald Crowhurst s'est jeté par-dessus bord. Peu après, un bateau postal britannique a découvert le voilier vide, avec tous les enregistrements sur la table de navigation. Lors de sa victoire, Robin Knox-Johnston a fait don de l'intégralité de son prix à la veuve de Crowhurst.

Ce qui est certain, c'est que cela change un homme de passer des mois seul au milieu de l'océan. Mais il doit s'en passer des choses avant de décider de sauter par-dessus bord, être désespéré et sans espoir comme Donald Crowhurst. Je ne connais pas de destin comparable à celui de ce régatier. Contrairement aux navigateurs de 1968, nous pouvons aujourd'hui appeler à terre à tout moment. Nous pouvons donc profiter des opportunités offertes par le long isolement en mer – apprendre de nouvelles choses sur nous-mêmes, sur nos forces et nos faiblesses – sans craindre de sombrer, impuissants, dans le tourbillon de la solitude, voire de la folie.

Les jours comme aujourd'hui, je réalise à quel point ma perception de moi-même et de mon harmonie avec l'océan sont influencées par les conditions de navigation. Quand *Seaexplorer* surfe avec élégance et rapidité, le doute et le découragement s'éloignent. Ça me permet même de savourer le fait d'être seul à bord. Comme le bateau, je me laisse aller au rythme des vagues. Leur arrivée incessante a également modifié ma perception du temps. Je ne compte plus les jours et les semaines que j'ai déjà passés en mer ;

seuls les sachets numérotés dans lesquels est emballée ma ration de nourriture quotidienne me le rappellent. La date elle-même est devenue insignifiante, je l'oublie souvent. Et ici, même la différence entre le jour et la nuit, primordiale à terre, a perdu de son importance. Je change une voile quand je dois le faire, je planifie mon routage quand de nouveaux modèles météo arrivent et je dors quand je peux.

Il y a certaines contraintes tout de même comme la transmission à heures fixes des positions de mon bateau. Ou l'enregistrement d'une interview télévisée qu'Holly a organisée pour moi. J'essaie de prendre le petit déjeuner, le déjeuner et le dîner toujours aux mêmes heures afin de structurer un peu ma journée. Je me base pour ça sur l'heure locale. Comme nous naviguons plein est et que nous nous trouvons très loin au sud, le soleil se lève sensiblement plus tôt chaque matin. Tous les deux jours à peine, j'avance donc ma montre d'une heure. J'aime ce petit rituel, car il me rappelle encore une fois que je me rapproche un peu plus de chez moi. Sinon, je regarde peu ma montre.

Quelle différence y a-t-il avec mes précédentes régates ? Pour commencer, le fait que sur chaque voilier qui compte deux membres d'équipage ou plus, il y a des horaires immuables pour prendre le quart ou se reposer, le découpage en plusieurs heures articulant précisément les jours et les nuits. En navigant seul, la journée commence à l'aube, et même si le soleil se couche, on a probablement encore du travail. La longueur ou la brièveté de la journée et de la nuit suivante sont déterminées par la météo. Cette notion archaïque du temps contribue également au fait que de nombreux navigateurs en solitaire ont l'impression, après un ou deux mois, de s'abandonner à la nature avec une intensité que personne n'a jamais connue en mer.

En début d'après-midi, la direction de course me tire de ma contemplation. Elle nous informe que le bateau de l'Espagnol Didac Costa a percuté une baleine. Didac ne naviguait qu'à une dizaine de nœuds lorsque le bateau a soudainement ralenti. Il s'est précipité sur le pont et a vu une baleine à quelques mètres de lui. L'Espagnol a eu de la chance, car sa quille, qu'il a immédiatement examinée à l'aide d'une caméra fixée à une perche, n'a pas été endommagée. Et la baleine elle aussi semblait indemne, puisqu'elle s'éloignait lentement.

Les baleines somnolent souvent juste sous la surface de l'eau, même par mer calme, les plaisanciers les repèrent donc difficilement à temps. Les collisions avec ces animaux de plusieurs tonnes sont possibles dans tous les océans, mais elles sont relativement rares. La plupart du temps, les deux parties s'en sortent avec une belle frayeur, mais rien de plus. Nos bateaux de course, qui avancent à une vitesse élevée, pourraient toutefois blesser violemment les animaux, et la quille ou un foil pourraient se détacher lors du choc. Pour nous protéger et protéger les baleines, j'ai installé sur mon bateau un « *whale pinger* » comme beaucoup de navigateurs du Vendée Globe. Cet émetteur intégré à la quille émet des sons à haute fréquence qui doivent effrayer et donc éloigner, voire dissuader les baleines se trouvant à proximité d'approcher.

Sébastien Simon, qui était encore avec moi il y a six jours à la recherche de Kevin le naufragé, a lui aussi subi un choc. Quelques heures après avoir repris la course, soulagé par le sauvetage de Kevin, il a percuté un OFNI alors qu'il filait à 18 nœuds. Son foil droit a été gravement endommagé et de l'eau s'est infiltrée dans le bateau par une fissure. Sébastien a donc fortement incliné le bateau pour maintenir la fuite au-dessus de la surface de l'eau et s'est dirigé vers le port du Cap.

La même nuit, Samantha Davies, qui était la femme la mieux classée, à la onzième place, a également été touchée : lorsque son bateau a heurté un OFNI, Samantha a chuté et s'est fracturé plusieurs côtes. La collision a aussi gravement endommagé la suspension de sa quille. Samantha s'est fait un bandage, a pris plusieurs cachets contre la douleur, a descendu les voiles et s'est dirigée vers Le Cap elle aussi. Les deux navigateurs sont arrivés pratiquement en même temps dans le port sud-africain où Alex Thomson les attendait. Après la réparation de son bateau, Alex avait commencé sa course de rattrapage en partant à la douzième place. Mais le lendemain, son bateau a heurté un OFNI et un de ses safrans s'est cassé. Alex n'a pas pu faire les réparations nécessaires et il s'est résolu à faire ses adieux publics à la course dans une vidéo tout en émotions, puis il s'est envolé pour Le Cap.

Les collisions de Didac, Sébastien et Samantha ont toutes trois eu lieu au sud de l'Afrique du Sud. Il faut dire que les accidents ont été nombreux dans cette zone lors des précédentes éditions du Vendée Globe. Les océanographes font référence au courant des Aiguilles, une sorte de Gulf Stream de l'océan Indien. Ce courant marin chaud part d'Indonésie, longe l'Inde et la côte est de l'Afrique, puis descend jusqu'en Afrique du Sud… autant d'occasions de ramasser des déchets flottants en cours de route. Au cap de Bonne-Espérance, le courant des Aiguilles rejoint le courant froid de Benguela venant de l'Atlantique qui se divise. Les déchets flottants s'accumulent alors dans les grands tourbillons et la concentration de nutriments attire de nombreux bancs de poissons, mais aussi des baleines et des poissons-lunes de plusieurs tonnes. C'est donc une zone à forte densité d'obstacles potentiels pour les navigateurs. À cela s'ajoute la mer croisée : le fameux courant froid polaire agité par des dépressions tempétueuses se dirigeant vers l'est et le courant opposé chaud des Aiguilles venu de Madagascar.

Ces deux éléments combinés, les OFNI et la mer croisée, font depuis toujours du passage du cap de Bonne-Espérance la section la plus accidentogène du Vendée Globe. Cette année, la course s'est terminée ici pour quatre navigateurs – y compris Kevin Escoffier, dont le bateau s'est brisé.

J'ai passé le cap sans casse, mais la houle persistante et impitoyable et la recherche traumatisante de Kevin m'ont pesé pendant des jours. Mon équipe ressent rapidement ce genre de choses. Avant-hier, Holly a donc organisé depuis Hambourg un « dîner solidaire » avec 35 amis et amies qui, en visio, étaient tous assis à table et mangeaient à la cuillère de la nourriture lyophilisée dans des sachets, avec et comme moi. Je n'ai pas dit grand-chose. Dehors, c'était la nuit noire, le bateau tanguait dans la mer confuse, et j'étais accroché à mon siège, écoutant les parents et les enfants commenter le repas en sachet et se raconter mutuellement leur journée à l'école, au bureau, les courses. Ça a été fabuleux.

Entre-temps, la mer m'est aussi devenue favorable et c'est comme ça que la Saint-Nicolas est effectivement devenue une bonne journée. Le soir s'est mis à rougir le ciel et le bateau a continué de surfer sur la mer sans retenue. Assis dans le cockpit, j'observe le vol de deux albatros qui me suivent depuis des heures. Je ne me lasse pas de les voir planer sans le moindre battement d'ailes au-dessus de ces collines d'eau, disparaître dans les vallées pour se laisser à nouveau emporter par le vent ascendant et voguer sur la prochaine montagne ondulée. Parfois ils restent en l'air derrière moi, d'autres fois ils glissent vers le haut. Ils font de grands virages, tantôt à droite, tantôt à gauche. Presque comme s'ils dessinaient le doux balancement de la trace d'écume qui suit le bateau sur la montagne des vagues. Peut-être que Giancarlo Pedote a raison après tout, tout ici suit le rythme de la houle.

Solitude

Ici, dans les hautes latitudes des quarantièmes rugissants et des cinquantièmes hurlants, tout est plus grand, tout est plus puissant. Les tempêtes sont plus impétueuses, les flots plus monstrueux, les étoiles plus brillantes. La lumière est plus dure et plus claire, et une fois que l'épaisse couche de nuages se déchire, le soleil couchant enflamme le ciel comme nulle part ailleurs. L'isolement et la virginité des mers du Sud me font penser à l'espace. Et parce que les côtes sont si lointaines et les routes qui y mènent si périlleuses, les histoires racontées par les personnes qui ont tenté de prendre pied dans ces terres désolées, sur quelque île minuscule et triste, sont également plus grandes et plus dramatiques.

Une douzaine d'archipels se trouvent dans les quarantièmes rugissants, perdus entre l'Afrique et l'Australie. Il y pleut environ 300 jours par an, il y a des tempêtes avec des vents de force 10 ou plus une bonne centaine de jours par an, et la température constante est d'environ 5 °C. Seuls les mousses et les lichens recouvrent le sol rocheux. Pendant plusieurs siècles, ces terres escarpées ont accueilli des phoques, des baleiniers et des naufragés qui y ont brièvement séjourné, venus de voiliers de marchandises qui, comme nous en ce moment, se laissaient porter par les tempêtes d'ouest vers l'Australie. Ce sont les cartes marines erronées qui ont causé leur perte. Plusieurs fois, des voiliers ont percuté ces pointes rocheuses à peine connues, non éclairées la nuit, dans les mers du Sud.

Il y a une semaine, j'ai passé les îles Crozet qui se trouvaient au sud de ma position dans la zone d'exclusion. Au XIXe siècle, les bateaux de chasseurs de phoques s'y sont échoués à plusieurs reprises. Souvent, il fallait attendre plusieurs mois avant que l'équipage survivant ne puisse être secouru. Un équipage, celui de la Britannique *Princesse de Galles*, y a vécu deux années, se nourrissant de phoques, de pingouins et de lichens. Le sort de naufragés français qui, en 1887, ont réussi à attacher au cou d'un albatros un anneau en fer blanc contenant un message est également attesté. Sept semaines plus tard, l'oiseau et la bague en fer blanc ont été retrouvés en Australie, et quatre mois plus tard, un bateau de guerre français a atteint les îles Crozet. Mais les sauveteurs n'ont trouvé que le journal du capitaine dans lequel il avait écrit qu'ils voulaient essayer d'atteindre une plus grande des îles Crozet en radeau. En vain.

La moitié de l'océan Indien est derrière moi lorsque j'atteins aujourd'hui une autre île. À seulement cinquante milles nautiques, je passe devant le sommet d'un volcan sous-marin : l'île Saint-Paul. Cette île rocheuse en forme de cratère ne mesurant que 7 km^2 était autrefois peuplée de phoques, de pingouins, d'albatros, et les eaux environnantes étaient riches en baleines et en merlus noirs. Une tentation irrésistible pour les voyous, qu'il s'agisse de marchands de peaux de phoque, de pêcheurs et de baleiniers. Lorsqu'il ne restait plus grand-chose des grandes espèces animales au début du XXe siècle, une entreprise française y a installé une usine de langoustes sur l'île. Les pêcheurs bretons ne tenaient qu'une saison de pêche sur cette île inhospitalière avant d'être relayés. Au bout de trois ans, l'entreprise a fait faillite. Les tentatives ultérieures de remise en service de la station de pêche ont échoué.

Les îles Crozet et l'île Saint-Paul ont entre-temps été déclarées réserves naturelles, comme de nombreuses îles des mers du Sud. Seuls les scientifiques et les soldats peuvent y aller. En même temps, qui voudrait s'installer ici, sur des éclats de roche humides, désolés, balayés par les tempêtes, dans une solitude océanique ? Même sur l'archipel français des Kerguelen, qui s'étend sur 7 000 km^2 et qui se trouve juste à l'extérieur de nos frontières, les habitants ne sont pas toujours très attentifs à la qualité de l'eau. Il n'y a qu'une seule station de recherche sur l'île Kerguelen, située à l'intérieur de la ceinture d'icebergs. Les quarantièmes rugissants ne veulent pas de colons dans leur région sauvage. La faune se réapproprie peu à peu les îles.

Depuis hier, les quarantièmes rugissants semblent vouloir nous montrer à quel point ils peuvent rendre la vie dure aux gens de passage. La plus grosse tempête de la course jusqu'à présent nous est tombée dessus, comme annoncé, avec des rafales pouvant atteindre force 10 et des vagues de sept mètres de haut. À l'arrière du front, nous nous battons maintenant contre la mer déchaînée qui écume et bouillonne, les vagues sont courtes et abruptes et viennent de toutes les directions. Finis les deux jours de surf interminables, place à l'épuisante traversée d'une mer agitée. Pour couronner le tout, une forte pluie tombe depuis ce midi ; elle crépite si fort que les vagues sont à peine visibles quand l'eau jaillit sur le pont. La tempête balaye les embruns sur la mer, si denses qu'on dirait qu'une deuxième couche d'eau s'est posée sur l'eau, les contours se brouillent. Comme lors de tous les orages violents en mer, la mer se contracte en un mélange brumeux gris brunâtre, qui couvre le bateau. La trace d'écume derrière nous disparaît déjà dans le néant après à peine cinquante mètres.

Je suis sous le pont dans mon siège et je scrute mon écran. Pour réduire la vitesse, j'ai rentré les foils et changé la voile d'avant. Malgré cela, le bateau ne cesse de se cabrer et de sauter. Je souffre avec *Seaexplorer.* Si je ralentis encore, je risquerais de voir une montagne de vagues s'engouffrer dans mon cockpit par l'arrière. Le bruit dans le bateau est infernal : le fracas du choc, le hurlement de la tempête, le tambourinement de la pluie sur le pont. Je mets mon casque antibruit et j'échange quelques messages avec d'autres navigateurs. Tout le monde est épuisé. Le manque de sommeil, la concentration ininterrompue, la monotonie, la tempête, la solitude – tout cela affecte chacun d'entre nous. C'est la mer de Dante, me dit l'un d'eux.

Entre-temps, la plupart des navigateurs ont subi des dommages, plus ou moins importants, sur leur bateau, qu'ils ne peuvent pas réparer à cause des vents trop forts. Chez moi, il y a dix jours, alors que le bateau partait brusquement dans une rafale, les deux hydrogénérateurs accrochés au tableau arrière ont été arrachés. Heureusement, je les avais attachés avec une corde et j'ai pu les remonter à bord. Mais en attendant que le temps s'améliore et que je puisse réparer les fixations, il me manque une source d'énergie pour recharger les batteries. Les panneaux solaires collés sur le pont ne suffisent pas à eux seuls, et je dois donc faire tourner l'alternateur plusieurs fois par nuit. Ce qui ne fait qu'aggraver mon manque de sommeil. Quand le vent se calmera-t-il enfin ?

« Cette mer ne nous aime pas », lance Thomas Ruyant, toujours en deuxième position. « Je vis l'instant présent et je me dis que chaque heure me rapproche de jours meilleurs. » Yannick Bestaven s'est entre-temps hissé à la troisième place : « Je me demande quand même ce que je fais ici, au milieu de nulle part. » Isabelle Joschke, qui occupe désormais la neuvième place et est la première femme, lutte chaque jour contre elle-même : « Il y a juste ces doutes : mon bateau résistera-t-il à tout cela ? Est-ce que je vais survivre à ça ? Je me sens beaucoup plus vulnérable ici-bas que dans l'Atlantique. »

Je me maintiens à la huitième place, mais ce n'est pas très important pour moi à ce moment précis. Depuis la recherche de Kevin, mes priorités ont changé. Tout ce que je veux, c'est que *Seaexplorer* et moi nous en sortions sains et saufs. C'est tout ce qui compte.

Le lendemain, le vent faiblit un peu, la mer croisée reste haute et impitoyable. Je me laisse secouer dans la coque de mon siège et, les yeux ouverts, je rêve du moment où je franchirai la ligne d'arrivée. L'humilité règne. Le soir, je suis simplement heureux que cette nouvelle journée se soit déroulée sans heurts et qu'elle soit terminée.

Le lendemain, la tempête continue. Je m'applique à me concentrer uniquement sur le moment présent, sur une manœuvre, sur la cuisine, sur la planification de l'itinéraire. Je veux échapper à la spirale de la rumination, à la réflexion globale, à la question de savoir quel est le sens de cette torture. Avant le départ, mon coach mental m'avait conseillé de ne prendre en compte que le jour en cours : un jour à la fois ! Même sur la carte marine, j'essaie de ne me concentrer que de ce qui est proche. Je fais rarement un plan large, je reste à zoomer, fixé sur mon groupe.

Le lendemain je n'en peux plus. Je suis assis dans le cockpit, j'attrape mon téléphone portable, j'enclenche le mode enregistrement et je parle à cœur ouvert. Ce n'est pas vraiment une nouveauté. Depuis le départ, j'enregistre très régulièrement des vidéos et des messages vocaux ; j'en envoie certains en privé à des amis et d'autres à l'équipe qui les publie sur les réseaux sociaux. La différence de contenu entre les deux types est de moins en moins importante pour moi. Je rends public ce qui me touche. Je raconte l'ivresse du surf, la grâce des albatros, ainsi que les heures de peur, de solitude et d'appréhension. Depuis toujours, j'aime partager ce que je vis, ça me plaît tout simplement et j'ai une bonne mémoire des détails.

Mais plus je voyage, plus ça compte pour moi, plus c'est indispensable d'envoyer des messages à terre : ça me fait du bien de parler ! Je raconte et je sais que je serai écouté. Ça m'aide à me sentir moins seul. Je ne me parle pas à moi-même, mais je monologue avec le continent. Comme mon humeur dépend beaucoup des conditions de navigation, mes impressions du moment sont très variables. Je suis souvent contradictoire, aussi changeant que la météo. Mais je ne m'inquiète pas pour ça. Ce sont des instantanés spontanés et sincères, et les partager avec d'autres atténue ma solitude. Je parle, donc je suis. Aujourd'hui, j'envoie un message vocal de près de dix minutes – et comme le piétinement de la mer n'en finit pas, le message exprime toute ma désillusion sur les semaines passées dans les mers du Sud :

Je suis assis, coincé contre la paroi du cockpit, dos au sens de la marche. Je ne veux pas être projeté vers l'avant lorsqu'il y a un arrêt. La journée n'en finit pas, je ne prends pas de plaisir. Vous ne pouvez pas imaginer combien le bateau se déplace à travers les vagues, il saute et s'arrête, il saute et s'arrête. J'ai peur que quelque chose ne se casse. Il fait très froid et j'ai mis toutes les couches de polaires que j'avais emportées. Je pourrais aussi bien être dans ma couchette en ce moment. Mais Birte m'a dit que si je me sentais d'humeur chagrine, je devais sortir à la lumière du jour. Ah, la lumière du jour, tu parles ! C'est le royaume du gris ici, le ciel et l'eau, tout est gris. Ça aussi, ça me pèse. Si ça reste ainsi pendant des jours ou des semaines, je ne verrai plus du tout le soleil ? La mer n'est qu'un amas de débris, une piste de ferraille. Le bateau navigue tellement mal.

Et ça n'en finit pas.

Les gars, je suis tellement à fleur de peau ! Je veux juste tenir le coup-là. Profiter aussi du Vendée Globe – seuls les plus endurcis peuvent le faire.

OK, j'admets que je ne suis pas le dur que je croyais être. Les autres tours du monde aussi ont été intenses, mais il y avait toujours les camarades, le regard de l'autre, la possibilité de demander l'avis de quelqu'un : est-ce que nous devons changer de voile, que penses-tu de la météo, que veux-tu manger ? Cette fois, il n'y a personne. Cette solitude me rend morose.

Je ne regrette pas d'être ici. Faire le tour de la planète en solitaire et sans escale est un défi insensé. Je crois qu'il n'y a rien qui sollicite autant l'homme, tout le corps et tout l'esprit, la force, l'intelligence, la persévérance. Ici, on réalise qu'on peut faire beaucoup plus que ce qu'on croyait. C'est une expérience incroyable. Mais ce n'est pas une raison pour apprécier la solitude ! L'introspection, c'est pour les autres. Je ne suis pas ce genre de personne. J'aimerais tellement que certains d'entre vous soient là maintenant, avec moi.

Mon Dieu, ce Vendée Globe ! Au départ, j'avais encore le couteau entre les dents. De la pure combativité. Je n'imaginais pas à quel point ce serait dur. Peut-être que la tromperie se répétera quand je franchirai la ligne d'arrivée. Je pense que ce moment agira comme une piqûre d'anesthésiant. J'oublierai toutes les souffrances sur-le-champ. Alors, s'il vous plaît, rappelez-moi de ne plus jamais faire ça ! C'était important pour moi de le faire une fois. Et ce serait génial d'arriver au bout. Mais une fois, ça va suffire.

Un message vocal comme un discours de politique générale. Mais prendrai-je au sérieux cette résolution de ne plus jamais refaire le Vendée Globe lorsque le bateau volera à nouveau doucement au-dessus des vagues ? Je ne sais pas. En tout cas, pour l'instant, j'en suis convaincu. Bien sûr, j'aimerais beaucoup me lancer dans une nouvelle campagne et construire un nouveau bateau, pour le Vendée Globe 2024. Ce serait mon deuxième Vendée Globe et je serais fort d'une première expérience de course en solitaire. Et je réfléchis souvent à ce que je ferais différemment, dans la préparation, dans la conception du bateau. Tout cela serait une deuxième grande aventure. Mon objectif sportif serait plus ambitieux que la simple arrivée. Je voudrais me battre pour la victoire, c'est clair.

Mais je me demande aussi si d'autres objectifs ne sont pas plus pertinents pour moi. Nous avons des tâches extrêmement importantes à accomplir dans les années à venir pour maîtriser au moins à moitié la crise climatique. Pourquoi devrions-nous utiliser tant d'innovations, d'énergie et de ressources uniquement pour naviguer encore plus vite autour de la Terre ? J'aimerais contribuer de manière utile à la protection du climat au cours des dix prochaines années. Une de mes visions est le cargo sans émissions propulsé à l'hydrogène et par de grandes voiles. Je sais déjà avec quels partenaires et bureaux d'études je pourrais entreprendre ce projet. Cela pourrait être mon nouveau Vendée Globe.

Ou serait-il préférable de combiner les deux ? Parce que notre message sur la protection du climat est ainsi mieux entendu ? Le slogan « A Race We Must Win » est inscrit sur les voiles de *Seaexplorer*. Il s'agit d'une course contre le changement climatique ; celle-là, nous ne pouvons pas nous permettre de la perdre. Les photos et les vidéos de ces dernières semaines ont déjà fait passer ce message à des millions de gens. Je suis donc assis dans le cockpit et je me laisse ballotter par mes pensées. Je réfléchis, j'hésite. *Seaexplorer* s'enfonce dans les vagues, je ressens les coups portés à sa coque presque comme des coups portés à mon propre corps. Cela me fait mal de sentir ce que je fais subir à mon bateau dans cette mer. Mais quand est-ce que ça va enfin s'arrêter ?

La rencontre

Hier, j'ai passé le cap Leeuwin, la pointe sud-ouest de l'Australie, le deuxième des trois caps légendaires de notre itinéraire. L'océan Indien est presque passé, mais ça m'est égal. Le plus important, c'est que j'ai bien dormi et que la ligne rouge autour de la zone des icebergs fait un coude net sur la carte marine. J'ai flairé une opportunité.

Le trio de tête composé de Charlie Dalin, Thomas Ruyant et Yannick Bestaven m'a distancé dans l'océan Indien, ils ont plus d'une journée de navigation d'avance. Dans le groupe des poursuivants, les écarts se sont creusés aussi, je suis toujours huitième. Mais hier soir, j'ai atteint le point où notre zone d'exclusion oblique vers le sud en direction de l'Antarctique. À partir du 46e parallèle, nous pouvons maintenant descendre jusqu'au 56e parallèle, au plus profond des cinquantièmes hurlants. À partir du moment où j'ai tourné et mis le nouveau cap sud-est, le vent s'est enfin remis à souffler dans les voiles avec un angle idéal et la direction des vagues était également parfaite. Des conditions idéales. J'ai sorti le dernier ris de la grand-voile, je l'ai donc déployée à sa surface maximale, et j'ai mis une voile d'avant plus grande. Jusqu'à minuit passé, j'ai constamment rajusté les voiles, les foils, l'angle de quille, l'angle de mât, la charge sur les bastaques ; c'est vraiment amusant de modifier toutes ces variables jusqu'à ce que l'on obtienne une configuration qui permette au bateau de glisser à nouveau un demi-nœud plus vite. Les quatre voiliers devant moi avaient un peu moins de vent et, sur le tracker, j'ai vu l'écart se réduire lentement pendant la nuit.

La nouvelle journée, qui sera ma plus belle dans l'océan Indien, commence cependant très mal. Dans un demi-sommeil, je sens que quelque chose ne va pas. Ce n'est qu'une légère agitation intérieure, mais je peux en général lui faire confiance. Après six semaines en mer, les sens de mon corps se sont réunis pour former une sorte de sonde de mesure. Sans cesse et sans que j'en aie conscience, ils vérifient que tout est en ordre à bord. Depuis le début, ce capteur s'est développé et cet instinct devient chaque jour plus fiable parce qu'il stocke une expérience importante : pour chaque combinaison de force et de direction du vent et de hauteur des vagues, il existe une situation idéale, un réglage optimal du bateau. Une fois que je l'ai trouvé, mon subconscient enregistre une sorte de mélodie de cet état idéal : composée du son du vent, du bruit de l'eau qui passe, du gémissement des foils. À cela s'ajoutent les mouvements du bateau dans la houle, le gargouillement régulier de la vague arrière, les vibrations du voile de quille.

Tout cela forme une mélodie que j'entends et que je peux aussi ressentir. Elle résonne différemment selon la force du vent. Il me semble que mon subconscient connaît désormais absolument toutes les mélodies de l'harmonie entre l'homme, le bateau et la mer. Et c'est pourquoi il enregistre le moindre écart, le moindre son discordant – et me fait immédiatement sursauter, même lorsque je somnole sur ma couchette. Comme à cet instant, tôt le matin. Il y a quelque chose qui ne va pas dehors. Je ne réfléchis pas plus longtemps, je me lève, j'enfile mon harnais de sécurité et je monte sur le pont, un peu abruti. Il fait encore nuit, mais à la lueur de la lampe de mât, je vois que la couture de protection de la partie inférieure d'une voile d'avant est déchirée. Sur trois bons mètres de long, elle flotte au gré du vent – voilà la petite note discordante. La déchirure sera facile à réparer, mais elle ajoute un point à ma longue liste de travail du jour. Je m'allonge à nouveau sur la couchette.

Peu après le lever du soleil, le vent tombe. Cette fois-ci, la tempête qui s'est éloignée n'a pas été suivie d'une nouvelle, mais un coin de haute pression apporte un changement rapide de temps. La couverture nuageuse se déchire, le ciel est bleu, la mer s'aplatit, le soleil réchauffe. Enfin ! Un gobelet de café à la main, je m'installe sur le pont. Il fait si doux dehors que, pour la première fois depuis l'Atlantique Sud, je n'ai pas besoin de porter de veste. Je m'assieds sur le toit de la cabine, ferme les yeux et lève la tête en direction du soleil. Mes paupières s'embrasent d'un rouge sombre, je sens mon visage, mon corps se détendre dans la chaleur. Un calme intérieur envahit tout mon corps jusqu'au bout des doigts. Pendant dix minutes, les yeux fermés, je savoure ce moment, cette sensation qui me manque depuis si longtemps.

Peu après, le centre de presse des organisateurs en France me contacte. Andi Robertson, présentateur de l'émission quotidienne en ligne, veut m'interviewer, par vidéo. Je me filme confortablement assis dans le cockpit, derrière moi un ciel sans nuages, la mer scintillant au soleil. Je me mets à crier devant la caméra : « Mon plus beau moment depuis l'île de Sainte-Hélène. »

Avec une houle plate et des vents moyens constants, le bateau file droit à travers les mers du Sud, je peux le laisser le pilote automatique gérer et me concentrer sur ma liste de réparations. Mon cockpit se transforme alors en établi. À l'aide d'une perceuse, d'un étau et d'une scie, je fabrique une nouvelle ferrure pour l'un des deux hydrogénérateurs arrachés à l'arrière. Stuart m'a envoyé un dessin. Et effectivement, au bout de deux heures, le générateur peut être revissé à la poupe et descendu dans le sillage écumant. L'aiguille de la station de recharge s'emballe ! Enfin, je peux à nouveau utiliser l'énergie hydraulique comme chaque nuit dans l'océan Indien pour recharger mes batteries au lieu d'allumer l'alternateur. La recharge des batteries avait haché mes nuits et coûté un précieux diesel. Mais maintenant, c'est de l'histoire ancienne !

Le second hydrogénérateur s'était détaché lorsqu'une rafale de vent avait brusquement fait accélérer le bateau à 35 nœuds. Le chariot, qui permet au générateur de glisser vers le bas sur un rail à l'arrière, s'est brisé sous l'énorme pression. Une fois de plus, je suis satisfait d'avoir emporté autant de pièces de rechange à bord ! Peu après, le second hydrogénérateur fonctionne à nouveau.

Je répare la déchirure de la voile d'avant avec une bande autocollante en fibres de carbone. Je parviens aussi à remplacer une courroie trapézoïdale usée sur le moteur après presque une heure de bricolage. À un moment donné, en début d'après-midi, je consulte l'indicateur de position mis à jour. Et je suis stupéfait. Cette nuit-là, j'étais à des dizaines de milles du groupe de quatre et je ne suis maintenant plus qu'à 15 milles. Ils se sont retrouvés dans une zone avec peu de vent.

Tous les navigateurs connaissent cette situation : lors de régates sur un parcours construit, la remontée vers la bouée au vent demande des virements bien effectués et une bonne tactique pour espérer être dans le peloton de tête. Puis une fois cette bouée passée, il n'est pas rare de voir les concurrents de derrière revenir sur toi, poussés par du vent frais, alors que tu te trouves soudainement dans une zone de calme. Et tu ne peux qu'assister, impuissant, à la remontée de tous les autres avec un vent favorable, sans mérite.

Cette fois-ci, la chance est de mon côté, j'arrive par derrière. Le vent est constant et j'attends, impatient de capter les premiers signaux AIS.

Je vais avoir de la compagnie !

Normalement, je ne vois les positions des bateaux qu'en ligne, sur un site Web avec un tracker que la direction de course met à jour toutes les trois heures. Mais si je me trouve à proximité d'un autre bateau, je reçois son signal AIS et je vois son symbole apparaître sur ma carte numérique. Au cours des cinq dernières semaines, cela n'est arrivé que quelques fois.

C'est parti. Les signaux AIS arrivent – et peu après, j'aperçois à l'horizon les bateaux du groupe que je poursuis ! Plusieurs petits triangles noirs ! Je n'ai jamais rattrapé mon retard aussi vite dans cette course. Jean Le Cam et Damien Seguin ont été les premiers à naviguer dans les vents calmes, rattrapés par Louis Burton et Benjamin Dutreux qui se sont retrouvés coincés. Et c'est ainsi que les quatre bateaux sont déjà proches les uns des autres lorsque, le soir, je m'approche lentement d'eux par l'arrière.

C'est incroyable. À un peu plus de 1 700 kilomètres au sud de l'Australie, dans l'immensité et le vide des mers du Sud, cinq bateaux se retrouvent. Nous sommes vraiment au milieu de nulle part. Nous avons fait la moitié du globe, j'ai vu le dernier concurrent dans l'Atlantique Sud – et maintenant nous, quatre Français et un Allemand, naviguons à vue les uns à côté des autres.

Le vent s'est calmé, seule une brise vient parfois friser la surface de l'eau. La mer est paisible, se soulevant et s'abaissant à peine dans la houle plate, lentement et régulièrement. C'est comme le pouls de l'océan.

Damien Seguin n'évolue plus qu'à 200 mètres devant, Louis Burton à environ 500 mètres sur ma droite, les deux autres à environ 1 km. Lentement, mon bateau se faufile à la vitesse d'un promeneur et un cran plus vite que Damien. Il est dans le cockpit, mais me salue et me filme avec son téléphone portable alors que je me rapproche. Et c'est parti, nos bateaux naviguent côte à côte. Pour la première fois depuis ma rencontre avec Yannick dans l'Atlantique, je peux à nouveau parler à quelqu'un de manière normale. Avec un homme qui n'est pas seulement une voix dans un casque, mais qui se tient là en chair et en os, barbe noire et pull noir. Damien lève les bras en l'air et rit en m'appelant.

« Boris, c'est fou !

— Oui, complètement. Et c'est si bon d'entendre ta voix !

— Si ton bateau n'avait pas de foils, je pourrais accoster chez toi et on pourrait prendre l'apéritif. »

Je ris.

« Bonne idée ! Mais je ne peux t'offrir que du vin.

— Ce n'est pas grave. L'essentiel est que le vin vienne de France ».

Damien réfléchit un instant, puis fait une grimace de désespoir feint : « Mais je me demande comment la direction de course verrait les choses. Est-ce que ça serait considéré comme une aide extérieure non autorisée ?

— Ha ! Ils en seraient vraiment capables. Mais chacun peut remplir son propre verre. Puis nous trinquons de bord à bord. »

On fait les cons pendant un moment. Ça fait du bien de pouvoir à nouveau parler avec quelqu'un en face à face. Je m'appuie sur le bastingage et je jette un coup d'œil à son cockpit qui semble aussi désordonné que le mien. Damien a lui aussi profité du soleil et du vent faible pour faire une journée de réparation. Nous parlons des réserves de pièces de rechange, de la météo et de l'itinéraire des prochains jours. Cette conversation détendue, rend justement notre rencontre au bout du monde encore plus agréable, encore plus bizarre aussi. Damien est allé chercher quelque chose à boire, il lève son verre et nous trinquons ensemble, à distance.

Nous sommes des navigateurs en solitaire, comme tous les gens qui naviguent seuls sur un bateau à travers les mers. Le terme anglais *solohanded* se compose du mot « hand », qui signifie « main », mais aussi « membre d'équipage ». Le Vendée Globe est donc une « course à une seule main », car l'équipage de chaque bateau est composé d'une seule personne. Mais si l'on prend le terme anglais au pied de la lettre, il n'y a qu'un seul navigateur en solitaire dans cette course : Damien Seguin. L'homme de quarante et un ans était déjà privé de sa main gauche à la naissance, son avant-bras se terminant par un moignon.

L'homme originaire des Alpes françaises est devenu un navigateur professionnel accompli avec cinq titres de champion du monde et deux médailles d'or aux Jeux paralympiques. Pour son premier Vendée Globe, c'est Jean Le Cam en personne qui l'a entraîné. Le bateau de Damien a déjà douze ans et, comme celui de Le Cam, il n'a pas de foils. Apparemment, ça ne pose pas de problème puisqu'un demi-tour du monde après le départ, le maître et son élève sont tous deux dans le groupe de tête, à seulement quelques milles nautiques d'écart.

J'aime bien Damien, il est ouvert et chaleureux – et il a prouvé son énorme volonté et sa ténacité dans l'océan Indien. Un moule sur-mesure est accroché sur la poignée gauche de son grinder. Il y enfonce son avant-bras gauche, puis il manœuvre ses deux bras avec autant de rapidité et de force que nous tous lorsque nous utilisons le grinder pour hisser une voile ou border une écoute. Je ne comprends pas comment Damien peut réparer une voile d'une seule main en cas d'urgence, ou même se hisser sur le mât. Mais je suis persuadé qu'il a dû élaborer une technique précise et il doit disposer d'outils adaptés pour relever de tels défis.

« Boris, crie Damien en me menaçant du doigt, arrête ton moteur. »

Il est de bonne humeur. Je l'ai dépassé entre-temps, il est déjà à deux longueurs de bateau derrière moi et commence à être hors de portée. J'ai un instant envisagé de réduire ma vitesse, mais ce n'est pas une croisière et notre groupe restera probablement ensemble pendant plusieurs jours : devant nous, un anticyclone avec peu de vent est annoncé et pour le dépasser, nous naviguons loin au sud, tout près de la ligne rouge. Entre l'anticyclone et notre zone d'exclusion, il n'y a, selon les prévisions, qu'un étroit couloir de vent par lequel nous allons nous faufiler ensemble, côte à côte.

~

Le silence règne. Seule l'eau clapote doucement contre l'étrave, l'océan s'étend autour de moi, lisse et vide. Les quatre autres bateaux sont à peine visibles dans la lumière déclinante du jour. Le ciel du soir s'est bouché, avec une couverture nuageuse massive et dense, sauf à l'ouest où une brèche s'ouvre sur l'horizon. Là-bas, le soleil vient de se coucher et un spectacle naturel magique commence : les rayons d'un soleil disparu éclairent la couverture nuageuse par dessous, sous la courbure de la Terre. Les sommets des nuages bas brillent de mille feux dans les derniers rayons du soleil. Au-dessus, d'un bleu nuit que l'on ne distingue que vaguement, les masses nuageuses épaisses s'amoncellent en colonnes sombres qui s'élèvent dans le ciel.

On dirait qu'un paysage de montagnes à l'envers s'étend là-haut.

Quelque chose se détache de moi. Le moment est venu. Je fais corps avec la mer, le vent, les montagnes de nuages. Tout est lié, je me sens en sécurité dans quelque chose de plus grand. Assis dans le cockpit, je regarde les derniers nuages se dissiper. À l'est, les premières étoiles commencent à scintiller. C'est le centre du monde. Le Vendée Globe est loin.

Je dors bien cette nuit-là, plusieurs fois deux heures. Peu après le lever du soleil, j'ouvre un sachet de porridge, j'y verse de l'eau chaude et je monte sur le pont. Un vent du sud puissant et froid souffle, les mers du Sud ne sont qu'à 500 milles nautiques. Je ressens une nouvelle énergie. Le désespoir abyssal qui m'accablait tant il y a quelques jours encore semble avoir disparu.

Mon équipe m'envoie des photos aériennes surprenantes d'hier. Louis Burton, qui se trouvait à un bon mille nautique de moi lorsque nous nous sommes rencontrés, a fait décoller son drone et l'a envoyé vers moi. À une cinquantaine de mètres d'altitude, il a volé un moment derrière mon bateau et m'a filmé discrètement en train de faire des allers-retours dans le cockpit. Burton a transmis la courte vidéo à un membre de mon équipe qui me les a renvoyées par WhatsApp. C'est ainsi que j'ai pu voir à quoi ressemble mon bateau dans les mers du Sud. La vidéo a également été postée et commentée sur Instagram, où l'on s'est notamment demandé si, compte tenu de l'angle d'incidence du vent, j'avais en fait réglé mes voiles de manière optimale. Eh oui, voilà à quoi ressemble la solitude à l'époque des caméras de drones et d'Internet.

Lorsque j'ai passé le cap Leeuwin il y a quelques jours, je n'ai pas ouvert la petite bouteille de whisky que j'avais prévue pour l'occasion. Je n'avais tout simplement pas l'impression que cette pointe située à plus de 800 milles nautiques avait une quelconque importance pour mon voyage. Quand j'aurai fait la moitié du chemin, je serai sûrement plus impressionné. Dans trois jours, à la hauteur de l'île de Tasmanie, on aura atteint le mi-parcours de la course. Et il y a autre chose que je peux fêter là-bas : la longitude à laquelle se situe la pointe sud de la Tasmanie marque, selon un accord international, la frontière entre l'océan Indien et l'océan Pacifique. Là-bas, je pénétrerai dans le plus grand des océans du monde.

9
Noël

Pour les navigateurs du Vendée Globe, le jour de Noël est en général une date assez difficile. Après un peu plus de six semaines en mer, le peloton s'est dispersé, le groupe de tête se fraie un chemin à travers le Pacifique Sud agité, chaque navigateur est à plusieurs centaines de milles du suivant. On célèbre donc vraiment cette fête familiale totalement seuls. Cette année, les dix premiers bateaux se trouvent à moins de 300 milles. La mer est calme, le soleil brille. Cinquantièmes hurlants.

Je me suis offert une étoile de Noël en bronze : ce matin, j'ai dépassé Jean Le Cam et je suis maintenant pour la première fois à la troisième place. Je suis assis dehors au soleil, adossé à la paroi du cockpit, et je déguste à la cuillère du rougail en sachet, mon menu de fête. J'ai ouvert les cadeaux de Birte et de l'équipe et maintenant je regarde une vidéo de 110 minutes, les vœux de Noël de nombreux amis. Cloches d'église et poèmes, les enfants jouent *Jingle Bells* à la flûte, les parents chantent, il y a même un chien qui aboie, et toujours de bons et fervents vœux pour que je rentre à la maison sain, sauf et en bonne santé.

Le montage m'émeut. Je me sens en sécurité avec mes amis. Et surtout avec Birte et notre petite fille Malou. Chaque jour, je parle avec Birte, elle est la seule à pouvoir me faire prendre conscience de ce qui compte vraiment, ici et à terre. Aujourd'hui, c'est le jour idéal pour lui donner la parole.

Il y a une semaine, Boris a fait la moitié de la course. À présent, il navigue direction la maison. C'est agréable pour lui comme pour moi. À mi-parcours, je lui ai envoyé un petit message : « Tu peux faire la fête et en profiter, te délecter du moment et dire : "Je suis sixième, avec de bonnes chances. J'ai déjà fait la moitié du tour du monde. Ma femme et mon bébé m'aiment. Elles m'attendent avec impatience." »

Je pense que Boris devrait plus se féliciter, je lui dis tous les jours. C'est quand même formidable ce qu'il a fait déjà. Avec une place dans le peloton de tête, avec sa mission scientifique. Et ses récits de course : il est clair que Boris a toujours eu l'intention de partager l'aventure afin d'inspirer les gens, en particulier les enfants de notre programme scolaire. Mais il ne se facilite pas la tâche avec toutes les exigences qu'il a envers lui-même. Lorsque les conditions de navigation deviennent insupportables, il me dit qu'il veut avant tout remplir sa mission et que tout ce qui lui importe, c'est de franchir la ligne d'arrivée, que le classement est secondaire. Mais bien sûr, le compétiteur qui sommeille en lui reprend vite le dessus. Il ne veut bien sûr pas perdre sa place. Et je pense que cela fait une différence pour lui de se sentir seul à la 13e place ou à la 5e place.

Nous avons tous les deux sous-estimé la difficulté réelle de cette course. Et à quel point la solitude lui pèse. Lors des précédentes courses en solitaire, cela passait en général au bout d'une semaine – sûrement parce qu'il savait que le temps passé à bord était plus court. Cette fois, c'est trois mois et rien que cette perspective fait de la solitude une grosse boule dans le ventre qui ne disparaît pas.

En ce moment, nous avons onze heures de décalage horaire. Cela ne facilite pas les choses. En Allemagne, lorsque Boris se lève, les personnes avec lesquelles il communiquait encore pendant la journée il y a quelques semaines vont se coucher. Le calme règne désormais sur tous les réseaux de communication. D'un côté, cela lui fait du bien, il peut maintenant être plus centré sur lui-même et à la course. D'un autre côté, ça lui fait du bien d'apprendre que des centaines de milliers de personnes vibrent avec lui. Et ça l'aide énormément de pouvoir écouter des amis raconter leurs vies et de se sentir intégré dans notre quotidien. À terre, on dit parfois que quelqu'un n'est pas seul, mais solitaire. Boris fait maintenant l'inverse.

Le plus grand défi de cette course est vraiment de lutter contre son propre mental.

Je pense que Boris paie désormais lui aussi le prix de son perfectionnisme. Pendant les années de préparation, il a joué et rejoué la course, il a pensé à chaque petit détail. La nuit, il se réveillait en sursaut et notait une idée quelconque. Son dicton préféré selon lequel quatre-vingts pour cent de la course sont déjà décidés au départ, je ne le comprends vraiment que maintenant, après les nombreux abandons des autres bateaux.

Mais maintenant qu'il y est, il serait bon pour lui qu'il se laisse parfois un peu aller. Il est tellement tendu. S'il était à la maison, il se promènerait ou verrait des amis, ce qui lui permettrait de relativiser. Mais là, il évolue dans ce monde isolé, il n'y a pas de distractions, et donc à chaque instant, tout est si important qu'il ne peut penser à rien d'autre. Il ne veut pas faire d'erreur. Mais comme il doit prendre chaque décision seul, il s'épuise à réfléchir au bon cap ou à la bonne voile. Il peut difficilement prendre son temps, du recul. Il y est en permanence, il n'a aucun répit, et ce pendant quatre-vingts jours.

L'essentiel de cette course est d'accepter, a dit Boris un jour. Il faut pouvoir accepter chaque moment comme il vient, qu'il soit bon ou mauvais.

Nous avons parlé du fait que je vis actuellement une expérience similaire. Pour moi, notre bébé est aussi imprévisible que la météo pour lui : je ne sais pas comment sera la nuit, je ne sais même pas ce qu'il se passera dans une heure. J'avais l'habitude de planifier mes journées avec précision, mais c'est fini. Et je souffre aussi d'un gros manque de sommeil. C'est amusant d'établir les parallèles entre le navigateur en solitaire et la mère solo.

Il y a quelques jours, Boris était une fois de plus extrêmement agacé par la houle qui empêchait tout simplement le bateau de passer. Je lui ai proposé d'insulter les vagues à voix haute. Il l'a fait tout de suite, il a vraiment explosé ; couchez-vous, partez, s'est-il emporté. Après, on a ri tous les deux. Comme le bruit à bord était également insupportable, je lui ai dit qu'il pouvait bien pester contre le bateau de temps en temps. Et là, il m'a répondu : « Le bateau est mon ami, je ne l'insulte pas. » Et ce ne sont pas des paroles en l'air. Lorsqu'il raconte ce qu'il vit là-bas, il parle toujours de « nous » ; par-là, il entend son bateau et lui-même, car pour lui, les deux ne font qu'un. Je pense qu'il utilise le « nous » de manière tout à fait involontaire, c'est pour lui une évidence.

Boris ne sait pas chanter. Pourtant, il chante tous les soirs la même chanson à notre fille. Elle s'appelle Bonjour, bonjour, rayon de soleil. En fait, cette chanson est horrible, c'est pourquoi j'ai réinventé le reste des paroles. Il me l'envoie sous forme de message vocal que je fais écouter à notre fille le matin en me levant. En l'écoutant, Malou rayonne, je suis presque sûre qu'elle reconnaît la voix de son père.

Les premières semaines, nous avons essayé, dans la mesure du possible, de nous parler au téléphone lorsque j'étais un peu tranquille. Depuis, ça a changé, parce que Boris doit pouvoir entendre Malou gazouiller ou crier, ça lui fait du bien. Boris veut faire partie de notre quotidien, en direct. Avant le voyage, nous nous sommes promis de ne rien nous cacher l'un à l'autre. Et c'est comme ça que je lui dis quand quelque chose ne va pas ici. Au début, je craignais que ça lui pèse, mais en fait, c'est le contraire : ça lui fait du bien de savoir que je ne suis pas la seule à pouvoir le soutenir, mais que lui aussi peut m'aider. La liaison téléphonique est excellente ; il est en train de naviguer dans le Pacifique, mais quand nous parlons, je l'entends aussi clairement que s'il était juste à côté. Nous nous parlons tous les jours, une demi-heure, souvent plus. Toutes ces discussions, même sur des sujets banals, nous donnent la certitude que l'autre est toujours celui qu'il était avant le départ. Et nous parlons tout de suite de ce qui est nouveau. Si Malou se met à crier entre-temps ou si je dois la changer, je pose le combiné à côté et Boris écoute. Parfois, je filme le babyphone lorsqu'elle se met à s'agiter dans son sommeil. Tout n'est pas rose, loin de là, mais nous vivons tous les trois des moments ensemble qui sont plus intenses que je ne l'avais imaginé.

Hier, c'était Noël. Ce n'est pas un jour facile pour les personnes seules. Boris dit que c'était l'une des plus belles journées de la course jusqu'à présent. Quand je l'ai vu sur sa vidéo de bord, ça m'a fait rire : assis dehors avec son bonnet de père Noël, il mangeait son déjeuner de bonne humeur et regardait la vidéo de nombreux amis. Elle l'a beaucoup ému. Notre Noël ne s'est ensuite pas tout à fait déroulé comme prévu. J'avais la petite dans les bras, j'étais au téléphone avec Boris et je voulais en même temps ouvrir ses cadeaux. C'était trop d'un coup, et Malou, fatiguée par toute cette agitation, a ronchonné et je l'ai mise au lit. La nuit, nous avons encore parlé longtemps ensemble, notamment du fait que Noël est souvent chargé d'attentes et donc de déceptions.

Je suis curieuse de voir quel genre de Boris je vais retrouver. Il a changé et moi aussi. Il dit que la famille a encore plus de valeur pour lui maintenant. Et aussi qu'il rêve de tous les petits moments du quotidien comme se promener ensemble, faire les courses, jouer avec la petite. Est-ce qu'un homme à la maison dit ça ?

À son retour, il sera à nouveau parmi les humains – et c'est précisément pour cela que je crains qu'il se sente seul pendant un certain temps. Parce qu'il aura l'impression que personne ne peut vraiment ressentir ce qu'il a traversé là-bas. Mais sa fille va le sortir de là. La petite s'assiéra par terre le matin et lui sourira : hé, je suis là, qu'est-ce qu'on fait maintenant ? Elle ne lui laissera pas le temps de sombrer ou de se poser la question du sens de son retour sur la terre ferme. Je pense que Boris va lancer une nouvelle campagne, et ensuite, dès qu'il fera meilleur, nous irons naviguer. Au Danemark.

Quelqu'un a ajouté une surprise à mon programme de navigation : lorsque je l'ai allumé ce matin, une carte de vœux a fait pop et j'ai entendu *We Wish You a Merry Christmas*. Je me suis entretenu par radio avec Jean Le Cam qui se trouve à portée de vue, et nous avons parlé de notre passion commune pour le café et les machines à café. J'ai regardé la vidéo de mes amis et j'ai téléphoné deux fois à Birte. Noël n'a pas été un jour de solitude pour moi.

« Naviguer autour du monde est le plus court chemin vers soi-même » : c'est ainsi que débute le livre de Bernard Moitessier. Dans son cas, c'était certainement vrai, il avait du temps pour réfléchir et il aimait la solitude. Si je passais 300 jours sur un bateau comme le *Joshua* de Moitessier, sur un vrai bateau donc, assis comme lui dans la cabine sur un canapé devant une bibliothèque, buvant tranquillement un café et fumant une petite cigarette, je m'y retrouverais sûrement. Mais en tant que navigateur du Vendée Globe, il n'y a aucune chance que ça arrive. Je suis sans cesse concentré sur la régate et je suis simplement heureux d'entendre la voix des autres de temps en temps.

Sans mes contacts avec Birte, ma fille et mes amis, l'océan silencieux serait assourdissant. Cela ne me ressemble pas. Dans quelques jours, je passerai par l'endroit le plus reculé du monde. Je serai accompagné de plusieurs compagnons de navigation et aussi de mes amis, de ma famille. J'aime mieux ça.

10
Point Nemo

Pendant la majeure partie de la course, nous sommes plus éloignés du continent que les astronautes de l'ISS ne le sont de la Terre.

Souvent utilisée, cette comparaison semble étonnante à tous, car on a tendance à croire que l'ISS est très loin de nous alors qu'elle ne se trouve qu'à 400 km, ce qui correspond à la largeur du golfe de Gascogne, où nous avons passé l'été à nous entraîner. Pendant la course, c'est généralement deux ou trois fois la distance ISS-Terre qui nous sépare de la terre ferme.

Le 29 décembre, au milieu du Pacifique Sud, je suis plus entouré d'océans que jamais. Ce jour-là, je passe à près de 300 milles nautiques du point Nemo, le « pôle maritime d'inaccessibilité », l'endroit le plus reculé de la planète. Il a été calculé en 1992 par un géomètre canado-croate qui a cherché à l'aide d'un logiciel spécial à définir le point dans la mer le plus éloigné de toute terre. Il a pris en compte dans sa recherche non seulement les continents et les îles, mais aussi les pics rocheux inhabités. Le point devait être exclusivement entouré d'eau, un désert d'eau presque sans fin. L'ingénieur a placé ce point virtuel dans l'océan calme, entre la Nouvelle-Zélande et le Chili, dans les quarantièmes rugissants : à 48° 52 minutes sud/123° 23 minutes ouest. Ce centre de solitude a ensuite été baptisé point Nemo en hommage au capitaine éponyme, héros du roman de Jules Verne *Vingt mille lieues sous les mers*.

Les éclats de terre les plus proches sont trois îles qui se trouvent respectivement à 2 700 kilomètres : au nord, l'atoll inhabité anglais de Ducie, au nord-est, l'île de Pâques chilienne et au sud, au large de l'Antarctique, la petite île Maher. Près de sept fois la distance ISS-Terre sépare les trois îles du point Nemo. Seule l'île de Pâques est habitée. Le vide immense a fait de la région un cimetière populaire pour les débris spatiaux. Les Européens, les Japonais et les Russes y ont fait tomber à la mer plus d'une centaine de satellites et d'engins spatiaux obsolètes et inutilisables.

Même sous l'eau, il n'y a guère de vie. Un énorme courant océanique circulaire, le tourbillon du Pacifique Sud, tourne au nord du point Nemo et empêche les masses d'eau riches en nutriments de s'infiltrer depuis l'extérieur. Et le vent, qui transporte la poussière et les nutriments de la terre vers la mer, s'est vidé depuis longtemps lorsqu'il arrive au centre du tourbillon du Pacifique Sud. Le résultat est ce que les scientifiques appellent une « productivité primaire extrêmement faible ». En d'autres termes : il n'y a rien à manger ici. Pas de micro-organismes, pas de plancton, pas d'algues, pas de petits ni de grands animaux, pas non plus de sédiments ni de particules – et c'est ce qui permet à l'eau au nord du point Nemo d'être d'un bleu clair et translucide comme nulle part ailleurs dans les océans.

Aucune route maritime ne traverse cette mer vide de tout. Les seuls êtres vivants qui passent parfois par là sont des bateaux de tourisme ou des navigateurs de régate, sans oublier, tous les quatre ans… les participants du Vendée Globe ! La régularité de notre course intéresse donc les océanographes et les climatologues, d'autant plus que notre itinéraire ne nous fait pas seulement passer par le point Nemo, mais que nous traversons l'ensemble des mers du Sud, la région maritime la plus isolée et la plus inexplorée au monde. Pour en apprendre davantage, les scientifiques ont besoin de données actualisées, et c'est là que nous entrons en jeu.

Cela fait vingt ans que je fais de la course au large et une bonne dizaine d'années que je passe un tiers de l'année quelque part sur les océans. La mer est mon lieu de travail. Et je remarque qu'il a évolué. Il y a des changements clairement visibles, comme la fonte des glaces polaires. En 2015, lorsque j'ai traversé le passage du nord-est en trimaran, c'est-à-dire de la Norvège à l'Alaska en longeant la côte nord de la Russie, nous avons établi un nouveau record du monde à la voile sur ce trajet – ce que nous avons réussi à faire en partie parce qu'il n'y avait jamais eu aussi peu de glace pour bloquer le passage. Aucune région du monde n'est aussi fortement touchée par le changement climatique que l'Arctique où la température a augmenté de 3 °C au cours des vingt dernières années. Des surfaces gigantesques se détachent de la calotte glaciaire de l'Antarctique. Une île plus grande que l'île allemande de Rügen. Dans l'Atlantique, les herbiers marins s'étendent ; il y a six semaines, près de l'équateur, il nous a fallu des heures pour traverser un tapis particulièrement grand. La faune elle aussi semble avoir changé. J'ai l'impression que moins de dauphins accompagnent nos bateaux, et je vois aussi moins souvent des baleines apparaître que lors de mes précédentes traversées de l'Atlantique.

Mais la menace la plus importante et la plus lourde de conséquences pour les océans n'est pas immédiatement visible puisque c'est le réchauffement de l'eau. Mais pas seulement, car son acidification par le dioxyde de carbone, qui s'accumule en quantités de plus en plus importantes dans la couche supérieure de l'eau, est aussi un problème.

Je savais déjà à quoi m'attendre lorsque j'ai traversé l'Atlantique pour la première fois en 2001 : le niveau des mers monte, les espèces se déplacent, les coraux meurent, les tempêtes augmentent, les calottes polaires fondent, les courants marins changent. Mais ce n'est qu'au fil des années, au contact des scientifiques, que j'ai pris conscience de l'importance de l'océan, notamment en tant que climatiseur de la Terre. Les mers, qui couvrent 70 % du globe, se chargent d'atténuer les effets du changement climatique. Aussi complexe que soit le processus, il suffit de connaître deux chiffres clés : les océans absorbent 90 % de l'énergie thermique générée par l'effet de serre dans l'atmosphère et ils absorbent 25 % des émissions de CO_2.

Sans les océans, il n'y aurait pas de vie sur Terre. Autrefois, leur eau a donné naissance aux premières cellules organiques et aujourd'hui elle protège notre planète de la surchauffe. Mais le système de climatisation mondial est désormais surchargé, avertissent les scientifiques. La fonction de tampon des mers s'affaiblit et les conséquences modifient les écosystèmes du monde entier, en pleine mer comme à l'intérieur des continents.

Depuis des années, je me demande ce que je peux faire pour aider. La mer est un endroit spécial pour moi, depuis toujours : dans mon enfance, entre les criques et les bancs de sable, c'était mon terrain de jeu, puis il est devenu mon terrain de sport, et enfin mon lieu de travail. Si je m'engage maintenant pour sa protection, je le fais par une sorte de responsabilité civique – mais aussi et surtout parce que je me sens émotionnellement concerné. Je ne la vénère pas, je ne la glorifie pas, elle m'est simplement très familière. J'aime être en mer. Et j'ai un grand respect pour ce système dans lequel tout s'imbrique, du plancton aux baleines à bosse, du Gulf Stream au tourbillon du Pacifique Sud.

Bien sûr, il n'est pas nécessaire de traverser les océans à la voile pour les défendre. Il suffit de s'informer pour s'en rendre compte : la protection du climat passe par celle des océans.

C'est peut-être ma passion pour la technologie qui m'a fait passer à un autre niveau d'action, partant du principe que l'on ne peut protéger que ce que l'on peut mesurer. Pour aider la recherche marine dans ce domaine, j'ai commencé il y a quelques années déjà, comme d'autres navigateurs hauturiers, à lâcher des balises de mesure en haute mer. En 2018, nous avons installé à bord de *Seaexplorer* un petit laboratoire qui, depuis, analyse des échantillons d'eau lors des courses.

Lorsqu'en 2019, Greta Thunberg et son père ont décidé de nous laisser les emmener à la conférence des Nations unies sur le climat sans émissions, la traversée m'a fait connaître pour la première fois au-delà du cercle des navigateurs, ce qui a beaucoup aidé notre cause. Depuis des années, nous utilisons le sport pour attirer l'attention sur l'importance des océans pour le climat : lors d'interviews et d'apparitions publiques, lors de conférences, lors de discussions avec les partenaires de notre campagne. Nous essayons également de faire avancer le sujet au sein du comité d'administration de l'International Monohull Open Class Association. Début 2020, l'IMOCA a ainsi signé un contrat avec l'UNESCO pour mettre au point des projets communs d'exploration des mers. « Nos navigateurs se rendent dans les régions les plus reculées de la planète, et constatent à quel point l'environnement évolue. Nous voulons donc contribuer à mieux comprendre et à protéger les océans », a déclaré le président de l'association. Au départ de l'actuel Vendée Globe, neuf navigateurs ont embarqué des balises de mesure qu'ils ont depuis jetées à différents endroits prédéfinis. Des laboratoires de bord sont installés sur deux voiliers et analysent des échantillons d'eau tout au long du parcours, l'un d'entre eux mesure la quantité de microparticules et un autre la concentration en microplastiques.

Les océanographes et les météorologues ont surtout besoin d'une chose : de données actualisées sur le lieu. Ils en ont besoin pour analyser les écosystèmes locaux, pour comprendre ce qui se passe avec les déplacements des courants océaniques et pour modéliser des schémas climatiques à long terme. Ces données précises et indispensables ne peuvent pas être collectées à distance, par exemple à l'aide de satellites, il faut absolument être sur place. Pour cela, les gens l'ignorent, et même de nombreux navigateurs hauturiers, mais les océans du monde sont actuellement parsemés de près de 10 000 instruments de mesure. Ces balises flottantes sont ancrées dans l'océan grâce à des cordes de plusieurs kilomètres. Leurs capteurs collectent des données, des minirobots télécommandés sont utilisés, des bateaux équipés d'appareils de mesure – et même des mammifères marins comme les éléphants de mer, sur le corps desquels de minuscules capteurs ont été fixés.

La collecte globale de données est effectuée par *Ocean OPS* et est coordonnée par une institution de l'ONU en France. Les scientifiques et les ingénieurs contrôlent les instruments de mesure et s'assurent que les données brutes collectées soient accessibles par tous les centres de recherche du monde. Les compagnies maritimes soutiennent aussi le scannage des mers en mettant à l'eau les appareils depuis leurs cargos, mais aussi les bateaux de recherche, les croisiéristes et les plaisanciers privés sous le pavillon d'une dizaine de pays. Au total, ce sont près de quarante pays qui participent. Ces instruments qui mesurent l'exposition aux rayonnements ionisants transmettent désormais plus d'un million de données par jour.

Le problème, ce sont les zones blanches. C'est ainsi que l'on appelle les régions où peu de données sont collectées. Elles sont en majorité dans les mers du Sud, aux latitudes des cinquantièmes hurlants. Aucun cargo ne passe par ici, mais les navigateurs qui font le tour du monde, si ! *Ocean OPS* sollicite donc depuis 2013 les participants des grandes courses à la voile en leur demandant d'emporter avec eux des balises de mesure. Comme les pionniers et les cartographes d'antan, ils s'attèlent à contribuer à la réduction des zones blanches.

C'est ainsi que six navigateurs au départ du Vendée 2020 ont embarqué une balise de 90 cm de long dérivant en mer, elle transmet toutes les six heures la pression atmosphérique locale et la température de l'eau à la terre. Deux autres navigateurs et moi avons opté pour la version plus grande, une balise Argos en forme de bouée : ce tube de 1,70 m de long est doté au centre d'une boîte blanche. Le minilaboratoire, qui fonctionne de manière autonome, pèse 20 kg. Les enfants d'une classe française qui suivent notre programme pédagogique « Malizia Ocean Challenge » ont écrit leurs noms sur la boîte de ma balise. Un petit clin d'œil aux profondeurs de l'océan.

J'aimais l'idée que ma balise, dès que je la jetterais par-dessus bord, parte pour une expédition de plusieurs années dans le monde des profondeurs. En position verticale, elle s'enfonce dans l'obscurité. Après plusieurs heures, la balise programmée s'immobilise à une profondeur de 1 000 mètres sous la surface, puis se laisse dériver latéralement par le courant profond pendant neuf jours avant de poursuivre sa descente jusqu'à 2 000 mètres de profondeur. Le dixième jour, elle remonte à la surface en profitant de la remontée pour enregistrer une multitude de températures et de salinité de l'eau. Dès que la balise fait surface, elle envoie les données à terre sur la colonne d'eau de deux kilomètres de long qu'elle a parcourue. Ensuite, elle disparaît à nouveau vers les profondeurs.

Pendant au moins cinq ans, elle flottera ainsi dans la mer, de haut en bas. Il y a près de 4 000 balises Argos dans les eaux du monde. Comme des thermomètres mobiles, elles mesurent en permanence le réchauffement des océans.

Avant le lancement, le coordinateur de l'Ocean OPS a sélectionné les endroits prédéfinis en mer où nous pourrions jeter notre bouée ou notre balise. J'ai obtenu un créneau près de l'équateur. Dix jours après le départ, j'ai donc soulevé ma balise Argos par-dessus le bastingage et je l'ai jetée à l'eau. Elle a oscillé d'avant en arrière pendant un moment, puis elle a coulé. Comme la balise envoie, en plus des valeurs mesurées, ses données de position, je peux suivre en ligne son voyage à travers l'Atlantique. Les premières semaines, elle a dérivé de manière indécise, mais depuis, un puissant courant profond l'a poussée vers l'ouest, en direction du Brésil.

Avec des milliers d'autres, ma balise Argos contribuera à répondre à une question majeure de la recherche climatique : comment se répartit le réchauffement sur la planète, où va exactement l'énergie supplémentaire ? Les étés caniculaires et les sécheresses donnent l'impression que la terre ferme porte l'essentiel du fardeau, mais c'est faux. Au cours du dernier demi-siècle, les continents n'ont emmagasiné que 6 % du « gain de chaleur à long terme », comme les scientifiques appellent l'augmentation des températures. Les océans situés dans les 700 mètres supérieurs ont dû absorber 52 % de l'énergie thermique supplémentaire. Un autre 28 % a atteint la couche moyenne jusqu'à 2 000 mètres de profondeur. Et 9 % dans les eaux profondes, au-delà de 2 000 mètres.

Si les océans ne stockaient pas ces 90 % du réchauffement de la Terre et n'amortissaient pas fortement le changement climatique, la vie sur Terre serait depuis longtemps devenue insupportable. C'est la mer qui paie le prix de cette protection, car le réchauffement déséquilibre tous les écosystèmes marins.

Il y a trois ans, nous avons fait installer un caisson sous ma table à carte, un laboratoire de bord de 17 kg. Sans relâche, l'appareil analyse l'eau de mer pompée grâce à une ouverture dans la quille. Comme la balise Argos, le laboratoire mesure la température et la salinité de l'eau – et également la concentration en CO_2, une valeur clé du changement climatique. Si mon bateau et ce labo survivent au Vendée Globe, toutes ces mesures constitueront une série ininterrompue de données autour de la Terre. Il s'agirait alors du premier ensemble de données mondial de ce type.

Ce sont surtout les données sur le CO_2 qui intéressent les scientifiques. En tant que système multiclimatique du globe, les océans n'extraient pas seulement de l'énergie thermique de l'atmosphère, mais aussi du CO_2, un gaz à effet de serre. Pour encore combien de temps ?

Depuis toujours, les océans du monde stockent une grande partie du carbone naturel. Les courants marins, les processus biologiques et le réchauffement et le refroidissement saisonnier font qu'une partie s'échappe sans cesse dans l'atmosphère sous forme de dioxyde de carbone. C'est une quantité énorme, au moins 13 fois plus importante que le dioxyde de carbone émis par les humains. Cependant, les océans absorbent aussi une grande partie de leurs émissions. Des masses d'eau en rotation transportent les quantités de CO_2 vers les profondeurs, tandis que l'eau contenant moins de carbone reflue à la surface.

C'est le cycle naturel du carbone dont l'équilibre est perturbé depuis que les mers doivent également absorber le CO_2 produit par l'homme. La pompe fonctionne en effet très lentement. Environ 75 % du CO_2 libéré dans les océans depuis le début de l'ère industrielle ne sont pas descendus à plus de 1 000 mètres de profondeur. Mais plus cette couche supérieure est saturée, moins elle pourra extraire de CO_2 de l'atmosphère à l'avenir. C'est le même principe qu'un dysfonctionnement de déshumidificateur qui s'affaiblit lui aussi lorsque l'eau de condensation ne peut plus s'écouler normalement.

Outre le taux de CO_2 et la température, mon labo de bord mesure la teneur en sel de l'échantillon prélevé pour étudier la salinité puisqu'elle influence la densité de l'eau, c'est-à-dire son poids. Si le poids de l'eau de surface change, les courants évoluent également après un certain temps – la capacité de l'océan à absorber le CO_2 et à le transporter vers les eaux profondes s'en trouve elle aussi affectée. En bref, c'est aussi à la teneur en sel que les scientifiques voient si la climatisation fonctionne encore bien.

Mon labo envoie en permanence toutes ces données brutes à terre. Elles apparaissent aussi en temps réel sur notre site Web, tout comme les données de navigation de *Seaexplorer* – le cap, la vitesse, l'angle de gîte et la force du vent. Toutes les deux semaines environ, je les transmets de manière groupée aux partenaires scientifiques de ce projet : l'Institut Max Planck de météorologie de Hambourg et le Centre Geomar Helmholtz pour la recherche océanique à Kiel. Depuis 2018, nous collaborons avec ces deux instituts. Les chercheurs étudieront la qualité des données, les trieront et les traiteront avant de les transmettre au projet SOCAT, une sorte d'atlas du CO_2 à la surface des océans. Les données sont ensuite intégrées dans le programme international de recherche « Global Carbon Budget » : une analyse du cycle global du carbone actualisée chaque année. Les chiffres sont primordiaux lors des conférences internationales sur le climat.

Le budget carbone mondial 2020 est paru il y a un peu plus de deux semaines. En annexe figurent notamment les noms de 39 bateaux dont les données maritimes collectées dans le monde entier ont été utilisées pour établir le bilan carbone mondial. Le *Malizia* – le nom de mon bateau jusqu'en 2019 – y figure.

Depuis son installation, mon minilaboratoire a parcouru plus de 70 000 kilomètres à bord de *Seaexplorer* et a collecté des données climatiques sans interruption. Pour la science, notre contribution est primordiale. Pour moi, c'est une motivation supplémentaire. Je ne suis pas seulement venu faire cette course pour la réussir. Je veux aussi utiliser le Vendée Globe comme une sorte de voyage de recherche, pour la création de la première série complète de données collectées tout autour du globe. Mais surtout, je veux profiter de l'intérêt mondial pour la course pour promouvoir notre cause : « Unissons-nous derrière la science. » Depuis la traversée de l'Atlantique avec Greta, cet appel figure sur notre grand-voile, car comme elle, je suis convaincu que nous devrions écouter les scientifiques et les soutenir dans leurs recherches. Notre deuxième message s'affiche sur chacune des grandes voiles d'avant : « A Race We Must Win ». Ce slogan à double sens évoque avant tout la course contre la montre qui est engagée au niveau de la recherche de solutions pour pallier la crise climatique mondiale. Cette course-là, nous ne pouvons pas nous permettre de la perdre. Et tout comme je me bats au quotidien pour chaque mille de la course du Vendée Globe, nous devons absolument lutter contre le réchauffement climatique, ne pas relâcher notre engagement : chaque jour compte. Nous avons aussi inscrit « Climate Action Now » sur les voiles d'avant, ainsi que le logo coloré qui représente les 17 objectifs de développement durable de l'ONU.

On pourrait dire que mon voilier est l'étendard de mes convictions en matière de politique climatique.

Avant le départ, j'ai discuté avec Samantha Davies de ce que nous ferions si nous nous retrouvions soudainement en queue de course, si notre bateau subissait une avarie. Pour elle, pas de doute, elle voulait tout faire pour atteindre l'arrivée, quelle que soit, la place, au nom de l'initiative humanitaire pour laquelle elle navigue, son moteur. « Initiatives Cœur » collecte des fonds pour financer les opérations cardiaques d'enfants de pays en développement. Quant à moi, je suis guidé par trois motivations outre l'aspect sportif : soutenir la science ; renforcer notre projet éducatif et raconter mon voyage, afin de susciter l'intérêt des plus jeunes pour les océans et leur protection.

Comme Samantha, j'atteindrai ces objectifs si je réussis à passer la ligne d'arrivée, mon classement est secondaire. Cette certitude me rassure et m'aide à lutter contre une ambition démesurée ou contre le désespoir qui m'envahit lorsque la houle se met en travers de mon chemin. Mes missions me rappellent à l'ordre sans que je m'y attende, comme une solution au cas où ça ne marcherait pas sportivement.

Lorsque des personnes œuvrent pendant des années pour une cause, leur engagement résulte souvent d'une expérience personnelle, d'un vécu qui les a marquées. C'est mon cas puisque j'ai été sensibilisé au problème de l'environnement lors de mon passage du nord-est à l'été 2015. La magie de l'Arctique m'a profondément impressionné, les îles escarpées et vierges, les nuits courtes, les aurores boréales, le morse qui est apparu à côté de notre bateau. Mais la mer de glace était… sans glace. Pas de banquise, pas d'icebergs. L'océan Arctique s'étendait devant nous, lisse, paisible et scintillant sous le soleil. Treize ans plus tôt, l'aventurier et explorateur allemand Arved Fuchs avait péniblement réussi à traverser les glaces avec son voilier en passant exactement au même endroit. Cette fois-ci, nous n'avons vu de la mer de glace flottante que lorsque nous avons contourné une zone de basse pression par le nord et que nous nous sommes ainsi approchés de la limite de la glace.

Avant cela, j'avais beaucoup lu sur l'Arctique, je savais de combien de pour cent la banquise reculait chaque année, en surface et en épaisseur, et que la glace flottante disparaissait également. Mais voir cette perte de ses propres yeux est plus parlant que n'importe quelle étude. Nous avons navigué dans un océan Arctique sans glace et je savais que dans les profondeurs, ça commençait aussi à fondre, libérant du méthane, un gaz à effet de serre plus puissant que le dioxyde de carbone qui s'échappe ensuite dans l'atmosphère. Près du détroit de Béring, nous avons finalement rencontré un petit bateau d'Esquimaux en train de pêcher. En les voyant, j'ai pensé aux études qui annonçaient les risques que le réchauffement de l'océan Arctique représentait pour eux, pour leurs moyens de subsistance.

Avant 2015, j'étais déjà passionné par ce sujet et lorsque je faisais des interventions dans les écoles, j'aimais associer l'aventure et la protection de l'environnement. Depuis mon voyage polaire, l'équipe et moi-même utilisons toutes les possibilités offertes par le sport professionnel pour promouvoir l'urgence de la protection du climat et des océans. Je suis heureux d'avoir trouvé en Kühne + Nagel, ainsi qu'en Hapag Lloyd, MSC et CMA CGM, des partenaires engagés.

~

Quand *Seaexplorer* passe le point Nemo et que le laboratoire de bord analyse l'eau de mer dans l'endroit le plus reculé de la planète, je suis à la septième place. Depuis Noël, j'ai pris un peu de retard. Un vent glacial et puissant souffle de l'arrière et nous oblige à tirer des bords le long de la zone interdite. La frontière virtuelle ne va pas exactement vers l'est, mais un peu plus au sud, et nous nous enfonçons ainsi de plus en plus dans les cinquantièmes hurlants. Ici, c'est l'été polaire austral, donc, par 55° sud, les nuits ne durent que quelques heures et il fait 6 °C. Yannick Bestaven et Charlie Dalin nous ont distancés, mais seulement 140 milles séparent le troisième du dixième. Cela m'apaise de les savoir à proximité, car si l'un d'entre nous se trouvait en difficulté, nous pourrions lui venir en aide rapidement. Nous sommes par contre hors de portée des avions de sauvetage et les bateaux mettraient une bonne semaine à nous atteindre.

Je ne suis donc pas vraiment seul dans l'endroit le plus isolé de la terre. Pourtant, je me sens abattu et frustré. Je n'arrive pas à m'habituer à la façon dont le bateau gronde dans cette mer. J'ai l'impression d'être assis dans une machine qui s'emballe brusquement, se cabre, décolle et s'envole, puis s'écrase brutalement contre un mur de vagues. Freinage d'urgence de 30 à 15 nœuds. Ces arrêts m'énervent. Allongé sur ma couchette, les pieds en avant, le freinage d'urgence me secoue. Et puis je me demande si je ne devrais pas mettre le deuxième ris et la petite voile d'avant pour ménager *Seaexplorer* même si cela doit me coûter quelques milles. Mais la bourrasque qui pourrait finir de m'aider à me décider ne vient pas. J'ai encore peur un moment, puis je me calme – et voilà que le bateau repart à toute vitesse.

Ça m'use. Mon ami, le coach suisse des alpinistes, m'avait donné des conseils pour ce genre de situation : pour me détendre, pour lâcher prise, je devais me concentrer uniquement sur moi. Est-ce que j'ai l'air d'être Bouddha ? Et puis *Seaexplorer* a besoin de moi. Et c'est comme ça que je me retrouve assis devant mon ordinateur à l'écoute du bateau et de moi-même, avec une drôle de sensation. La tension et les doutes permanents m'empêchent de dormir, même si je suis exténué.

Depuis quelque temps, j'essaie de consigner mes temps de sommeil. Souvent, le soir, je ne sais pas si j'ai vraiment noté chaque minute de repos. Mais pour hier, il est assez complet à partir de minuit :

1 h-1 h 30 allongé sur ma couchette. Pas dormi. Rafales et stress

2 h 15-3 h seulement assoupi. Rafales de vent. Batterie chargée par un générateur

3 h 25 générateur éteint

3 h 30-7 h 50 première demi-heure encore debout. Dormi. Réveil toutes les 20 min pour surveiller les données

12 h 40-13 h j'ai rêvé que je perdais le Vendée Globe ici et maintenant

13 h 10-13 h 30 rodéo de la puissance des bateaux. À peine dormi

15 h-15 h 40 nez bouché, j'ai froid. Ne peux pas dormir. Émotions.

20 h 30-21 h 25 dormi. Ensuite, prise de ris dans la grand-voile.

Batterie mise à charger

Je ne dors jamais plus d'une heure d'affilée. Ce qui compte, c'est que j'arrive à un total de quatre ou cinq heures par 24 heures. Avant même ma première course dans l'Atlantique, il y a vingt ans, je m'entraînais à ce sommeil fractionné, court et réparateur. Quand je travaillais comme chauffeur pendant mon service civil, je m'entraînais même à m'endormir aux feux rouges. Endormi un instant, je me réveillais dès que quelqu'un klaxonnait derrière moi. Avant le départ pour le Vendée Globe, un médecin du sommeil de Hambourg m'a aidé à améliorer ma technique de *power nap*, ces siestes très courtes sans phase de sommeil profond qui ressourcent très rapidement. Sur terre, tout a bien fonctionné.

Mais le médecin m'a aussi dit que les émotions d'une personne sont perturbées si elle ne dort que de courts moments pendant une longue période. Je crois que j'ai atteint cet état. S'il existait une topographie des émotions à superposer à la carte du monde de mon voyage, le point Nemo disparaîtrait dans un trou profond et sombre. Deux jours plus tard, je suis sorti du trou. Le vent et la mer se sont un peu calmés, et déjà le temps, le grand créateur d'humeur de mon voyage, laisse entrevoir une journée pleine de promesses. C'est le Nouvel An ! Les contrastes entre les journées, les poussées émotionnelles sont vraiment énormes et pèsent certainement plus sur mon état psychologique que je ne le crois, mais je ne veux pas m'y attarder pour l'instant. Hier, j'ai remplacé le moteur électrique du système hydraulique de la quille après qu'un peu d'eau s'y est infiltré. Pendant des heures, j'ai été suspendu la tête en bas dans les profondeurs de la coque pour monter le moteur de rechange de 18 kg dans un espace exigu. C'était une réparation délicate, puis j'ai encore mis le grand gennaker, la voile la plus lourde avec 80 kg. Ce matin encore, j'avais du mal à m'en remettre, même si je suis content et fier que tout se soit bien passé. *Seaexplorer* fonctionne à nouveau à 100 % de ses capacités. D'après ce que je sais, il n'y a plus que quelques bateaux encore en course qui peuvent en dire autant.

~

En Allemagne, la nouvelle année commencera huit heures plus tôt qu'ici. Je dois donc avoir envoyé mes vœux pour le Nouvel An avant 16 heures. Je commence juste après le petit déjeuner, profitant d'une mer modérée et d'un beau ciel bleu. Je fixe des guirlandes en papier colorées sous le pont et en travers du cockpit, je m'enroule des serpentins en papier autour de la tête et j'envoie des selfies et des vidéos à mes amis. En revanche c'est sans les serpentins que je fais une interview avec la chaîne de télévision allemande ZDF, qui sera diffusée ce soir peu avant minuit dans le cadre de l'émission de la Saint-Sylvestre. Je me place sur le pont avant, me photographie devant les logos de nos partenaires et soutiens dans les voiles et leur envoie un message de remerciement. La Décennie des Nations unies pour les océans débute demain. C'est une excellente occasion d'expliquer à nouveau l'importance des océans et de leur protection dans une longue vidéo pour notre site Web – et notre petite contribution à cet égard. « Ce voyage est aussi une mission scientifique. Et c'est déjà un succès, avec une série de données collectées dans presque toutes les mers du Sud. »

Pour finir, j'envoie une photo à mon équipe rapprochée avec ce petit message : « Je suis tellement fier de l'équipe Malizia ! Vous avez si bien préparé *Seaexplorer* qu'il fonctionne parfaitement. » Je me photographie devant le mât, où nous avons collé les noms du noyau dur de l'équipe et, à côté, les drapeaux de leurs pays d'origine. Sept nations, dix noms : Pierre Casiraghi, Boris Herrmann, Stu McLachlan, Holly Cova, Will Harris, Mike Yates, Ryan Breymaier, Edwin Delaat, Lucia Nebreda, Birte Lorenzen-Herrmann.

Alors qu'en Allemagne, le passage à la nouvelle année remonte déjà à cinq heures, ici, le ciel brille encore d'un bleu clair et seul le soleil couchant rougit un large banc de nuages à l'horizon. Le vent s'est un peu levé et les premières écumes apparaissent sur la houle qui s'étire. Le Pacifique m'a offert une fin d'année inattendue et paisible, avec le loisir de remercier tous ceux qui m'ont amené ici et le temps d'écouter entre-temps de nombreux vœux de bonne année.

Une journée merveilleuse, comme Noël déjà : une journée que je note 10/10 !

Je passe à table pour le dîner. Depuis un certain temps déjà, j'ai perdu l'envie de remplir des thermos d'eau chaude et de les vider dans les sachets lyophilisés. J'ai besoin de toucher de la nourriture, de l'émietter, de la mélanger. J'ai donc pris l'habitude de me préparer un petit apéro avant chaque repas : je coupe des petits morceaux d'un fromage italien à pâte dure et de fines tranches de salami. Aujourd'hui, c'est la Saint-Sylvestre, donc j'ajoute du pain noir, du pâté de foie et une gorgée de vin. Et pendant une demi-heure, j'allume le chauffage ! J'écris à un ami : « Pour la nouvelle année, je me fais plaisir ! »

Je réalise combien cette euphorie est éphémère puisque dans la nuit, il est prévu que le vent se renforce fortement et que demain, le temps soit lourd. Il me faut encore environ quatre jours pour atteindre le cap Horn, quatre jours sur une mer bosselée, puis à contourner la légendaire pointe. En fait, tout ce que je dois faire, c'est tenir pour accéder à l'océan Atlantique du premier coup. Je n'imagine alors pas du tout que l'épreuve la plus difficile que me réservent les mers du Sud est encore devant moi.

11
Cap Horn

Plus que deux jours avant d'atteindre le cap Horn.

Avant le départ, j'avais réfléchi aux classements que je visais en cours de route. J'avais établi des objectifs précis : être dans les dix premiers au cap de Bonne-Espérance, septième au cap Horn, puis attaquer dans l'Atlantique.

Qu'en est-il aujourd'hui ? Eh bien juste avant le cap Horn, je suis effectivement à la 7e place. Mon bateau a traversé l'océan Indien et le Pacifique sans trop de dommages, je peux donc entamer la dernière étape sereinement. Mission accomplie ! Et pourtant, je ne parviens pas à me satisfaire de ce résultat ni même à en être fier. L'immense fatigue qui m'habite m'a vidé et paralyse maintenant aussi ma pensée. Je n'éprouve plus qu'un désir incommensurable de repos, une envie irrépressible de voir ces épreuves prendre fin. Que puis-je faire face à ce désir qui restera inassouvi encore pendant plusieurs semaines ? Il n'y a pas de consolation, pas de défi, pas d'apaisement possible.

Et il n'y a pas non plus de pensées qui pourraient activer de nouvelles forces. J'ai déjà épuisé les bienfaits de tous mes faits d'armes : le succès de mon départ, ma persévérance depuis des mois, les missions scientifiques de mon voyage. Tous ces arguments qui m'ont si souvent reboosté ont perdu de leur force de conviction. C'est peut-être normal : quand on les répète trop souvent, ils commencent à sonner faux. C'est du moins le cas après huit semaines passées seul en mer.

D'autant que j'ai l'intuition que les 600 milles nautiques qui nous séparent du cap Horn seront encore rudes. Le Pacifique semble décidé à nous organiser des adieux mouvementés. Une fois de plus, une énorme zone de basse pression s'est déplacée vers l'est le long des mers du Sud. Sur la photo satellite, je vois tout autour du centre de la dépression un tourbillon de nuages blancs d'un bon millier de kilomètres de diamètre qui fonce vers la moitié inférieure de l'Amérique du Sud. N'étant gênés par aucune terre ferme, les courants de vent au-dessus de l'océan ont gagné en puissance depuis plusieurs jours, tournant de plus en plus vite autour de la dépression. Désormais, les montagnes de Patagonie qui culminent à 3 000 mètres bloquent leur chemin et repoussent le front de la tempête vers le sud. L'énorme masse d'air est comprimée le long de la côte, la vitesse des vents augmente et, comme dans un entonnoir, elle se précipite de plus en plus vite vers l'ouverture, l'extrémité sud de la chaîne de montagnes perturbatrice, la pointe sud du continent. Le cap Horn. C'est précisément ce scénario météorologique qui fait du cap Horn l'endroit le plus redouté des navigateurs.

Les deux leaders, Yannick Bestaven et Charlie Dalin, parviennent depuis plusieurs jours à remonter le front, à ne pas se laisser dépasser par lui. La tempête pousse leurs bateaux, mais la mer est encore relativement plate avec des vagues d'un ou deux mètres de haut, comme c'est généralement le cas à l'avant d'une dépression cyclonique. Stratégiquement, les deux Français n'auraient pas pu mieux se placer ; ils n'ont pas hésité à mettre de grandes voiles, à déployer des foils et à prendre le train en marche. Ils savent que la tempête leur donne l'occasion de se détacher largement de nous, du peloton. Nous naviguons derrière avec des vents moins forts, mais dans une mer plus agitée.

Mais les deux Français savent aussi que le front va accélérer son rythme et les dépasser. Et ce, précisément dans l'étroitesse du cap Horn avec des tempêtes de type ouragan et des vagues pouvant atteindre huit mètres de haut.

En déficit de sommeil, je me fraie un chemin à travers la nuit. Le vent souffle à 17 nœuds en faisant des pointes à 30 nœuds, chassant le bateau avec fracas, le propulsant dans la montagne de vagues suivante. Je hisse la grand-voile et j'installe une petite voile d'avant. Une fois de plus, j'appuie sur le frein. J'en découvre le prix vers minuit sur l'AIS : le bateau d'Isabelle Joschke approche lentement par l'arrière. J'ouvre la bâche de protection de ma cabine et je regarde derrière. La lune brille à travers les nuages déchirés par la tempête et, dans sa lumière, mon sillage brille comme une bande argentée qui fend l'océan. J'aimerais bien sortir, mais des vagues déferlent sur le bateau, des torrents d'eau vont du toit de la cabine du cockpit au tableau arrière.

Je regarde donc à travers la fente de la bâche jusqu'à ce que je voie un point rouge briller dans l'obscurité, c'est le feu de position bâbord du bateau d'Isabelle. Normalement, je suis heureux d'avoir un voisin de course à proximité, mais là, je suis trop nerveux pour m'en réjouir. J'aimerais réussir à dormir une heure, mais que se passera-t-il si nos bateaux se rapprochent trop et que, pour une fois, l'alarme de l'AIS ne fonctionne pas ? C'est évidemment improbable. Mais peut-on l'exclure totalement ?

Les yeux en feu, je fixe le point dans l'obscurité jusqu'à apercevoir la voile d'Isabelle, un petit triangle qui brille au clair de lune. Je l'appelle par WhatsApp. Il est 3 heures du matin, mais elle ne dort pas.

« Boris, quel plaisir de t'entendre !

— Eh bien, en fait, je veux juste te distraire pour que tu ne me dépasses pas. »

Isabelle rit. « Merci pour la distraction », dit-elle. « J'en ai bien besoin en ce moment. »

Il y a deux jours, le matin du Nouvel An, son anémomètre situé en haut du mât est tombé en panne. Cet instrument mesure la vitesse du vent et il est indispensable au pilote automatique puisqu'à chaque rotation du vent, il signale de combien de degrés le pilote automatique doit modifier le cap pour que le vent continue à frapper la surface de la voile avec le même angle optimal. Sans anémomètre, Isabelle ne peut que laisser le système d'autoguidage suivre obstinément le cap enregistré et si le vent est changeant, elle n'a alors pas d'autre choix que de tenir la barre elle-même, manuellement.

Hier, une rafale de vent a complètement déchiré son spinnaker.

« Je vais peut-être pouvoir le réparer, dit-elle, mais pas l'anémomètre.

— Tu n'en as pas pris un de rechange ?

— Si, mais c'était le second, le premier a été englouti par l'Atlantique. » Nous parlons près d'un quart d'heure, à environ 2 km de distance, reliés par un satellite à 780 km d'altitude. Isabelle a l'air épuisée.

À l'aube, je m'approche de la zone d'exclusion. À quelques milles nautiques de la ligne rouge, je dois empanner. Comme toujours, je matosse sous le pont mes sacs de provisions et de voiles de l'autre côté. La mer est très agitée, donc la manœuvre me prend environ 45 minutes. Le vent souffle maintenant à vitesse constante à plus de 20 nœuds, de l'arrière, ce qui oblige tous les bateaux proches à se lancer dans un slalom d'empannage le long de la ligne fatidique. Nos trajectoires se croisent plusieurs fois, il n'est pas question de dormir. La température est tombée à 6 °C et malgré l'épais pull en laine et les deux couches de vêtements thermiques que je porte, j'ai froid, probablement de fatigue. Lorsque le soleil se lève enfin, Isabelle et Jean Le Cam m'ont dépassé, je suis juste derrière eux à la neuvième place.

Pendant ce temps, Yannick Bestaven a passé le premier le cap Horn. Les conditions étaient aussi terribles qu'annoncées. Par sécurité, Yannick a élargi sa trajectoire vers le sud jusqu'à ce qu'il ne voie plus le cap. Peu après, il apparaît en direct sur une chaîne de télévision française, le visage blafard, accroupi. « C'est la tempête la plus violente que j'ai jamais connue en mer », dit-il d'une voix atone. « Des rafales de 60 nœuds. La mer était complètement folle. D'énormes vagues venant de toutes les directions. Je n'avais jamais vu de vagues aussi grosses. » Yannick halète, fait de longues pauses.

Sur les huit éditions du Vendée Globe, sept d'entre elles ont été remportées par le concurrent qui avait passé le cap Horn en tête. Yannick Bestaven connaît lui aussi les statistiques. Mais pour le moment, elles ne l'intéressent pas. Il n'en peut plus, il fait une courte grimace et tape sur la touche « raccrocher » de son smartphone. Fin du direct.

Quinze heures après Yannick, Charlie Dalin est le deuxième à atteindre le cap. À l'aube, il passe devant le fameux rocher qui se trouve à six milles nautiques. Charlie appelle le gardien du phare, un officier de la marine chilienne qui surveille la station météorologique et le phare. Lui et sa femme sont les seuls habitants de l'île, pendant un an, avant qu'il ne soit relayé par un autre officier à ce poste au bout du monde.

Le Français ne comprend pas très bien l'anglais du Chilien, mais comme il l'explique peu après à la télévision française, cela lui était égal, il voulait simplement entendre la voix de cet homme qui vit là-haut sur le massif rocheux, à côté de son phare. De loin, Charlie a vu le rayon de lumière blanche clignotant, imperturbable, se détachant dans la nuit orageuse, toutes les douze secondes, un signal stoïque venu d'un autre monde. Au bout d'un moment, il a pu voir les silhouettes noires du cap se détacher de la pénombre.

« Après deux mois en mer, j'ai oublié qu'il existait des choses comme la côte et les montagnes. Quel spectacle. »

Mais Charlie ne s'épanche pas longtemps à cette redécouverte du continent, c'est un homme rationnel. Il a atteint l'Atlantique, c'est tout ce qui compte. « Je peux enfin appuyer sur le champignon. »

Charlie Dalin aime analyser le monde et ses enjeux de manière méthodique, avec une rigueur quasi mathématique. Aux caps d'Afrique du Sud et d'Australie, il a navigué loin de la flotte. Maintenant, au dernier cap, il y a devant lui un homme avec un bateau de cinq ans. Un homme dont les plus longues régates ne lui ont que fait traverser l'Atlantique, que personne ne comptait parmi les favoris et qui n'a pu se hisser en tête à la mi-décembre que parce que Charlie a dû arrêter son bateau pour réparer un support de foil endommagé. Je suppose que Charlie, qui se définit comme « perfectionniste et optimiste », ne l'acceptera pas, ne serait-ce que pour des raisons de logique.

« Maintenant, une nouvelle course commence », dit-il. « Les dernières prévisions météorologiques sont complexes, il y a encore beaucoup à faire. » Pour moi, les calculs de routage des prochains jours donnent deux itinéraires possibles. Le premier passe tout près du cap Horn et, l'autre, à gauche, à côté des îles Malouines. Le second est plus long, mais avec des vents plus stables, un arc sinueux beaucoup plus à l'est de l'Atlantique. En fait, je préfère le premier pour voir le cap Horn.

Pour un cartographe, le cap Horn n'a rien de particulier. Ce n'est même pas un vrai cap, pas une pointe, seulement une île. Le continent américain s'arrête déjà à 400 km au nord, le reste n'étant que des milliers d'îles, de falaises, de bosses rocheuses, grises et lisses, lavées par les éternelles tempêtes de pluie. L'archipel prolonge le continent en une courbe sinueuse en forme de dard de scorpion dont la pointe se courbe en direction de l'Atlantique. L'une des îles qui s'y trouvent est située plus au sud que toutes les autres. L'Isla Hornos est un bloc rocheux de 5 km de large recouvert de mousse et de lichen, à l'extrémité sud duquel se dresse une haute falaise : le cap Horn.

C'est ici que se termine la terre d'Amérique. Aucun autre continent ne s'enfonce aussi profondément dans l'océan polaire, ne va aussi près de l'Antarctique. Le cap de Bonne-Espérance, situé à l'extrémité sud de l'Afrique, se trouve au 34e degré de latitude sud. À peu près à la même hauteur que le cap Leeuwin, la pointe sud-ouest de l'Australie, le deuxième point de repère du Vendée Globe. Le cap Horn se trouve quant à lui sur le 56e parallèle, à près de 2 500 km au sud, dans le royaume des tempêtes glaciales.

Face à lui, la péninsule de glace et de roches qui s'étend vers le continent américain est un véritable défi. Elle forme un passage de 800 km entre les deux continents. Lorsque les zones de basse pression du Pacifique Sud arrivent ici après avoir traversé sans encombre la plus grande région du monde, elles se mettent à souffler. Lorsque le vent et les vagues s'engouffrent dans le plus grand océan du monde, ils doivent se faufiler dans un passage relativement étroit, prenant alors rapidement de l'ampleur.

À cela s'ajoute le courant marin le plus puissant de la planète. Le circumpolaire antarctique aussi appelé Grande dérive d'Ouest tourne en cercle autour de l'Antarctique. Tel un tapis roulant sous-marin, il absorbe en permanence des masses d'eau chaude et froide en provenance du nord et les rejette plus loin. Du Gulf Stream au Pacifique Nord, les eaux profondes sont en perpétuel mouvement, ce qui est un phénomène global des mers du monde, maintenu en marche par le tapis roulant autour de l'Antarctique. Les masses d'eau de ce dernier se déplacent librement à travers les mers du Sud – jusqu'à ce qu'elles atteignent le passage de Drake, également appelé détroit de Drake en provenance du Pacifique.

Ce bras de mer est étroit : à gauche le cap Horn, à droite la péninsule antarctique, et sous l'eau les contreforts du plateau continental américain, qui font soudainement monter à pic les fonds marins de 4 000 mètres de profondeur. C'est par cette porte de l'Atlantique que se faufile le courant circumpolaire avec un volume d'eau plus de cent fois supérieur à celui de tous les fleuves du monde réunis. Les longues et majestueuses montagnes d'eau du Pacifique s'arrêtent. Au-dessus du plateau continental, moins profond, l'eau forme des vagues abruptes de plus de huit mètres de haut, se croisant et se décroisant. La mer bouillonne.

Le passage du Pacifique à l'Atlantique, poussé par le vent d'ouest, exige déjà beaucoup des navigateurs, mais le chemin inverse, qui consiste à remonter le vent et le courant, devient un véritable calvaire dans ces conditions. Pendant trois siècles, les équipages des grands voiliers de transport de marchandises n'ont pas eu le choix. Ceux qui voulaient aller de l'autre côté de l'Amérique devaient passer ce cap, contre le vent et même en hiver. Dans la tempête et la neige fondue, les hommes devaient hisser des voiles carrées vacillantes, luttant contre la lourde toile détrempée. Au nord du passage, des mers croisées menacent et au sud, ce sont les icebergs qu'il faut craindre. Il y fait toujours froid et il y pleut neuf mois par an. Les jours secs, la mer est couverte de bancs de brouillard. Par ce temps, il fallait plusieurs semaines aux lourds voiliers marchands pour passer ce cap de la tempête.

Nombreux sont ceux qui ont perdu la bataille. Le passage de Drake, entre le cap Horn et l'Antarctique, est le plus grand cimetière de bateaux au monde. Ils sont environ 800 gisant au fond de la mer et plus de 10 000 marins s'y sont noyés. Non loin du phare du cap Horn, un monument, un albatros en acier rend hommage à toutes ces victimes, accompagné de ce poème :

Je suis l'albatros qui t'attend au bout du monde.
Je suis l'âme oubliée des marins morts,
qui naviguaient vers le cap Horn, de toutes les mers du monde.
Mais ils ne sont pas morts dans la fureur des vagues,
car maintenant ils s'envolent sur mes ailes pour l'éternité,
où, au plus profond de l'abîme, hurle la tempête antarctique.

Reproduites comme ça, dans un livre, ces lignes sonnent mal. Mais sur place, ceux qui les lisent au bord de la falaise, puis regardent la mer, eux comprennent.

La plupart des navigateurs de ce Vendée Globe s'approchent de ce passage pour la première fois. Dans le groupe de tête, seuls Jean Le Cam, Louis Burton et moi l'avons déjà passé : sept fois pour Jean et quatre pour moi. Trois fois j'ai eu du vent – et une fois à l'envers, sur un voilier de course de 22 mètres de long en route de New York à San Francisco. Ce furent certes des moments fatigants, mais sûrs, rien à voir avec les dangers et les privations auxquels étaient confrontés les marins d'autrefois. Pourtant, ce cap me saisit, à chaque fois, probablement comme tous les navigateurs.

Car cette maudite falaise, cette impitoyable et arrogante falaise, est un symbole. Tout comme les hommes épuisés à bord des grands voiliers anciens, on ne peut s'empêcher de penser : « On y est presque ! » Celui qui veut passer la pointe sud de l'Amérique doit s'attendre au froid et à la tempête, à la faim, à la douleur, à la fatigue, à la colère et à la peur. Mais quand il aperçoit cet îlot rocheux, il sait qu'il n'en a plus que pour quelques heures, peut-être un ou deux jours au plus, enfin c'est du moins ce qu'il espère.

Le cap Horn est pour ainsi dire la clé de voûte réelle et émotionnelle de toute traversée des mers du Sud. L'histoire a chargé ce lieu de mythes horribles qui expliquent aujourd'hui encore son si fort pouvoir d'attraction.

~

La nuit dernière, j'ai dormi moins de trois heures. Le slalom d'empannage le long de la ligne rouge et la proximité inquiétante des autres bateaux m'ont tenu éveillé. Au clair de lune, Isabelle a navigué plusieurs heures à côté de moi, tantôt un peu en avant, tantôt en arrière. C'est ainsi que j'ai vu son bateau s'emballer soudainement et se coucher sur le côté. La rafale a dû venir d'un nuage compact, d'un noir profond, au-dessus d'elle. La voile claire a disparu dans l'obscurité, tout comme le feu de position rouge. Debout à la sortie du cockpit, je regardais fixement dans sa direction. Mon bateau s'était lui aussi couché sur le côté à plusieurs reprises dans le Pacifique, mais s'était redressé rapidement à chaque fois. Après deux ou trois minutes, j'ai à nouveau vu la lumière rouge. Le bateau avait repris son cap comme si de rien n'était. J'ai appelé Isabelle. Elle parlait de manière saccadée, sa voix était pleine de colère. Elle en avait tellement marre de ce Pacifique, elle voulait enfin passer le cap Horn.

Après le petit déjeuner, la matinée a été hachée : 20 minutes de sommeil, 45 minutes de manœuvre d'empannage, 45 minutes de sommeil, puis un signal retentit. Il faut que je recharge les batteries. Pour ça, je pourrais faire descendre les hydrogénérateurs à l'arrière dans l'eau, mais le bateau surfe sur la mer à environ 20 nœuds et je ne veux pas prendre le risque de les arracher à nouveau à cette vitesse. Je mets donc en marche le générateur de courant. Il charge pendant 30 secondes, puis s'arrête, une alarme se met à biper. Je vérifie le générateur, je ne trouve rien. Comme il y a quelques semaines, je remplace la courroie d'entraînement par sécurité, je revisse l'alternateur, puis je mets le moteur en marche. Toujours rien. L'aiguille de la jauge ne bouge pas.

Je démonte à nouveau le générateur quand soudain, une rafale fait partir le bateau en vrille. Je m'accroupis trop bas pour pouvoir intervenir. L'étrave s'écrase dans une vague et au moment de l'impact, outils, vis et pièces de rechange volent dans l'obscurité de l'avant du bateau. J'aurais dû m'en douter. Je rassemble tout et j'essaie de me concentrer sur ce que j'ai à faire pour stopper l'angoisse qui commence à monter en moi. Sans énergie électrique, je n'ai plus d'eau potable, plus de pilote automatique, plus d'instruments de navigation. Les panneaux solaires produisent certes aussi de l'électricité, mais uniquement pendant la journée, et à ce moment-là, le bateau est trop rapide pour utiliser les hydrogénérateurs. Je réduis la grand-voile avec un ris supplémentaire, puis je suis le conseil qu'on m'a donné de commencer par m'occuper de moi dans de telles situations. J'opte donc pour un muesli chaud, je le mange les yeux fermés et j'essaie de savourer chaque cuillère en pleine conscience.

Une fois rassasié, je passe une bonne heure à manipuler le générateur. Je nettoie les raccords, je vérifie les leviers des interrupteurs, je tends la courroie de transmission. Rien. Lorsque je fais à nouveau glisser lentement les câbles électriques de l'épaisseur d'un doigt entre le pouce et l'index, je peux voir un peu d'isolation à un endroit. J'ouvre. Et là, je trouve un câble cassé.

Quel soulagement ! Je remplace le câble et je mets le moteur en marche. L'aiguille du chargeur tressaute. Je serre le poing et je lâche un cri de soulagement.

Dehors, le ciel s'est couvert, des rafales allant jusqu'à 35 nœuds balayent la mer. Je range tout, puis je monte sur la grand-voile et je vérifie que les cordages de ris ne frottent pas. Je n'ai pas vraiment pu me reposer depuis 24 heures, mais lorsque je m'installe enfin sur ma couchette, je ne trouve pas le sommeil. La peur que j'ai surmontée me serre encore la gorge. Je ne comprends pas, tout s'est bien fini pourtant. Inspirer et expirer profondément, se concentrer sur le ventre, arrêter les pensées. Bon. Je suis allongé et je regarde le plafond. Comment stopper cette rumination mentale ?

La spirale se termine à nouveau par un doute fondamental. Peut-être que je ne suis pas fait pour une course aussi impitoyable ? Peut-être vaudrait-il mieux que je sois plus têtu, plus radical, plus mécanique dans mes actions et mes pensées ? Et je devrais aussi être plus sûr de moi. Je n'ai d'ailleurs toujours pas décidé quelle route je vais prendre. Pour l'instant, mon cap est toujours oblique vers les mers du Sud. Dans environ six heures, je m'approcherai de la limite des glaces et j'effectuerai mon dernier empannage dans le Pacifique, après quoi je virerai dans le détroit de Drake. Quel que soit l'itinéraire que je choisirai, je passerai le cap Horn dans une bonne vingtaine d'heures. En revanche, il n'y en a qu'une qui me permettrait de pouvoir admirer ce maudit cap.

Le soir, j'écoute les messages vocaux de mes amis. Aujourd'hui, dimanche, c'était apparemment la journée Boris Herrmann sur la chaîne publique de télévision : la ZDF-Sportstudio résumait ma semaine, comme chaque week-end depuis le départ ; le ARDSportschau a diffusé une interview vidéo de moi, tout comme la NDR, et le journal télévisé s'est terminé par un reportage de trois minutes « en direct de la piste de bosses du Pacifique Sud ». On peut y voir des extraits de mes vidéos des derniers jours. Quel contraste : d'abord des nouvelles sur la politique de la COVID et le confinement avec comme depuis des semaines déjà des images d'hôpitaux, de maisons de retraite avec des résidents masqués assis seuls à une table. Et ensuite, l'immensité de l'océan et un voilier au milieu, juste avant le cap Horn, à l'intérieur duquel se trouve un homme en ciré rouge et aux cheveux mouillés, qui semble épuisé, mais heureux de vivre l'aventure de sa vie. Holly m'a écrit que je suis actuellement le sportif le plus souvent mentionné dans les médias allemands – et je me demande quelle part de cette présence je dois au désir des gens d'échapper à la grisaille du quotidien de la COVID, au moins pendant trois minutes.

~

Peu après minuit, j'atteins le point le plus au sud de tout mon voyage, à 58° 15 minutes, au plus profond des cinquantièmes hurlants. Il me reste 100 milles nautiques pour atteindre les soixantièmes mugissants. Mais entre les deux, à une trentaine de milles nautiques se trouve la ligne rouge, la zone de glace interdite. Je fais un empannage, le dernier dans le Pacifique, car avec ce nouveau cap, je peux enfin me diriger directement vers le cap Horn. Le dernier bulletin météo m'a conforté dans l'idée de choisir la route du nord, juste sous la terre. Je veux vraiment voir le cap.

La tempête s'intensifie, le bateau s'écrase et tangue dans la mer agitée. La température n'est plus que de 4 °C, je suis accroché à mon siège, emmitouflé, les yeux rivés sur mon écran. Dehors, une nuit noire sans lune. Des masses d'eau s'abattent sur le bateau et les hublots au-dessus de moi sont sans cesse balayés. C'est comme si je regardais un fleuve par dessous, éclairé par les projecteurs du pont. À ce moment-là, je ne ressens aucune peur, juste une profonde fatigue.

Peu avant le lever du soleil, je perçois une faible odeur, ça sent le brûlé. Un incendie de câble ? Je vérifie immédiatement les principaux cordages, sans résultat, puis j'alerte mon équipe. Stuart veut savoir si ça sent le caoutchouc, le plastique, les câbles en cuivre ou le diesel. Quelle question, c'est une dégustation de vin ? Nous passons méthodiquement en revue les circuits : le moteur principal, le générateur, le pilote automatique, le tableau de bord, le système hydraulique de la quille, l'éclairage, les capteurs de pression, le laboratoire de bord. En fait, mon bateau est un vrai magasin d'électronique sous voile, luxueusement équipé. Cela ne facilite pas la recherche. Finalement, je découvre deux petits points brunâtres et carbonisés sur les câbles de la pompe électrique que j'utilise pour pomper de l'eau dans les ballasts à faible vitesse du bateau.

Tant de stress pour rien.

J'envoie un message à l'équipe : « Merci ! Et désolé de vous avoir dérangés. J'ai un problème par jour en ce moment. Il faut vraiment que je dorme. »

Isabelle Joschke a, elle, eu moins de chance. Le matin, elle a informé son équipe que le système hydraulique de sa quille mobile ne fonctionnait plus. Un gros grincement métallique l'avait tirée de son sommeil. La quille, normalement orientable hydrauliquement des deux côtés, oscillait de manière incontrôlée sous le bateau à la suite d'une rupture du mécanisme de commande. Des dommages irréparables. Et dans la tempête, une situation dangereuse. Isabelle a donc bloqué l'axe de rotation, ce qui fait que la quille est maintenant fixe.

À midi, la direction de course diffuse une vidéo d'elle. Isabelle, cette femme frêle, est accroupie dans son cockpit, un bonnet de laine blanc enfoncé jusqu'aux oreilles, le visage rougi par le froid. « Je vous souhaite à tous une bonne année », dit-elle. « J'espère que ça a mieux commencé pour vous que pour moi. » Avec un air effaré, elle énumère les dégâts des derniers jours : il y a d'abord eu le problème de l'anémomètre, puis le spinnaker déchiré. Et maintenant la quille.

« Tout cela me prive à la fois de vitesse et de sécurité. Dans 24 heures, je passerai le cap Horn : heureuse de sortir des mers du Sud. Par contre, je suis infiniment déçue de ne plus être dans la course, mais c'est promis, je n'abandonnerai pas. »

Le Pacifique n'est pas tendre non plus avec Maxime Sorel qui est deux places derrière moi. Son pilote automatique s'emballe, le bateau lofe brusquement et se couche sur le côté. Deux sacs de voiles passent par-dessus bord et traînent dans l'eau, suspendus à leurs sangles de maintien. Une fois que le bateau s'est redressé, Sorel se démène pendant une bonne heure pour remonter la voile d'avant dans la tempête et hisser à bord, *via* des poulies, les lourds sacs qui se sont gorgés d'eau. Complètement trempé, mais trop épuisé pour se changer, il se couche à même le sol du cockpit et dort une demi-heure.

À peu près au même moment, d'autres navigateurs atteignent le cap Horn. Damien Seguin qui y passe pour la première fois est en quatrième position s'apprête à déboucher une bouteille de champagne. Il la presse d'un bras contre lui et la débouche de l'autre main, puis secoue la bouteille pour faire gicler le champagne dans l'eau, dans le cockpit et en boire une profonde gorgée. Il ne cache pas ses larmes de joie.

Jean Le Cam, qui a dû abandonner lors du Vendée Globe 2008 juste avant le cap Horn, est maintenant assis sous le pont devant son écran. Il filme sa carte marine numérique. On y voit son bateau franchir la longitude magique : « Bon, les enfants, nous ne sommes pas tous des champions du monde de géographie. Ici, c'est l'Amérique, là le Chili, et ici, en bas, le fameux cap Horn. Cette fois, le trajet a été un peu fatigant », dit-il. C'est pourquoi il souhaite profiter de l'occasion pour remercier tous ceux qui l'ont accompagné pendant toute cette période. Jean a 60 000 followers sur Facebook et 50 000 sur Instagram. « Maintenant, nous allons labourer l'Atlantique ensemble. Je compte sur vous. Car nous sommes ici grâce à vous ! »

Louis Burton, qui a grimpé trois fois à son mât à proximité de l'île australienne Macquarie était onzième après la réparation. Il passe maintenant le cap en cinquième position. « La torture en valait la peine », crie-t-il à la caméra. « Nous sommes dans l'Atlantique. C'est parti. Ce n'est plus une priorité de rester ensemble ! »

Giancarlo Pedote n'est pas encore arrivé, il lui manque bien 200 milles nautiques pour atteindre le cap. Il est debout dans le cockpit en ciré rouge brillant avec une cagoule en néoprène. « On n'est pas là pour rigoler », dit l'Italien. « Ça souffle à 45 nœuds ici. Nous sommes maintenant en mode combat. »

Pedote et moi traversons tous les deux le centre de la tempête à l'heure du déjeuner. Les vagues de six ou sept mètres de haut ne roulent plus, la tempête les déchire, les écrête, des embruns remplissent l'air. Le ciel et la mer ne font qu'un dans un gris sombre. Courage, courage !

Alors que je m'apprête à mettre un troisième ris pour réduire la grand-voile à sa surface minimale, c'est le drame :

pendant quelques secondes, la voile flotte dans la tempête, frappant violemment le hauban sous le vent, l'un des câbles qui sécurisent le mât. Lorsque je resserre la grand-voile, je découvre la déchirure. Sur le bord supérieur, au niveau de la ralingue arrière, la toile est déchirée sur une quinzaine de centimètres, à l'horizontale. Si la voile continue à se déchirer, voire à se fendre en deux jusqu'au mât, je n'aurai pas d'autre choix que d'abandonner la course. Je n'aurai pas assez de matériel pour la réparer – et avec mes seules voiles d'avant, je pourrais certes arriver jusqu'en France, mais mes provisions ne seraient pas suffisantes, car ma vitesse serait nettement ralentie.

Je baisse la grand-voile et je la sangle grossièrement à la bôme. Je photographie ensuite la fente et j'envoie les images à mon équipe. Nous discutons de la réparation pendant deux bonnes heures, et un fabricant américain donne son avis. Sous une petite voile d'avant, le bateau titube dans la mer, lentement. Peu importe ! Mieux vaut perdre des milles que d'entreprendre une réparation mal préparée. Quand je sors par ce temps, je ne veux pas avoir à réfléchir, je veux juste agir comme une machine ; l'équipe doit m'aider à visualiser chaque étape, chaque geste dans ma tête au préalable.

La voile a été fabriquée avec la nouvelle technologie 3Di qui lui donne sa couleur gris foncé. Les fabricants recouvrent un moule positif tridimensionnel, commandé par ordinateur, de milliers de bandelettes de fils très fines, qui sont ensuite chauffées sous vide pour obtenir une forme solide. Le résultat est une voile qui ne se déforme pratiquement pas pendant l'utilisation. Résistante quel que soit l'état de la mer et la force du vent, elle assure toujours une propulsion optimale, presque aussi rigide qu'une aile. C'est un véritable chef-d'œuvre d'ingénierie, mais peut-être un peu trop fragile pour une telle course. Il s'agit déjà de la troisième déchirure depuis le départ.

J'ai plusieurs bandes 3Di et de la colle spéciale à bord. Quelle doit être la taille des patchs ? Combien de temps faut-il à la colle pour sécher ? Comment puis-je renforcer la chute, c'est-à-dire le bord extérieur de la voile à hauteur de la déchirure ? Lorsque je me sens prêt, je monte sur le pont et je m'assieds à califourchon sur la bôme, la surface de la voile avec la déchirure entre les jambes. J'étale la colle blanche des deux côtés du tissu noir et je presse les patchs. Parfois, je me fais surprendre par une vague qui passe par-dessus le pont, et tout ça sous la pluie. Malgré mon ciré, je suis trempé et glacé jusqu'aux os lorsque je redescends enfin de la bôme et que je m'appuie contre la paroi du cockpit.

Une fois que les deux couches ont durci, je dois encore coudre le tout. D'après le briefing du fabricant, la colle a besoin de six heures pour être sèche et dure, malgré la tempête de pluie. Six heures à passer sous la plus petite voile d'avant – je deviens fou ! Entre-temps, les vagues déferlent des deux côtés du bateau, le plateau continental qui se trouve sous moi crée la mer agitée que je redoutais. Sans la grand-voile stabilisatrice, la navigation devient délicate, d'autant que la terre ferme n'est plus très loin. J'empanne et je reprends la mer en direction des mers du Sud. Cette fois, c'est sûr, je ne verrai pas le cap Horn.

La nuit, j'empanne et je mets à nouveau le cap sur l'Atlantique. À 3 heures du matin, je passe par le cap Horn dans l'indifférence générale. Le faisceau lumineux du phare situé à cinquante milles nautiques ne m'atteint pas, la nuit reste noire, la mer continue de bouillonner, le cap ne change pas et mon cœur ne fait pas un bond. Je n'éprouve ni soulagement ni fierté, ni l'envie ni le besoin d'ouvrir la bouteille de whisky à qui j'ai pourtant fait traverser trois océans pour l'occasion.

À l'aube, je regrimpe sur mon établi chancelant. Je m'attache à la bôme et je m'installe, la voile bloquée entre les jambes. Les patchs ont durci, il me reste maintenant à coudre le long du bord extérieur. L'épaisseur formée par la voile, le patch et la sangle est tellement dure que je suis obligé de faire des trous à la perceuse. Le bateau tangue, les vagues s'écrasent dessus, mon dos me fait mal. Lentement et mécaniquement, je continue à percer, puis je glisse le fil de gréement dans les trous et je le resserre malgré mes doigts gelés. Les aiguilles à coudre se cassent les unes après les autres. À la fin, je n'en ai plus que deux.

Après la réparation, je me cale dans mon siège. Il me faut une bonne heure avant d'être en mesure de hisser enfin la grand-voile. Avec son large patch maculé de blanc sur un tissu noir, elle a l'air bien abîmée, mais elle tient bon.

Le cap Horn est maintenant à une centaine de milles à l'arrière et la tempête et la houle ont nettement diminué maintenant que je suis à l'abri du vent des montagnes de Patagonie. La corvée des mers du Sud est terminée ! Je suis assis dans le cockpit, étrangement impassible, et je regarde les vagues. Je l'ai tellement attendu, cette fois c'est parti à l'assaut de l'Atlantique ! Je devais mettre une voile d'avant plus grande, rajuster les foils, l'angle de la quille, les charges sur les écoutes et les bastaques, analyser les derniers modèles météo, vérifier le cap. Je devrais manger, dormir, respirer profondément et me féliciter à haute voix. Je devrais, je devrais.

Mais dans un mélange de défi et d'indifférence, je ne fais rien. J'ai réparé tous les dégâts, j'ai surmonté tous les revers, j'ai tenu tous mes engagements. Maintenant, je ne veux plus et je ne peux plus. Sur le tracker, je vois que *Seaexplorer* et moi sommes à la onzième position, notre plus mauvaise place depuis la deuxième semaine de régate. Et ?

Lorsque Bernard Moitessier, grand navigateur en solitaire et poète des mers, a enfin dépassé le cap Horn et atteint les eaux chaudes de l'Atlantique lors de sa première course autour du monde, toutes ses forces ont quitté son esprit et son corps. Il a réalisé, écrira-t-il plus tard, « ce que signifie l'épuisement total. Un vaste vide qui remet tout en question. » Moitessier l'a surmontée en lui cédant : « Ne plus penser, ne plus agir, ne rien décider, laisser agir le temps qui guérit tout… Ainsi, mon cerveau éliminait peu à peu les toxines de l'épuisement, et la question de savoir quelle route je voulais suivre ne se posait plus. »

Est-ce que j'en suis déjà à ce point ? Moitessier était alors en première position, il n'aurait eu qu'à naviguer quelques semaines de plus, jusqu'à l'arrivée à Plymouth, en Angleterre, où l'attendaient la gloire et une grosse prime de victoire. Mais il a bifurqué à droite dans l'Atlantique, a dépassé à nouveau l'Afrique du Sud sans s'arrêter, a laissé l'Australie sur sa gauche a traversé la moitié du Pacifique jusqu'à ce que, dix mois après son départ, il jette l'ancre pour la première fois, dans une baie de Tahiti. Depuis l'Atlantique, Moitessier avait envoyé un message à l'organisateur de la course, le quotidien anglais *Sunday Times* : « Je poursuis ma route vers les îles du Pacifique sans escale. Parce que je suis heureux en mer, et peut-être aussi pour sauver mon âme. »

Moitessier avait alors quarante-quatre ans, cinq ans de plus que moi. Il y a parfois des jours en mer où je comprends pourquoi il a décidé de continuer à naviguer. Mais cette journée n'en fait pas partie. Je pense qu'aujourd'hui est le jour le plus noir de mon voyage. Je n'y arrive plus, je ne veux plus être sur le qui-vive. Et je ne veux plus être seul. J'ai la nostalgie de ma femme et de ma fille, de mes amis et, contrairement à Moitessier qui critique la civilisation, de la diversité de notre vie à terre.

Je ne tournerai pas à droite. Je vais garder le cap, d'une manière ou d'une autre.

Je suis si fatigué.

12

Rattrapage dans l'Atlantique

Mon cap Horn à moi, c'est l'île des États. Cette terre argentine inhabitée et ponctuée de glaciers se trouve à l'est de la Grande île de la Terre de Feu, à l'entrée de l'océan Atlantique. Un jour après avoir franchi le véritable cap Horn sans le voir, je passe devant cette île de 500 km^2. C'est alors la première fois depuis deux mois que j'aperçois la terre ferme ! Dans la bande de brume à l'horizon, je distingue clairement une ligne dentelée, la ligne de crête des montagnes. Je ne peux pas détacher mon regard de ces silhouettes fixes à l'horizon.

Dans le sillage du continent sud-américain, la mer s'est calmée. Les vagues qui déferlent régulièrement font deux ou trois mètres de haut, le vent est tombé à 17 nœuds. Et il fait plus chaud : la température de l'air est déjà de 12 °C. Ces conditions sont idéales pour envisager une première vraie toilette depuis plusieurs semaines. Comme l'eau de mer est encore trop froide pour que je puisse prendre une douche au seau, je m'installe à l'arrière, je me déshabille et j'attrape un paquet de lingettes. Je me lave le corps, les cheveux et je me rase. J'enfile ensuite des sous-vêtements thermiques et par-dessus, une salopette neuve doublée de polaire. C'est si agréable !

En début de soirée, le soleil sort des nuages pour la première fois depuis longtemps. Assis dans le cockpit, j'ai l'impression d'être un homme des cavernes qui revient à la lumière du jour, propre et apprêté. Il est étonnant de constater que si peu de choses peuvent influer à ce point sur mon humeur. Je me sens revigoré, ma confiance revient. La onzième place est maintenant un point de départ : il me reste 6 500 milles nautiques à parcourir, une fois en diagonale à travers l'Atlantique. Direction la ligne d'arrivée ! Mon bateau et moi pouvons compter sur des vents constants et une houle régulière, les conditions idéales qui nous manquent depuis longtemps pour utiliser les foils au maximum. Il me reste trois bonnes semaines pour exploiter pleinement nos points forts.

J'ai en effet réussi à garder *Seaexplorer* en bon état jusqu'ici et j'ai pu réparer tous les petits dégâts. Je peux maintenant utiliser les huit voiles sans restriction. Mais surtout les deux foils, la quille, la coque et le gréement qui sont restés intacts, malgré les conditions exigeantes des semaines qui viennent de s'écouler. Il est vrai que j'ai souvent pesté contre mon hésitation permanente, contre ma tendance à jouer la sécurité, mais aujourd'hui, tout cela paie. *Seaexplorer* est le seul bateau du groupe de tête à aborder la dernière étape en pleine possession de tous ses moyens.

L'île des États, mon cap Horn à moi, marque un tournant au niveau de mon mental. La grisaille des mers du

Sud ne me pèse plus. La course intraitable dans l'Atlantique peut commencer.

Onzième place

Le jour de Noël, j'étais encore en troisième place, mais depuis, beaucoup de choses ont changé. Dans le même temps, Yannick Bestaven s'est échappé. Pourtant, nous naviguions côte à côte dans l'Atlantique Sud et nous avons tous les deux cherché Kevin au large de l'Afrique du Sud, mais aujourd'hui, le 6 janvier, il est en tête, près de 800 milles nautiques devant moi, soit une avance de plus de deux jours. Nos bateaux sont semblables, à la différence près que Yannick utilise des foils de première génération. Contrairement à ce que l'on pensait, les « ailes de poulet » plus petites ne se sont pas révélées être un inconvénient : il a même pu prendre plus de risques sur les bosses rugueuses des mers du Sud que nous avec nos foils surdimensionnés et sensibles. Au sud de l'Australie, il est passé devant Charlie Dalin qui était en tête depuis des semaines, et il ne l'a plus jamais quittée, pendant toute la partie du Pacifique.

Louis Burton fait lui aussi une course impressionnante. Le Breton de trente-cinq ans est à bord du bateau vainqueur du dernier Vendée Globe. Contrairement à Charlie Dalin, Louis le marginal, ne s'est pas entraîné au « Pôle Finistère ». Avant le départ du Vendée Globe, personne ne le comptait d'ailleurs parmi les favoris. À côté de la Nouvelle-Zélande, Louis a même dû s'arrêter pour faire une réparation à l'abri du vent à côté d'une île. Les règles de course autorisent les skippers à jeter l'ancre dans de tels cas, mais ils ne peuvent pas aller à terre. Louis a renoncé à jeter l'ancre. Pendant que son pilote automatique faisait tourner le bateau dans la mer calme à côté de l'île, il a grimpé trois fois de suite jusqu'au sommet du mât pour réparer le rail de guidage de la grand-voile. Il s'est filmé se balançant et bricolant là-haut, criant et jurant, avec en arrière-plan l'île Macquarie, les pentes recouvertes d'une couche grise composée de centaines de milliers de pingouins. Lorsque Louis a repris la course peu avant la tombée de la nuit, il était retombé à la onzième place. Sa remontée dans le Pacifique lui a permis de figurer à la cinquième place.

Isabelle Joschke est toujours juste devant moi, à la dixième place. Depuis la panne hydraulique de sa quille, elle ne peut plus la faire pivoter pour équilibrer son poids, ce qui signifie qu'en cas de vent plus fort, elle devra réduire sa surface de voile avant nous. En principe du moins puisque d'après les dernières données du tracker, elle navigue même un peu plus vite que moi depuis le cap Horn.

Isabelle se présente ici en tant qu'ambassadrice de l'*empowerment* ; elle veut promouvoir la mixité dans le monde de la course au large, rappeler que les femmes ont au moins autant de résilience et de combativité que les hommes. C'est aussi ce que montrent deux autres femmes du Vendée Globe. Il y a quelques jours, l'Anglaise Pip Hare a découvert une profonde fissure dans son safran bâbord. Des larmes de rage aux yeux, elle a raconté dans une vidéo qu'elle avait emporté un gouvernail de rechange et qu'elle s'était entraînée à le changer seule au port. Mais elle ne sait pas si elle allait y parvenir ici, dans la mer agitée, à environ 1 000 milles du cap Horn. Ce matin, elle a essayé. À l'aide de poulies improvisées, elle a fait descendre dans l'eau le safran, une plaque en forme d'aileron d'une trentaine de kilos, à l'arrière du bateau. Un travail millimétré où la lame, lorsqu'elle l'insérait dans le tube de guidage, ne devait pas s'incliner, malgré le bateau qui tanguait. Pip a travaillé pendant près de deux heures, puis elle a exulté : « Oui ! Chaque partie de mon corps me fait mal. J'ai les doigts en sang, des bleus sur les jambes et je sens des muscles dont j'ignorais l'existence, mais le nouveau gouvernail est en place et je suis de retour dans la course ! »

Samantha Davies, la meilleure navigatrice jusqu'à son arrivée aux abords de l'Afrique du Sud, a quant à elle prouvé sa ténacité d'une autre manière : après une collision avec un OFNI, elle a dû s'arrêter au cap. Neuf jours plus tard, une fois le bateau réparé et ses côtes cassées lors du choc soignées, elle a repris la course sans hésiter. Elle était certes, hors-concours, car elle avait accepté une aide extérieure, mais Samantha voulait avant tout terminer pour faire la promotion de l'organisation humanitaire « Initiatives-Cœur », au nom de laquelle elle naviguait d'autant qu'une fondation lui avait promis un don pour chaque abonné supplémentaire sur Instagram. Et comme son avancée attire l'attention sur les réseaux sociaux, elle a repris sa route depuis Le Cap à la mi-décembre, 800 milles nautiques derrière le dernier, le Finlandais Ari Huusela. Entre-temps, en s'approchant de la Nouvelle-Zélande, elle avait déjà dépassé trois bateaux. La direction de course a alors décidé de la faire figurer sur le tracker, mais comme un bateau fantôme.

J'attrape mon bloc-notes, je déchire une page et j'y note un chiffre : 260. C'est, en milles nautiques, la distance qui me sépare de Louis Burton qui est actuellement en cinquième position. Avant le départ, je n'ai cessé de clamer que mon objectif était de me classer dans le top 10, mais en réalité, je rêve de la cinquième place – ce que j'ai révélé par négligence dans plusieurs interviews. Il est bien sûr présomptueux de vouloir atteindre la cinquième place sur 33 bateaux au moment du départ. Mais en même temps, « on n'est jamais à l'abri d'une bonne surprise ! » comme n'avait de cesse de le répéter Francis Joyon, le skipper du trimaran *IDEC* lorsque nous avons voulu battre le record du tour du monde le plus rapide en 2016.

Cette phrase fait désormais partie de mes préférées. J'attrape le papier avec le chiffre 260 et je le colle sur le bord de l'écran. Pour l'attendre, il me faut dépasser six bateaux.

Neuvième place

Première bonne surprise : sur les dernières 24 heures, *Seaexplorer* a été classé le bateau le plus rapide de la flotte ! J'ai parcouru 365 milles à une vitesse moyenne de 15,2 nœuds. Dans la nuit, j'ai dépassé Isabelle Joschke et Maxime Sorel et je suis maintenant, au matin du 7 janvier, à la neuvième place. Le vent vient de face, avec un angle d'incidence de 65°, mais il est suffisamment fort pour que j'utilise mes foils au maximum lorsque la mer est plate. Les conditions sont idéales, *Seaexplorer* bourdonne de plaisir.

J'ai bien dormi les deux dernières nuits, j'ai aussi nettoyé le bateau de fond en comble, je me sens gonflé à bloc, en forme et remotivé. Dans le Pacifique, il s'agissait juste de tenir bon, mais maintenant, je suis de nouveau en mode course. Je contrôle en permanence le réglage des voiles, j'étudie les dernières modélisations météo et ma route.

Devant, une zone de haute pression tourne avec un peu moins de vent et ralentit les bateaux qui me précèdent, ce qui contribue à réduire mon écart avec le peloton de tête. Je suis toujours à 750 milles de Yannick, mais j'ai rattrapé mon retard sur Louis Burton. Je note la nouvelle distance qui me sépare de la cinquième place sur le papier collé au bord de mon écran : 170 milles nautiques.

Au cours des cinq prochains jours, je dois encore affronter plusieurs zones de vent difficiles et une dépression avec une mer capricieuse, puis j'atteindrai la zone des alizés. Là, j'aurai peut-être l'occasion de m'échapper. Je vais aussi pouvoir profiter pendant quelques jours de la chaleur des tropiques. Je me promets d'y ouvrir enfin la bouteille de champagne que le médecin de la course du Vendée Globe m'a offerte avant le départ, à réserver à « un moment de plaisir particulier ». C'est un peu dommage et révélateur que je continue à faire naviguer cette bouteille de champagne autour du monde sans l'ouvrir. Mais là, je sens que le bon moment approche.

Huitième place

Le vent m'est toujours favorable, ce qui me permet de réduire encore l'écart avec les trois bateaux qui me précèdent. Nous naviguons sur le même cap, le vent et l'état de la mer sont donc identiques pour tous. Maintenant, la seule chose qui compte, c'est de savoir qui peut tirer la plus grande vitesse de son bateau dans ces conditions. À peu près à la hauteur de Buenos Aires, je dépasse l'Italien Giancarlo Pedote. Nos bateaux ont le même âge, mais Giancarlo navigue encore avec les « ailes de poulet » de 2015.

Sur les sept bateaux devant moi, deux sont également équipés de plus petits foils. Ce sont ceux de Yannick Bestaven et Louis Burton. Trois autres bateaux n'ont pas de foils du tout. Seuls les bateaux de Charlie Dalin et Thomas Ruyant disposent de foils de dernière génération, aussi grands et évasés que ceux de *Seaexplorer*.

Thomas a toutefois dû scier une partie de son foil bâbord au large du Cap. Et Charlie a également des problèmes avec son foil bâbord ; depuis une réparation d'urgence dans l'océan Indien, dont il n'a décrit la cause que de manière nébuleuse, il ne peut apparemment pas sortir le foil à fond. Les deux bateaux sont donc amoindris sur leur côté gauche. Dans les mers du Sud, cela n'avait pas beaucoup d'importance puisque les foils devaient de toutes les manières être rentrés et que nous naviguions sur tribord sur de longues distances dans la direction du vent dominant. Mais dans l'Atlantique, en particulier dans les deux zones d'alizés, le vent vient la plupart du temps de la droite, ce qui signifie qu'il faut faire décoller le bateau sur le foil bâbord. Là, Thomas et Charlie sont désavantagés. Donc si la traversée de l'Atlantique n'était qu'une question de vitesse, mes perspectives seraient plutôt bonnes.

Mais ce n'est pas le cas, puisqu'à cela s'ajoute un aspect arithmétique : les navigateurs ayant participé à la recherche de Kevin Escoffier avant l'Afrique du Sud ont reçu des crédits de temps en échange. Le jury les a calculés en fonction de la durée de la mission, des opportunités météorologiques éventuellement manquées et d'autres facteurs non identifiés. Jean Le Cam a été gratifié de 16 heures et 15 minutes, Yannick Bestaven de 10 heures et 15 minutes et moi de

6 heures. À l'arrivée, ce temps sera déduit de notre temps de navigation. Se pourrait-il qu'à la fin d'une régate autour du monde une poignée d'heures décide du classement ? Je ne le crois pas et je ne veux pas y penser maintenant. C'est contre les navigateurs qui sont autour de moi que je veux me battre et pas contre l'horloge.

L'Espagnol Didac Costa est quant à lui encore dans le Pacifique, 2 300 milles nautiques derrière moi. Hier soir, une rafale de vent a couché son bateau. Dans un message, il décrit le moment : « La rafale était de 60 nœuds, l'équivalent de force 11. Le bateau s'est retourné. Je n'oublierai jamais cette mer, tout était blanc, comme de la mousse de lait, l'air plein d'embruns. Un bruit énorme. J'avais senti que les choses allaient mal se passer et j'avais réduit la voile. Il faisait froid, seulement 4 °C sous le pont, et en plus, je devais enfiler un ciré mouillé. Ce sont les moments où il ne faut surtout pas penser. Il faut juste sortir de la couchette, s'habiller, débrancher son cerveau, agir. Puis le bateau s'est redressé. C'est la pire chose que j'ai vécue ici jusqu'à présent. Mais mon bateau et moi nous en sommes sortis. »

Le message de Didac me semble venir d'un autre monde. Je suis si heureux d'être dans l'Atlantique avec un temps qui devient enfin plus estival. L'air est à 18 °C et l'eau à 16. De gros cumulus blancs comme neige flottent dans le ciel bleu et m'offrent, comme souvent dans les régions subtropicales, de somptueux couchers de soleil. Je n'ai plus besoin de me barricader constamment sous le pont, même la nuit, il m'arrive de sortir et de regarder le ciel. À cause de la couverture nuageuse, mes nuits ont été plongées dans l'obscurité pendant des semaines, mais maintenant je vois à nouveau la lune, les étoiles, et même la Croix du Sud. J'éteins toutes les sources lumineuses pour que seul le ciel brille.

Ce matin, je me suis installé un moment à la proue et j'ai simplement regardé l'étrave fendre les vagues. J'étais assis si loin devant que les éclaboussures ne m'atteignaient pas. C'est fou comme j'ai rarement profité de ce qui est si banal en général quand on fait une croisière : s'asseoir dehors et regarder la mer. Les lourdes brises glaciales qui s'abattaient constamment sur le bateau n'y étaient pas très favorables cela dit, mais la disposition du pont n'y est pas non plus très propice : aucun endroit ne permet de s'asseoir confortablement et en toute sécurité. Peu importe. Nous ne sommes pas là pour lézarder.

Entre-temps, un drame se noue en tête de course. Yannick Bestaven, leader depuis quatre semaines qui est 400 milles nautiques devant Charlie Dalin a commis une erreur de calcul dans son routage. Il est coincé dans une zone de haute pression stable avec peu de vent au large du Brésil. Charlie Dalin et Thomas Ruyant s'approchent de lui à grande vitesse – et ils réussiront à contourner le piège à temps. La situation météo au large du Brésil est complexe, un front froid difficile à évaluer traverse l'Atlantique à la hauteur de Rio, c'est notre dernier jeu tactique avant la zone des alizés.

Je suis plutôt content de ma position à ce moment-là. Ceux qui sont devant vont me montrer les erreurs à ne pas commettre. *Seaexplorer* continue à progresser comme s'il était déchaîné. Il est actuellement le plus rapide des dix bateaux, avec une vitesse moyenne de 17,2 nœuds au cours des dernières 24 heures. Le prochain que je dois doubler c'est Jean Le Cam qui n'est plus que 15 milles devant moi.

Septième place

Le 11 janvier au petit matin, je double Jean Le Cam à une bonne cinquantaine de milles latéralement : je vois son bateau sur le tracker. Cap au nord, 14 nœuds de vent de sud-est, 18 nœuds de vitesse, hauteur des vagues de deux mètres.

Température de l'eau 22 °C, température de l'air 22 °C. Nuit étoilée.

Assis dans le cockpit le matin, pieds nus et en short. Café bu.

Hier, j'ai envoyé seulement quelques messages WhatsApp, pas de vidéos. Qu'est-ce que je pourrais bien filmer et raconter ? Je n'en ai pas envie. Je fais de la voile.

Sixième place

Le même jour, en fin de matinée, je dépasse Benjamin Dutreux. Le vent souffle toujours à 14 nœuds, force 4, mais il a légèrement tourné vers l'est et tape maintenant mes voiles à un angle de 80°. L'angle du vent est parfait pour mon foil. C'est comme s'il suffisait d'appuyer sur un bouton pour accélérer, *Seaexplorer* file à une vitesse de 20 nœuds sur des vagues de seulement un mètre. L'Atlantique devient une piste de course plate et sans obstacle.

Je suis désolé pour Yannick. Il doit s'arracher les cheveux dans cette zone peu ventée, à environ 400 km des côtes brésiliennes. Sa vitesse au cours des dernières 24 heures a été en moyenne de 5 nœuds, Charlie Dalin et Thomas Ruyant ont navigué presque trois fois plus vite que lui. La superbe avance de Yannick, qui a duré des semaines, a fondu comme neige au soleil (brésilien !) à une misérable quarantaine de milles nautiques. Charlie et Thomas continuent de naviguer au large autour de la zone de Yannick. Ils vont le doubler.

Le lendemain à l'heure du déjeuner, Yannick glisse à la deuxième place, mais ce n'est pas fini pour autant. Il se passe quelque chose d'incroyable : les cinq premiers bateaux se sont tellement rapprochés qu'ils sont regroupés dans un mouchoir de poche de 25 milles nautiques. Plus de deux mois après le départ, ils sont pratiquement au coude à coude, et c'est une sorte de nouveau départ pour un sprint qui s'offre aux cinq navigateurs à hauteur de Rio de Janeiro. Ils prennent donc le départ d'une course transatlantique classique, avec un total de 4 500 milles nautiques à parcourir jusqu'à la ligne d'arrivée, sauf qu'ils sont nettement plus fatigués et marqués que pour une régate classique. Les poursuivants du groupe de tête ont également réussi à se rapprocher grâce à un vent puissant. Seuls 130 milles nautiques séparent Jean Le Cam, neuvième, de la première place. Il y a ensuite un écart de plusieurs centaines de milles avec le bateau à la dixième place.

Une finale aussi serrée n'a jamais eu lieu dans l'histoire du Vendée Globe. En 2016-2017, dans l'Atlantique Sud, les trois premiers bateaux étaient à plus de 1 500 milles nautiques les uns des autres.

Dans les mers du Sud, les scores intermédiaires et les distances avaient peu d'importance pour nous. Mais maintenant, c'est différent. Même si les chiffres peuvent être trompeurs, le tracker, lui, calcule le classement en temps réel. En fait, si le bateau 1 a 100 milles d'avance sur le bateau 2, il ne s'agit pas de la distance réelle entre les deux bateaux, ça veut juste dire que le trajet du bateau 1 jusqu'à l'arrivée est plus court de 100 milles que celui du bateau 2. Nous naviguons rarement en file indienne, nous suivons des routes tantôt parallèles, tantôt divergentes. Les cinq bateaux, qui ne sont plus qu'à 25 milles de distance au niveau de l'arrivée sont donc en réalité éloignés les uns des autres : ainsi, entre Yannick, près du Brésil, et Damien Seguin, à l'extrême droite de l'Atlantique, il y a bien 250 milles.

Le classement officiel lui-même peut induire en erreur : un navigateur qui a un plus long chemin à parcourir jusqu'à l'arrivée que celui qui le précède peut néanmoins être *de facto* déjà devant lui, car ce chemin plus long le conduit sans aucun doute à travers des régions de vent plus favorables. Nous pouvons donc tout à fait identifier un ordre réel que le tracker n'anticipe pas.

La fièvre de la finale nous atteint. Nous passons notre temps à calculer, analyser les modèles météorologiques, mais surtout, nous naviguons ici, à l'avant, avec une grande concentration. Pour le moment, cependant, mes options stratégiques me semblent plutôt simples : si le rythme soutenu actuel de *Seaexplorer* se maintient, je pourrai atteindre dans une journée la cinquième place tant espérée !

Cinquième place

En réalité, il m'aura fallu deux jours. Puis à hauteur de Salvador de Bahia, je croise Yannick Bestaven qui peine toujours à se sortir de son piège à vent faible et qui a entretemps reculé à la cinquième place. Il est maintenant sixième.

Nous avons atteint les tropiques. Le jour, il fait jusqu'à 35 °C et autour de 28 la nuit. Je ne porte plus que des shorts ; parfois, quand je transpire après une manœuvre, je vais brièvement sur le pont avant pour prendre une douche en prenant directement une vague : c'est plutôt agréable, la mer est à 27°C. Par contre le vent est capricieux, il chatouille constamment la limite du foil : quand il souffle à 12 nœuds, nous naviguons sagement et ils sont largement dans l'eau ; s'il passe à 14 nœuds, le bateau commence à monter sur ses foils, la moitié avant de la coque se soulève hors de l'eau et nous glissons 3 ou 4 nœuds plus vite sur la mer. À plusieurs reprises, de violentes rafales pouvant atteindre 25 nœuds se sont abattues sur nous, ce qui exerce une pression saccadée sur le gréement et sur le bateau lorsque la voile est au maximum ; j'ai donc réglé les alarmes, y compris le pilote automatique, qui éloigne immédiatement le bateau du vent en cas de forte rafale et réduit ainsi la pression.

En fait, je m'attendais à ce que le passage dans la zone des alizés marque le début d'une course pure, rapide, élégante et un peu monotone. Mais ce vent irrégulier me donne plutôt l'impression de faire une régate d'entraînement dans le golfe de Gascogne. Comme je ne veux pas perdre un mille, je rajuste en permanence les voiles, je modifie les réglages des charges, des foils. Lorsque le vent tombe pendant un certain temps, je traîne les lourds sacs de voiles pour déplacer le poids vers la plage avant, comme d'habitude lorsque le vent est plus faible. Après trois bons quarts d'heure, je suis en sueur pour gagner quelques fractions de nœuds de vitesse. C'est du sérieux. Mes yeux sont constamment rivés sur les tableaux de bord, je scrute la moindre réaction du bateau à chaque petit changement de vent à chaque nuage. *Seaexplorer* vit, et moi avec lui, je suis infatigable. Je m'agite en permanence, je manque de tomber, je m'accroche aux écoutes lorsque le bateau gîte. Je ne reste jamais tranquille, je suis sans cesse à l'affût. À peine allongé dans ma couchette, il faut que je me relève.

Ce soir, j'ai calculé le routage jusqu'à l'arrivée. Le résultat n'est pas très utile pour une stratégie sérieuse, il me reste à peine deux semaines, c'est trop loin pour avoir des prévisions météorologiques fiables. Mais c'était amusant de voir tout à coup une proposition concrète d'itinéraire se matérialiser jusqu'à l'arrivée. Nous franchirons l'équateur dans trois jours, puis la perfide ceinture de calme, le deuxième passage du Pot-au-Noir et, dans l'Atlantique Nord, plusieurs dépressions orageuses ; nous n'allons pas nous ennuyer. Et puis, il y a effectivement une date. D'après le programme de navigation, c'est le 27 janvier que je franchirai la ligne d'arrivée. Incroyable. Se peut-il que dans trois semaines, je sois assis dans mon canapé à Hambourg et que tout cela me manque ? Je ne sais pas pourquoi, mais à ce moment précis, cette pensée me donne la force nécessaire pour tourner le grinder.

Isabelle Joschke, la femme la mieux classée du peloton, a dû abandonner. La fixation de fortune de sa quille en position fixe n'a pas tenu, elle s'est soudain mise à osciller de manière incontrôlée sous le bateau. Cela s'est produit en pleine dépression, avec des vents de force 7 et une mer de 5 mètres. Isabelle a affalé sa grand-voile et essaie maintenant de maintenir le bateau à peu près stable pour atteindre le Brésil. Le port le plus proche est à au moins une semaine de route. « Je suis amère et déçue ! » a-t-elle déclaré. « Mais je suis fière de ma course et d'avoir franchi les trois caps. Hier soir, j'ai dû pomper, car de l'eau est entrée dans le bateau. Maintenant, il est de nouveau étanche et j'essaie de le ramener au port. Je suis vraiment triste de devoir abandonner. Le Vendée Globe est cruel avec moi. » Des membres de son équipe sont en route vers le Brésil pour l'attendre au port et se préparer à aller à sa rencontre en cas d'urgence.

Isabelle a raison, le Vendée Globe peut être cruel. Je suis convaincu du fait que la malchance joue un rôle bien plus important que la chance dans notre progression. Prenons Jérémie Beyou par exemple : il était 16e. Il y a quelques jours, il a franchi le cap Horn. Aucun d'entre nous n'a traversé les mers du Sud plus vite que lui : il a mis 30 jours et 14 heures à partir du cap de Bonne-Espérance. Jérémie a navigué de manière exceptionnelle, comme nous nous y attendions. Mais voilà, il a eu cette stupide avarie matérielle très tôt dans la course et il n'a pu prendre le départ que neuf jours après nous. C'est simplement de la malchance, surtout quand il y a collision avec des OFNI, ce qui a également mis hors course Samantha, Sébastien et Alex, tandis que Thomas Ruyant a perdu son foil gauche. Quant à Yannick Bestaven, le sort s'est acharné sur lui avec cette interminable zone de vent faible qu'aucun météorologue n'avait prévue et qui lui a coûté sa première place.

Cela peut donc être dû à la malchance si quelqu'un navigue à l'arrière. À l'inverse, le fait de se maintenir dans le groupe de tête n'a rien à voir avec la chance. Le Vendée Globe est bien trop long pour cela. Si, pendant des mois, un bateau de course et la personne qui s'y trouve résistent à la pression, si des centaines de décisions de routage ont été prises correctement, il n'est alors pas question de chance.

Chacun d'entre nous, ceux du top 10 a mérité sa place, il l'a gagnée de haute lutte. La chance n'est pour nous qu'une sorte d'absence de la malchance.

Troisième place

Ça roule ! Aujourd'hui, le 15 janvier, vers 2 heures du matin, j'ai dépassé brièvement et successivement Damien Seguin et Thomas Ruyant. À une centaine de milles nautiques de la côte brésilienne, nous fonçons en groupe vers le nord. L'alizé souffle de manière stable à 15 nœuds depuis l'est, la mer est plate, le bateau bourdonne et je suis quelque part récompensé pour la prudence dont j'ai fait preuve les semaines précédentes. Le matin, les nouvelles données sur 24 heures arrivent : une fois de plus, *Seaexplorer* est le bateau le plus rapide du top 10. Si on compare la vitesse avec l'ensemble de la flotte, j'ai été battu par Jérémie Beyou.

Holly reçoit de plus en plus de demandes d'interviews. Les rédactions souhaitent que j'intervienne en direct dans leurs émissions. C'est la première fois qu'un Allemand participe à la course la plus difficile au monde, qu'il se bat pour remonter dans la dernière ligne droite afin de remporter la troisième place. Peut-être même qu'il gagnera ? L'Allemagne vibre avec toi, écrit même un journaliste.

Je ne m'attendais pas à ce que les gens réagissent avec autant d'émotion à mes témoignages sincères. Mon équipe m'envoie des commentaires postés sur les réseaux sociaux ; de très nombreuses personnes qui ne se sont jamais intéressées à la voile et qui ne le font probablement toujours pas se sentent apparemment boostées lorsque, comme l'écrit quelqu'un, « un type normal comme toi montre comment on peut s'en sortir même dans des conditions extrêmes. Comment on peut souffrir, comment on peut être désespéré, mais tout en tenant bon malgré tout. Tu me motives beaucoup en ce moment. » Ce genre de réaction me fait du bien. Et bien sûr, je me réjouis de l'intérêt du public, notamment parce qu'il va aider à mettre en lumière nos projets climatiques ; le laboratoire de bord fait désormais l'objet de nombreux reportages, comme notre projet « Malizia Ocean Challenge ».

Le problème, c'est que mon envie de raconter mon aventure s'estompe. J'ai l'impression d'avoir déjà tout dit. Et en plus, je n'ai pas beaucoup de temps, la fièvre des régates m'accapare et je ne veux pas être pollué par les attentes que ma remontée a suscitées chez les gens. Même mes amis commencent. L'un d'entre eux m'écrit que je dois maintenant y aller à fond, que c'est un combat et qu'une place sur le podium est tout à fait envisageable. Un autre, en revanche, me met en garde : « Arriver est toujours l'objectif le plus important ! Laisse les autres parler de victoire et reste fidèle à toi-même. Ne change pas de style ! » C'est ça, je préfère m'en tenir aux conseils de prudence.

Entre-temps, seuls vingt milles nautiques me séparent encore de Louis Burton, et seulement quarante de Charlie Dalin, de la première place. Mais les neuf premiers bateaux ne sont séparés que de 200 milles nautiques. Yannick Bestaven a récemment perdu cette distance en l'espace de deux jours. Beaucoup de choses peuvent encore mal tourner. Quelque chose peut se mettre en travers de mon chemin, un tronc d'arbre, une baleine, un trou de calme…

Je suis assis pieds nus dans le cockpit, l'air est à 27 °C, la vague de poupe bruisse à un rythme apaisant. À l'ouest, les nuages s'embrasent au coucher du soleil. Oh oui, tout cela me manquera quand je serai de retour à Hambourg dans trois semaines, pendant les courtes et froides journées d'hiver. Quand j'ai découvert tout à l'heure que demain, j'allais passer devant mon île préférée, Fernando de Noronha, j'ai envoyé un message à mon équipe : « Pouvez-vous faire en sorte que la ligne d'arrivée soit déplacée ? » Peu de temps après, je reçois une réponse : « Ne fais pas le Moitessier maintenant… ! »

Septième place

Je me tiens à l'arrière, je joins les mains et je les lève vers le ciel de manière incantatoire. « Dieu du vent ! » je crie à haute voix en levant les yeux au ciel. « Envoie-moi du vent ! Au moins un peu ! Maintenant ! Ici ! »

Voilà à quoi j'en suis réduit, à prier les hypothétiques dieux du vent. Je n'y crois pas plus que ça, mais si ça pouvait m'aider à enfin sortir de cette mauvaise passe. La fatalité s'est approchée insidieusement. Après avoir franchi l'équateur, je me suis retrouvé hier dans la ceinture de calme, ce perfide couloir de basse pression entre les deux zones d'alizés. Le vent tombait lentement, venait soudain de l'autre côté, continuait à tomber et le soir, il s'endormait. Le pilote automatique a émis un bip d'impatience parce que le bateau n'avançait plus. Debout dans le cockpit, j'ai saisi la barre franche et j'ai essayé, par de violents mouvements de gouvernail, de faire tourner *Seaexplorer* dans la bonne direction. À un moment donné, une brise s'est levée et j'ai rajusté les voiles, mais après vingt minutes, il n'y avait de nouveau plus de vent. Le bateau se balançait dans une forte houle venant du nord, les voiles claquaient violemment dans tous les sens. Jusqu'à la prochaine brise, mais qui soufflait d'une tout autre direction. Toute la nuit a été comme ça.

Sur des voiliers classiques, quand on dérive dans une accalmie et que le vent se lève, on borde les écoutes, on met le cap et ça repart. Mais sur *Seaexplorer*, ça se transforme en une séance de sport intensive, surtout lorsque, comme ici, le vent souffle soudainement avec force : abaisser le safran, régler le pilote automatique, régler la bastaque, enrouler le Code-Zero, la plus grande voile d'avant, dérouler la petite voile d'avant J2, manœuvrer le foil sous le vent à la main sur le côté du bateau, repositionner la quille, pomper le lest d'eau au vent, régler la grand-voile, régler la voile d'avant. Après une demi-heure d'efforts, je suis couvert de sueur, mais le bateau avance à vive allure. Pour un court moment seulement, car le coup de vent s'arrête et je reprends ma séance de sport, mais dans l'autre sens.

Entre-temps, j'ai passé près de trente heures à faire de nombreuses manœuvres et à peu dormir. Je suis épuisé. Sur l'écran, je fixe les images satellite des nuages. Ils devraient pouvoir me guider pour sortir du labyrinthe dans lequel je suis, mais ces méandres météorologiques situés à l'équateur, les nuages changent si rapidement qu'il est difficile de prédire ce qu'ils contiendront encore dans une heure ou deux. Je m'attendais à un vent un peu plus constant à l'ouest et j'étais donc à l'extérieur du groupe de tête lorsque nous avons plongé ensemble dans la ceinture de calme. Raté. Mauvaise supposition. Tous les autres vont maintenant plus vite que moi – enfin, pour être exact, mon bateau et moi ne bougeons pas du tout ! On tourne en rond ou on dérive en arrière. Sur la photo satellite, je vois que l'impénétrable couverture nuageuse s'étend encore sur 150 milles nautiques vers le nord. Ça me rend fou. Selon le tracker, je suis redescendu à la septième place, mais pour le moment, mon classement m'importe peu. Il faut absolument que je sorte d'ici. Ou au moins que j'aie un peu de vent pendant un moment, pour que le pilote automatique prenne le relais et que je puisse enfin dormir.

Est-ce que ma part de malchance arrive maintenant ? Le pire, c'est que je ne peux rien faire. Oui, je sais, il ne faut pas s'énerver pour des choses qu'on ne peut pas changer. Malheureusement, je n'y arrive pas pour l'instant. Je suis à la poupe, je prie et je jure.

Troisième place

Lorsque j'ai finalement traversé la ceinture de calme, *Seaexplorer* est reparti à l'assaut des puissants alizés de nord-est. Et comme les autres ne s'étaient pas éloignés autant que je le craignais, j'ai pu me frayer un chemin rapidement vers l'avant. J'ai l'impression que la ceinture de calme remonte à plusieurs semaines, mais en réalité, cela ne fait que deux jours. Comme je me concentre sur le moment présent, pour le vivre intensément, je perds un peu la notion du temps. Tout me semble, à chaque instant, durer éternellement, aussi bien l'absence de vent dans la ceinture de calme que l'alizé du nord-est qui, cette fois, vient de face, en oblique. Nous traversons une mer courte et inconfortable, et j'ai rapidement l'impression que le bateau saute depuis longtemps de vague en vague.

Je crois que j'ai les nerfs à vif. D'épuisement et de fatigue. Et aussi parce que l'enjeu est maintenant majeur. Échouer si près du but serait atroce. Cette nuit, j'ai eu de l'eau dans le bateau, mon cœur s'est arrêté. Heureusement, c'était seulement le tuyau de l'installation d'eau potable qui avait éclaté. En journée, je lève les yeux vers la grand-voile réparée et je me demande combien de temps elle tiendra encore.

L'alarme de charge d'un foil se déclenche. La coque s'écrase brutalement dans un creux de vague. Le vent tourne. Il y a toujours quelque chose. Mon esprit hyperactif est à l'affût du moindre risque que je pourrais désamorcer.

Plusieurs fois, je me mets à pleurer à chaudes larmes. Je le sais, c'est un signe : il est important que je dorme de toute urgence !

Deuxième place

21 janvier. C'est notre 74e jour en mer. Lors du dernier Vendée Globe, le vainqueur a franchi la ligne d'arrivée ce jour-là. Il nous reste une semaine. Notre flotte compte les voiliers du Vendée Globe les plus rapides de tous les temps, mais le rythme dépend du vent et des vagues.

Température de l'eau à midi 24 °C et 22 pour l'air, il fait plus frais. Le vent est d'est-sud-est, 15 nœuds.

Ce matin, le comité de course nous a envoyé les données des dernières 24 heures. Avec une vitesse moyenne de 16,7 nœuds, *Seaexplorer* était à nouveau le bateau le plus rapide de la flotte. J'ai dépassé Thomas Ruyant et désormais, seul Charlie Dalin navigue devant moi, avec 75 milles d'avance. Selon le temps calculé, c'est-à-dire en incluant mes six heures de crédit-temps, je suis pour la première fois en tête du peloton. Aussi incroyable que cela puisse paraître, ça ne m'intéresse alors que très peu, car tout peut changer si vite. De plus, le tracker n'a pas toutes les données, il ne connaît que nos distances jusqu'à l'arrivée, il ne sait rien de la situation météorologique tactiquement délicate devant nous.

Depuis les îles Canaries, une zone de vents faibles se dresse en travers de l'Atlantique et nous devons la contourner par la gauche. Si nous effectuons un virage serré, le vent sera trop faible. Si nous faisons un grand virage, le chemin sera trop long. Je suis assis devant mon ordinateur et je rumine devant les modèles météo envoyés par les spécialistes européens et américains qui ne sont une fois de plus pas d'accord. Je calcule encore et encore les itinéraires possibles. Dans la zone des alizés, il faut que je réussisse à être le plus rapide. Maintenant, il s'agit d'être le plus intelligent. J'aimerais être le plus intelligent parmi les plus rapides.

Notre groupe de tête choisit une voie moyennement risquée et seul Louis Burton est à la hauteur de sa réputation de casse-cou. Il se déporte vers l'ouest sur un large arc de cercle et y trouve le vent fort qu'il espérait – en une nuit, il dépasse tout le monde et se hisse à la deuxième place. Les six premiers bateaux sont désormais regroupés dans un rayon de 120 milles nautiques. Une fois l'anticyclone contourné, nous changeons de cap pour le nord-est et pour la première fois mon étrave pointe directement vers l'Europe. Lors des courses précédentes, les navigateurs se concentraient à ce moment-là sur le fait de ramener leurs bateaux à bon port, les écarts entre les voiliers étaient trop importants pour qu'il soit nécessaire de prendre le moindre risque. Cette fois, c'est différent. Nous nous battrons pour chaque mille jusqu'à la ligne d'arrivée.

L'ambiance change. Presque personne dans le groupe de tête n'envoie plus de vidéos embarquées. Plusieurs skippers ont fait savoir au centre de presse en France qu'ils ne donneraient pas d'interviews jusqu'à nouvel ordre. Ils veulent maintenant se concentrer uniquement sur la régate. Même entre navigateurs, le silence s'installe. Dans le Pacifique, nous nous sommes raconté en toute franchise comment nous nous sentions et nous échangions sur nos déboires, mais désormais, plus personne ne souhaite divulguer d'informations tactiques. Seul Yannick Bestaven admet que son bateau a heurté une vague au large du cap Horn avec une telle brutalité que depuis, il ne peut plus hisser plusieurs voiles d'avant.

Selon les derniers calculs, les cinq premiers bateaux franchiront la ligne d'arrivée dans la même demi-journée. C'est du jamais-vu et la direction de course est sur les nerfs, m'écrit Holly. Aussi parce que, depuis toujours, un feu d'artifice et un magnifique convoi escortent le vainqueur. Cette fois-ci, trois bateaux du groupe de tête obtiennent des bonifications de temps. Il peut donc s'avérer plusieurs heures après l'arrivée du premier qu'il n'est finalement pas le vainqueur. Alors comment l'accueillir ? Lui demander de naviguer de long en large du port ? Tirer deux feux d'artifice ? Les questions de protocole sont des questions délicates.

Cet après-midi, Holly a organisé ma conférence de presse hebdomadaire en visio, la dernière avant que je franchisse la ligne d'arrivée. Trente-deux journalistes d'Allemagne et de France se connectent, c'est ma plus grande audience depuis le début. Le soir, je tombe sur un bulletin météo extra long du journal télévisé. Sur une carte du monde, on peut voir mon itinéraire, coloré en fonction de la concentration respective de CO_2 dans l'eau de mer. Il y a une semaine, j'ai envoyé les données recueillies par le minilaboratoire de bord à deux instituts de recherche allemands. Le météorologue de l'ARD explique qui est Boris Herrmann, ce que les données révèlent que ce qui est important pour les océans l'est aussi pour la protection du climat. Tout cela, c'est vraiment parfait.

Hier, Greta Thunberg m'a envoyé un message qui va dans ce sens :

« Comme tu le sais, je regarde plusieurs fois par jour où tu en es. Tu as dit qu'une cinquième place serait une victoire pour toi, et tu es en train de faire encore mieux que ça ! Quel que soit ton classement final, tu as vraiment fait de grandes choses. »

Je n'apprends l'existence du reportage du journal télévisé que plus tard, car pendant sa diffusion, je suis allongé sur ma couchette. Je préférerais bien sûr surveiller le cap et la voile, mais je me force à me réfugier dans mon sac de couchage. Il faut absolument que je me repose avant d'aborder le sprint final dans le golfe de Gascogne. Chacun de nous a en tête ce qui est arrivé à Alex Thomson il y a trois ans : lors de la Route du Rhum, une course légendaire en solitaire à travers l'Atlantique, il a été le premier à s'approcher de la Guadeloupe. Après douze jours de peu de sommeil, il était complètement épuisé. Quelques heures avant l'arrivée, il s'est couché brièvement et il n'a pas entendu deux signaux d'alarme. Il s'est réveillé lorsque son bateau était échoué à la pointe nord de la Guadeloupe. Alex a réussi à sortir le bateau du rocher et à franchir la ligne d'arrivée, mais il avait laissé passer une victoire presque assurée.

Troisième place

Si le vent souffle directement de l'arrière, nous ne pouvons pas aller plus vite que le vent. S'il souffle de biais sur le côté, c'est possible. Et c'est ainsi que tout le groupe de tête zigzague devant le vent qui souffle exactement en direction du golfe de Gascogne. Quatre jours, en passant par les Canaries, les Açores, jusqu'à hauteur de Lisbonne.

Ma vitesse est stable, autour de 16 nœuds. Si cela reste ainsi jusqu'à la ligne d'arrivée, j'ai effectivement une chance de gagner le Vendée Globe : je suis au maximum à 96 milles du premier – et au moins 68 milles devant Yannick qui bénéficie de la plus longue bonification.

Le 25 janvier, je n'ai que 75 milles de retard sur le premier. Et je suis 150 milles devant Yannick.

Quelle situation absurde ! Le slalom d'empannage face au vent a tellement écarté nos bateaux que, malgré des conditions similaires, nous n'avons pas réussi à les faire avancer de la même manière. Les uns ont pris la route du nord à travers l'Atlantique, les autres sont à l'intérieur du golfe de Gascogne. Tout est encore possible.

J'envoie un message dans le groupe de discussion de mes amis : que personne ne parle de la première place, s'il vous plaît ! Je n'aime pas ça. C'est un manque de respect pour le Vendée Globe. Même une huitième ou une dixième place serait une grande réussite.

De plus, je suis superstitieux, comme beaucoup de marins.

Deuxième place

Le 26 janvier au matin, je prends une décision. Je ne continue pas vers le nord, mais j'empanne et, comme Charlie Dalin, je navigue vers l'est en direction du cap Finisterre, à l'angle nord-ouest de l'Espagne. Si j'entre dans le golfe de Gascogne après le cap, je bénéficierai là, proche de la terre, je l'espère, de vents plus favorables et d'une mer moins agitée. Dalin et moi sommes toutefois les seuls à parier sur ce point dans le groupe de tête. Les autres continuent vers le nord.

Le tracker me voit à nouveau en deuxième position, mais je ne m'y attarde pas. Contrairement à ce qui était prévu, je n'ai que peu dormi ces derniers jours. Je suis très tendu. Mon corps fonctionne comme s'il était télécommandé. Il a mal, il est épuisé, je le dirige comme une marionnette. Mon esprit, en revanche, est bien éveillé. Sans cesse, je passe en revue toutes les tactiques du sprint final.

Jérémie Beyou m'écrit que je dois gagner le Vendée Globe maintenant, en tant que premier non-Français. Je suppose qu'en tant qu'ancien grand favori, ça lui plairait.

Je mets le téléphone de côté. Les prévisions prévoient des rafales de 25 nœuds et des vagues de 3 mètres de haut dans l'ensemble du golfe de Gascogne, et des bateaux de pêche tournent partout. Ça devient épuisant. Je me prépare un autre café, puis je m'installe à l'arrière pour faire quelques exercices d'étirement. Je ferme les yeux, j'inspire et j'expire profondément. Courage ! Ce soir, je vais pénétrer dans le golfe de Gascogne. Ensuite, il ne restera plus que trente heures.

13

Le bateau de pêche

Qui est le réalisateur ? Si tout cela était un film, il faudrait le mettre en garde : attention, c'est un peu gros là quand même ! Après presque quatre-vingts jours, après une course autour du monde, pas moins de cinq voiliers sont très proches les uns des autres juste avant l'arrivée. Mais le destin – ou je ne sais quoi d'autre – a visiblement décidé de maintenir le suspense jusqu'à la dernière minute. Mon logiciel de navigation a calculé les trajectoires optimales pour nous. En conséquence, dans un jour et demi, les cinq navigateurs atteindront la ligne d'arrivée en l'espace de quelques heures. Cela semble déjà peu crédible.

Trois navigateurs ont choisi l'option Atlantique. Louis Burton, Thomas Ruyant et Yannick Bestaven continuent de naviguer vers le nord. Ils empanneront ce soir, puis se dirigeront tout droit vers l'arrivée sur une longue route vers l'est, pendant une trentaine d'heures. Leur chemin est plus long, mais ils peuvent compter sur des vents forts et la perspective d'une navigation ininterrompue sur foils. Charlie

Dalin et moi avons opté pour Biscaye et avons déjà tourné à droite. Nous devrons faire plus d'empannages chronophages le long de la côte nord de l'Espagne, mais la traversée de la baie sera plus courte. Et je compte sur le fait qu'une fois que nous aurons contourné le nord-ouest de l'Espagne, le vent tournera dans une direction plus favorable pour nous et qu'il se renforcera.

Le problème, c'est qu'un petit détail incalculable pourrait suffire à faire basculer le Vendée Globe. Pour faire simple : le trio Atlantique va se précipiter dans le golfe de Gascogne par l'ouest, Dalin et moi venons du sud, des profondeurs de la baie. Le vent de sud-ouest souffle comme une diagonale entre les deux parcours, directement vers l'arrivée, vers Les Sables d'Olonne. Théoriquement, nous aurions pu nous laisser porter par le vent tout droit vers l'arrivée depuis plusieurs jours déjà, mais nos bateaux naviguent beaucoup plus lentement quand le vent vient exactement de l'arrière, alors nous zigzaguons. Dans le golfe de Gascogne aussi le vent soufflera dans les voiles de chacun d'entre nous sous le même angle, notre diagonale arrière – mais depuis la droite pour le trio de l'Atlantique, depuis la gauche pour Charlie et moi. Si le vent change de direction de 10° seulement, un groupe est immédiatement favorisé. Un ou deux nœuds de vitesse supplémentaires sur la dernière ligne droite suffiraient alors pour faire la différence. À moins que le dramaturge, là-haut, ne décide de remettre le vent en poupe.

Quelle que soit l'issue de cette course, le sprint final est à l'image de l'ensemble de la course : malgré toute la technologie, l'intelligence artificielle et l'expérience humaine, le vent a le dernier mot.

Le 26 janvier à midi, je demande à nouveau à mon logiciel de navigation de calculer les heures d'arrivée prévues. Selon lui, je franchirai la ligne d'arrivée le 28 janvier à 1 h 23 du matin. En tenant compte des bonifications, je serais le vainqueur du Vendée Globe : avec six minutes d'avance sur Yannick Bestaven. Six minutes ! Il faut que j'arrête de faire tous ces calculs, ils me rendent fou !

Avec un grand gennaker, le foc J3 et la grand-voile, j'ai mis le maximum de voile. Le vent est monté à 14 nœuds, la mer est plate. Je balance les sacs de voiles inutilisés sur le pont et les amarres du côté au vent. Tout est prêt pour le décollage. À 18 nœuds, *Seaexplorer* file vers les côtes espagnoles. Ciel couvert, brume fraîche et humide, visibilité réduite. Les alarmes sont activées. Dans quelques heures, je traverserai un couloir de navigation internationale, puis, en plongeant dans le golfe de Gascogne, des rafales jusqu'à 30 nœuds sont annoncées. Je changerai la voile d'avant, réduirai un ris de la grand-voile, ferai plusieurs empannages et à chaque fois, je changerai tout le ballast. La nuit sera épuisante.

Soudain, j'entends un avion. D'après le bruit du rotor, c'est un petit avion qui tourne dans les nuages au-dessus de moi. Un craquement se fait entendre dans la radio VHF, puis j'entends une voix familière : celle d'Armel Le Cléac'h, dit « le Chacal ». Armel a remporté le dernier Vendée Globe, en 74 jours ; il est le marin du Vendée Globe le plus rapide de tous les temps.

« Salut, Armel ! Quelle surprise !

— Salut, Boris. Je voulais savoir comment tu te sentais à l'approche de la ligne d'arrivée.

— Plutôt bien. Un peu de vent serait le bienvenu en ce moment. Mais il ne viendra que ce soir. »

— Félicitations pour ta course. Tu es super !

— Oui, tout va bien. Sur l'AIS, j'ai déjà vu d'autres bateaux. C'est bon signe, j'approche de la terre. »

Nous discutons encore quelques minutes des prévisions de vent et de ma tactique pour ce soir ; Armel ne les commente pas, il respecte les règles. Pour finir, il me demande ce que je voudrai faire en premier en posant un pied à terre. Je lui réponds : « Embrasser ma femme et ma fille. Et ensuite, boire une bière. » Armel rit et dit qu'il va passer voir Charlie, puis l'avion tourne.

Nouvelles du continent

La direction de course informe les navigateurs que la ligne d'arrivée a été élargie : elle passe de 500 mètres à 3 km. Cela permet de créer suffisamment d'espace au cas où plusieurs bateaux s'approcheraient simultanément de la ligne.

Libération titre : « Herrmann, le coup fin germain ».

Le plus grand magazine sportif de France écrit « Herrmann a parfaitement préparé son attaque. Discrètement et efficacement, il s'est ménagé, lui et son bateau. Il n'a pas été en tête une seule fois pendant la course – mais maintenant, il pourrait être le premier vainqueur non français. »

« Sur le plan médiatique, Boris est la meilleure chose qui soit arrivée à la voile allemande depuis longtemps », explique Jochen Schümann, triple champion olympique de voile.

« Si Boris gagne, cela ouvrira de toutes nouvelles chances d'obtenir des sponsors internationaux pour le Vendée Globe.

Ce serait génial », déclare le Français Michel Desjoyeaux, le seul marin à avoir gagné deux fois le Vendée Globe.

Le chroniqueur Franz-Josef Wagner m'écrit dans le *journal Bild :* « Vous avez passé ces derniers mois en mer, chanceux. Pas de masque, pas de virus. Après-demain, vous mettez le pied sur la terre ferme. Mon conseil est : reprenez la mer. En mer, il y a des vagues plus grandes que les Alpes, il y a des baleines qui peuvent percuter le bateau. Mais on peut se battre. Sur terre, tu ne peux pas te battre, tu respires de l'air, et il est contaminé. Si je naviguais, je resterais en mer. »

Aux Sables d'Olonne, l'équipe s'installe à nouveau dans la maison de campagne. Pierre Casiraghi et son oncle, le Prince Albert II, feront le déplacement depuis Monaco. Birte arrive de Hambourg avec Malou.

Alors que débute mon avant-dernière nuit en mer, Svante Thunberg écrit à ma femme dans notre groupe de discussion : « Et rappelle-toi, Birte, que dans les années à venir, Boris n'aura aucune excuse pour ne pas se lever la nuit et changer les couches ! »

Le soir, je demande au logiciel de calculer à nouveau les heures d'arrivée. Entre-temps, comme prévu, le groupe Atlantique a eu plus de vent. Pour l'instant, Yannick est donné gagnant avec deux heures d'avance sur moi.

Boris, ne t'occupe pas de ça ! J'oscille déjà entre euphorie et tension, je suis follement excité, comme un enfant le matin de Noël. Je ne peux plus rien faire à part naviguer rapidement. Le vent dans le golfe de Gascogne sera décisif. Je me souviens de mon vieux rêve de finir à la cinquième place. Je peux y arriver et je ne devrais pas penser à autre chose. Je me filme dans le brouillard et j'envoie la vidéo à mes groupes de discussion : « Mes amis, comme vous le voyez ici, ce n'est pas très clair. La seule chose qui est sûre, c'est que je ne veux pas qu'un seul d'entre vous dise après-demain : "Ahh, blablabla, et pourquoi tu n'as pas gagné...?" Je ne veux pas entendre ça ! Quel que soit mon résultat, je serai satisfait. J'ai fait de mon mieux, et ça a marché ! »

Ce n'est pas une gestion des attentes, même envers moi-même. C'est ma ferme et sincère conviction. La cinquième place serait un succès que je saurais avoir obtenu moi-même, avec notre équipe et ce serait une magnifique récompense pour nos années de préparation et une course propre. En revanche, toute place meilleure que la cinquième serait, vu l'étroitesse du classement actuel, avant tout le résultat de la chance. Et ça fait toute la différence. Bien sûr que je vais faire le maximum pour donner une chance à la chance. Mais ma joie pour une heureuse troisième ou deuxième place ne pourrait guère être plus grande que pour la cinquième place dont je rêvais.

Vers minuit, je fais un empannage, c'est le troisième depuis que j'ai choisi l'option biscayenne. Le vent continue de forcir et je diminue ma surface de voile : assuré par une ligne de vie, je grimpe vers la plage avant, constamment arrosé par les masses d'eau qui déferlent sur l'avant du bateau. À la lumière de la lampe frontale, je récupère le grand gennaker, le fourre dans un sac, le traîne à l'arrière, tire un autre sac à voile sur le bateau avant et hisse le petit gennaker. Ensuite, je descends la grand-voile. La manœuvre dure une bonne heure et me demande beaucoup d'énergie. Un effort considérable même. Mais le vent devrait rester fort, voire se renforcer.

La nuit je m'allonge plusieurs fois dans ma couchette, mais je ne dors jamais plus de vingt ou trente minutes. C'est au plus tard à ce moment-là que l'une des nombreuses alarmes activées se met à biper, par exemple lorsque le vent tourne ou qu'une rafale se produit. Si j'élargissais la plage de tolérance des alarmes pour qu'elles ne se déclenchent pas dès qu'il y a un petit changement, je dormirais mieux – mais je tiens à ce que *Seaexplorer* soit réglé de manière optimale jusqu'au bout. Ne pas prendre 1 km maintenant. À cela s'ajoutent les alarmes du radar et de la radiodétection AIS qui se déclenchent à chaque fois qu'un bateau se trouve à une certaine distance et qu'il est sur une trajectoire de collision.

Vers 4 heures du matin, je passe le nord-ouest de l'Espagne. À une trentaine de milles nautiques, je longe la côte nord de l'Espagne en entrant dans le golfe de Gascogne. Contrairement à ce que j'espérais, le vent ne tourne pas dans une direction plus favorable pour moi. En revanche il gagne en puissance et au lever du jour, il souffle constamment à 20 nœuds. Dehors, il y a de la brume et il fait froid et humide, le bateau fend la mer, sa vitesse atteint près de 30 nœuds dans les rafales. Naviguer à la limite. Je vais débrider *Seaexplorer*.

Avec de l'eau chaude, je prépare un sachet de céréales. C'est mon dernier petit déjeuner à bord. Ensuite, j'envoie une vidéo au centre de presse du Vendée Globe. Les yeux rouges et cernés, je regarde la caméra et je crie : « Dernier jour du Vendée Globe ! » Je suis assis dans ma cabine, les vagues grondent sur le pont et je les filme se déversant en torrents à l'arrière du toit du cockpit et s'écoulant par le tableau arrière ouvert. Lorsqu'une rafale s'abat, le bateau penche sur le côté et le cadran qui affiche la vitesse dans le cockpit bondit à 28 nœuds.

« C'est rock'n'roll ! »

Peu avant 9 heures, j'alerte mon équipe et le comité de course par WhatsApp : « Ma balise de détresse vient de s'allumer. Je ne sais pas pourquoi. Comment je fais pour éteindre ce truc ? »

L'émetteur RLS que nous avons tous fixé dans le cockpit émet automatiquement un appel de détresse dès qu'il se trouve à plus d'un mètre sous l'eau, c'est-à-dire lorsque le bateau a chaviré ou coule. Mais *Seaexplorer* va bien.

Ryan et Stuart répondent immédiatement : « Mets-le dans une boîte en métal, Boris. »

Mais je n'ai pas de boîte en métal sous la main !

« Ensuite, plie l'antenne vers le bas et colle-la. »

Je le fais.

« OK, super. Range-la maintenant. Nous allons informer la direction de course. »

C'est déjà fait, mais deux fois valent mieux qu'une, il ne faut surtout pas déclencher une fausse alerte à terre.

Dans la matinée, j'entre les nouvelles données de position des quatre autres bateaux dans le logiciel de navigation. Je veux juste savoir. Selon son calcul, je franchirai la ligne d'arrivée peu après minuit, en troisième position derrière Charlie Dalin et Louis Burton. Yannick Bestaven franchira la ligne d'arrivée en cinquième position. Grâce aux bonifications de temps, Yannick va gagner, je serai deuxième, tout comme lors du dernier calcul. Jean Le Cam n'apparaît pas dans mes calculs. Il est en huitième position,

360 milles nautiques derrière moi. Même avec 10 heures de crédit-temps supplémentaires, il n'est pas une menace pour moi. J'en suis intimement convaincu.

Je fais mon quatrième empannage, maintenant je m'éloigne de la côte en direction du nord. Le vent reste fort et ma vitesse constante dépasse les 20 nœuds – mais cette maudite rotation du vent ne vient tout simplement pas. Chaque empannage me demande une heure de travail et m'épuise, surtout le fait de rentrer un foil, de sortir l'autre, de rééquilibrer les sacs de voiles. Malgré tout, j'empanne une cinquième fois. Je veux descendre encore plus bas dans le golfe de Gascogne. Je pense que là, le vent va tourner plus à l'ouest comme je l'espérais, peut-être même au nord-ouest – et donc, après un dernier empannage, il s'engouffrera dans les voiles exactement de ce côté-là, et je pourrai filer tout droit vers l'arrivée et longer à toute vitesse les côtes françaises.

Je navigue pendant environ trois heures dans l'immense baie. Parfois, le brouillard se lève et j'aperçois vaguement les montagnes des Pyrénées à l'horizon. Mais la plupart du temps, je fixe l'indicateur de vent comme si je regardais les résultats du Loto. Si le vent tourne de 1 ou 2° dans la bonne direction, j'exulte bruyamment et je tambourine comme un fou sur le pont.

À 15 h 30, j'effectue le dernier empannage, cap nord-est. Le vent souffle maintenant à 260°, presque à l'ouest, ce qui pourrait suffire pour me diriger directement vers l'arrivée. Le détour a duré plus longtemps que prévu, mais je n'ai pas le temps de calculer combien il m'a coûté par rapport au groupe Atlantique de Yannick. Je règle à nouveau l'alarme de charge des foils. Je les sors totalement. La vitesse moyenne est de 23 nœuds. *Seaexplorer* vole.

Je m'assieds devant mon écran à mon poste de travail et j'envoie ma dernière vidéo à terre : « Salut tout le monde. Je viens faire une petite pause. Comme vous le voyez sur la carte, nous sommes maintenant sur la dernière ligne droite. » Dehors, un brouillard froid enveloppe le bateau. Le vent s'obstine, il ne tourne pas plus à droite, et je suppose que j'ai perdu entre-temps ma deuxième place mathématique. Pour Charlie et moi, la route du golfe de Gascogne n'a pas été aussi payante que nous l'espérions. « Ah, les amis, on est toujours plus intelligent avec le recul. Mais la journée n'est pas encore terminée ! J'ai encore une chance de monter sur le podium. On verra. Si tout se passe bien, je passerai la ligne d'arrivée dans environ onze heures. »

Nouvelles du continent

La direction de course a tracé une ligne circulaire virtuelle autour de la ligne d'arrivée d'un rayon de 200 milles nautiques. Si un bateau franchit la ligne, sa position sera actualisée sur le tracker toutes les 30 minutes, et non plus toutes les 3 heures comme c'était le cas auparavant. Charlie Dalin et Louis Burton sont les premiers à entrer dans le cercle.

Le comité de course informe l'ensemble des concurrents que pour des raisons de sécurité, les moteurs peuvent être déplombés dès maintenant, donc bien avant l'arrivée. « Pour cela, écrivez le mot GLOBE sur un papier. Tenez le papier à côté du scellé encore intact. Prenez-en une photo et envoyez-la. » Astucieux. La direction de course s'assure ainsi que personne n'a utilisé le moteur avant. Charlie Dalin franchira la ligne d'arrivée vers 20 h 30. Les chaînes de télévision du monde entier retransmettront l'arrivée en direct.

Mon équipe élabore un calendrier pour l'arrivée aux Sables d'Olonne :

3 h 00 : Arrivée au large de la côte
4 h 30 : Boris entre dans le canal vers le port de plaisance
5 h 00 : Amarrage au ponton
5 h 05 : Birte rejoint Boris à bord. Photos
5 h 10 : Boris accueille ses amis et sa famille sur le ponton
5 h 20 : Boris et Birte se rendent au centre de presse via le tapis rouge
5 h 45 : Conférence de presse de Boris
6 h 30 : Départ pour la maison. Dormir

J'avale deux barres énergétiques, puis je vérifie sur la carte marine les données de position AIS des autres bateaux. Le golfe de Gascogne est une baie semi-circulaire de 450 km de diamètre. J'estime qu'environ 150 bateaux, en grande partie des bateaux de pêche naviguent sur cette immense surface. Depuis ce matin, l'alarme AIS a retenti six fois. J'ai dépassé cinq bateaux à plusieurs milles nautiques sans avoir à intervenir, sauf une fois où j'ai changé de cap de quelques degrés.

Je ne sais pas combien d'heures j'ai dormi au cours des dernières 48 heures. Que quelques heures au plus. Je sais que j'ai besoin de me reposer et j'essaie plusieurs fois de m'assoupir brièvement. Mais c'est trop dur. Je n'arrive pas à réaliser que tout sera bientôt fini. Et que je suis en si bonne position juste avant l'arrivée.

Mon corps ne réagit plus que mécaniquement, il est complètement épuisé. Peu importe, il faut qu'il tienne jusqu'à minuit ! Mon esprit est bien éveillé. Je regarde sans cesse l'indicateur de vent et corrige les réglages de la voile. Avec presque toutes les voiles dehors, *Seaexplorer* plane au-dessus des vagues. C'est une journée typique de janvier dans le golfe de Gascogne : gris, orageux, 13 °C, brumeux et humide, mauvaise visibilité.

Vers 17 heures, Charlie Dalin effectue un dernier empannage. Dans un peu plus de trois heures, il sera le premier à franchir la ligne d'arrivée. Il le mérite : personne n'a été en tête plus de jours que lui pendant la course. C'était son premier tour du monde, et il l'a accompli de manière tactiquement impeccable, avec la précision d'une horloge.

Louis passera la ligne d'arrivée en deuxième position. C'est le succès d'un fonceur intrépide que personne ne comptait parmi les favoris. Louis a été le seul à prendre départ anticipé et a écopé de deux autres pénalités de temps pendant la course. Dans les mers du Sud, il a frôlé la banquise comme personne, et dans l'Atlantique Nord, il a dépassé tout le groupe de tête en faisant un virage extérieur tactiquement très audacieux.

Cependant, Charlie et Louis n'ayant pas participé à la recherche de Kevin, ils ne recevront donc pas de crédit-temps comme Yannick et moi. À la suite de ces calculs, nous allons probablement les dépasser. C'est assez bizarre : un bonus, dont le calcul n'a pas de règles claires et qui n'a été expliqué qu'en interne par le jury, va déterminer les places sur le podium. Lorsque les crédits ont été annoncés il y a six semaines, nous avons enregistré le nombre d'heures correspondant, sans le juger. Mais nous avons tous les deux, et surtout Le Cam, effectivement perdu du temps à ce moment-là, et il faut en tenir compte, indépendamment des conséquences possibles sur le classement.

À 19 h 13, j'envoie un message WhatsApp à Yannick Bestaven :

« Alors, à quoi va ressembler le podium ? »

« Je ne sais pas, Boris. Je ne le saurai qu'après avoir franchi la ligne. Mais je te le dis, nous allons tous les deux y aller sur le podium ;-) »

« Je pense que tu vas gagner. Et je finis troisième. Je crois. »

« Rien n'est sûr, Boris. Ça va être très serré ! »

Environ une demi-heure après, assis dans mon siège, mes yeux se ferment. Cette nuit, j'atteindrai l'objectif à 3 heures, c'est-à-dire dans sept heures. Il me faut vraiment dormir un peu, juste un quart d'heure. Dehors, il fait nuit noire. Le vent souffle en tempête constante, *Seaexplorer* navigue à 22 nœuds, les voiles et le pilote automatique sont réglés de manière optimale. Sur l'écran de l'AIS, je vois qu'aucun bateau ne risque de se trouver sur mon chemin dans le quart d'heure qui vient. Je règle le réveil, je sors de mon siège et je me laisse tomber sur ma couchette.

Nouvelles du continent

20 heures, journal télévisé de l'ARD : « Pour la neuvième édition du Vendée Globe, une course à la voile en solitaire, le verdict est attendu cette nuit. Le Français Charlie Dalin devrait être le premier à atteindre l'arrivée sur la côte ouest française. L'Allemand Boris Herrmann a lui aussi encore

des chances de gagner en raison d'une bonification de temps. Il doit encore parcourir une centaine de milles avant d'arriver. »

20 h 25, début de la retransmission en direct. À une dizaine de milles nautiques de la côte, des équipes de cameramen embarqués sur de petits bateaux escortent le bateau de Charlie Dalin. Nuit noire, vagues de 3 mètres. À 22 nœuds, Dalin fonce vers la ligne d'arrivée. Ses voiles brillent dans la lumière des projecteurs. Les chaînes de télévision de plus de cent pays assurent la diffusion en direct.

À 20 h 35, Charlie Dalin franchit la ligne d'arrivée. Il monte sur le pont et lève les bras en signe de joie. Des cornes de brume résonnent, une fusée rouge est lancée dans la nuit depuis un canot pneumatique. « Charlie est le premier », annonce le présentateur. « Mais pas forcément le vainqueur. » Un chronomètre apparaît en haut à gauche de l'image : il compte six heures à rebours, « le crédit-temps de Boris Herrmann ».

À 20h 26, un grand fracas me tire de mon sommeil. Un coup sec, le bateau cogne contre quelque chose, s'arrête brusquement. Je me précipite hors de ma couchette, j'allume ma lampe frontale et je saute dans le cockpit. Un nouveau choc violent, le bateau tremble. Je me suspends aux poignées sous le toit du cockpit vers l'arrière. Lorsque j'arrive à la poupe ouverte, je me redresse, m'accroche au bord du toit du cockpit et regarde autour de moi. Pour l'amour de Dieu ! À quelques mètres de là, à tribord, un immense mur vert foncé brille dans le faisceau de ma lampe frontale.

Ce n'est pas possible ! J'ai percuté un bateau !

Seaexplorer glisse sur la coque d'acier. Ça claque et ça fait un grand bruit. Puis j'entends une voile se déchirer. Soudain, des cris au-dessus de moi. Encore un ou deux grondements, puis le bateau s'éloigne. Sur son pont, j'aperçois un filet à la lumière des projecteurs. C'est un bateau de pêche.

Je descends pour voir si mon bateau prend l'eau. C'est bon, pas de fuite ! J'attache mon harnais à la ligne de vie et je me suspends à l'avant du pont. Le bout-dehors est cassé. L'étrave est arrachée. À tribord, le foil est gravement endommagé comme l'outrigger. Le gennaker s'est apparemment accroché au bateau de pêche lors de la collision. La moitié supérieure claque bruyamment au vent, la moitié inférieure, attachée à l'avant du bateau traîne dans l'eau.

Je ne pense pas, j'agis. La première chose que je fais, c'est de ramener le gennaker à bord, ce qui me demande beaucoup d'efforts, même si le bateau n'avance plus qu'à trois nœuds. Ensuite, j'examine l'outrigger à tribord. Ces tubes de carbone qui dépassent de part et d'autre du bateau écartent les haubans : deux câbles en fibres synthétiques qui vont chacun du mât à la coque en passant par l'extrémité des tubes. Les haubans soutiennent le mât. La partie supérieure d'un des haubans est cassée. Le tiers supérieur du mât n'est donc plus tout à fait sécurisé.

À 21 h 02, j'envoie un message à Holly : « Mauvaise nouvelle, j'ai percuté un bateau de pêche. » Je photographie ensuite ma position sur la carte marine numérique : 45° 47 minutes nord/3° 48 minutes ouest. La ligne d'arrivée est à 90 milles nautiques.

Nouvelles du continent

Lorsqu'à 21 h 02 le téléphone portable de Holly se met à bourdonner, l'équipe est en train de préparer les cirés et les gilets de sauvetage. Peu après minuit, ils veulent quitter la maison et partir en mer sur des canots pneumatiques pour m'accueillir. Stupéfaite, Holly lit le message à l'équipe.

Ils passent en mode crise. Pierre Casiraghi prévoit un hors-bord au cas où il faudrait me débarquer. Ryan et Stuart ouvrent leurs ordinateurs et les dossiers de réparations d'urgence ; ils s'attendent à une mission Apollo 13. Holly fonce à la direction de course pour discuter des prochaines étapes.

Au milieu de l'agitation, Birte est assise dans le couloir avec Malou, comme figée, les larmes aux yeux. « Je suis tellement désolée pour toi, pas à cause de la place perdue, mais parce que tu as pris soin de ton bateau pendant tout ce temps. Tu as toujours dit que tu voulais la ramener sain et sauf », me dira-t-elle plus tard.

D'innombrables personnes suivent le sprint final sur notre site Web : le tableau de bord, actualisé toutes les cinq minutes, indique la progression de *Seaexplorer*. Depuis 20 h 26, le bateau est presque immobile. Des échanges houleux éclatent dans les groupes de discussion.

À 21 h 39, la direction de course envoie un message d'urgence aux agences de presse internationales : « L'Allemand Boris Herrmann, en troisième position, est entré en collision avec un bateau de pêche à 90 milles de l'arrivée. Il a signalé plusieurs dommages, notamment sur son foil tribord. Herrmann n'est pas blessé et poursuit sa route à vitesse réduite. »

Les équipes de caméras couvrent encore en direct l'arrivée de Charlie Dalin. Plusieurs navigateurs professionnels sont régulièrement interviewés par le présentateur, en tant que commentateurs experts. Mon co-skipper Will Harris est l'un d'entre eux. Il n'a pas été autorisé à se rendre en France en raison du durcissement de la situation liée au COVID, donc il commente depuis l'Angleterre. À 21 h 46, le présentateur l'interrompt : « Désolé, Will, nous avons une info ! » Le présentateur lit le flash. Puis il dit :

« Will, tu n'as pas besoin de commenter maintenant. Tu fais partie de son équipe. » Will ne dit rien.

Au final, j'ai eu de la chance. *Seaexplorer* n'a pas percuté le bateau de pêche de front, mais de biais. Le foil et l'outrigger ont permis d'atténuer le choc. J'étais calé dans ma couchette et je n'ai pas été blessé. Les pêcheurs non plus, comme je l'apprendrai plus tard. Et par chance, le vent soufflait de la gauche dans les voiles : les haubans bâbord étaient donc sous pression – mais c'est un hauban tribord, sous le vent, qui s'est rompu. Tant que je tiens sur ce cap avec un vent de gauche, les haubans intacts sécurisent le mât. Mais je n'atteindrai la ligne d'arrivée que si je fais un empannage dans environ 50 milles. Car le vent, toujours aussi fort, souffle dans les voiles par la droite. Ce sera probablement la fin de ma course : sur le côté droit du bateau, seul le hauban inférieur maintient le gréement en place – ce qui fait qu'au-dessus, le mât peut casser sous la forte pression latérale.

Je ne suis ni tétanisé ni en état de choc. Je ne me mets pas non plus en colère, je ne me demande pas désespérément comment cela a pu arriver. Je suis juste habité par une détermination immense : j'arriverai au bout ! Je n'ai pas fait le tour du monde pour abandonner maintenant. Je naviguerai jusqu'à la ligne, quel qu'en soit le prix !

Le foil droit oscille dans les vagues comme un bras cassé. C'est horrible. Mais le foil est maintenant secondaire. Je pense à l'étai de rechange : un câble en fibres synthétiques extrêmement solide que je tends entre le sommet du mât et l'étrave pour soutenir le gréement dans certaines combinaisons de voiles. Il est maintenant accroché au mât sans être utilisé. Si l'étai est assez long pour aller du haut du mât jusqu'à l'étrave du bateau, il devrait également pouvoir aller sur le côté jusqu'à l'extrémité de l'outrigger. Il sera toutefois difficile de l'y fixer et de l'imposer. J'appelle Stuart et Ryan. Il leur faut 15 minutes pour faire un dessin détaillé.

Je m'assieds dans le cockpit. La semaine dernière, plus de cent mille personnes en Allemagne ont regardé mes vidéos sur notre site Web. Holly a dit qu'il y avait de plus en plus de monde chaque jour, surtout à l'approche du sprint final. Ils doivent savoir qu'il y a eu un accident. Ils vont se poser des questions et spéculer sur ce qui s'est exactement passé, peut-être que des rumeurs circulent déjà. Mes amis vont très certainement s'inquiéter. Je ne réfléchis pas longtemps, j'attrape mon téléphone portable et j'enregistre une vidéo. Je fixe la caméra, le visage pâle, et je raconte ce qui s'est passé :

« C'est la pire chose qui me soit arrivée. Je suis désolé pour tous les gens qui nous ont soutenus. » Je me passe la main sur les yeux et je regarde derrière moi, dans la nuit. On voit la vitesse sur l'écran dans le cockpit : 8 nœuds.

Je ne sais tout simplement pas comment cela a pu arriver. Toutes les alarmes étaient allumées. J'avais déjà rencontré de nombreux bateaux ici auparavant et elles fonctionnaient parfaitement. L'AIS et le radar étaient armés, j'ai vérifié. Pourquoi n'ont-ils pas sonné ? Je n'en ai aucune idée. »

Je regarde l'écran. « Nous sommes à 85 milles nautiques de l'arrivée. C'est une bonne nouvelle. J'ai toujours un mât, je poursuis la course. Je crois que je peux y arriver. Je vais perdre des places au classement, mais c'est secondaire. Je vais prendre une grande respiration. Tout cela me brise le cœur, mais je vais y arriver. »

Stuart et Ryan ont dessiné avec précision sur le dos d'une boîte à pizza la façon dont l'étai de rechange pourrait être fixé à l'extrémité de l'outrigger. Ils m'envoient une photo. Nous restons un moment au téléphone, puis je monte sur le pont. Au cours des quatre-vingts derniers jours, j'ai réparé toutes sortes de dégâts et je suis même monté dans le mât une fois, mais aucune réparation n'a été aussi compliquée ni aussi délicate que celle que je m'apprête à faire.

Peu avant minuit, j'attrape les poulies, les écoutes et l'extrémité du câble de l'étai qui pend du mât. Je m'assieds à califourchon sur l'outrigger. Le tube fait une vingtaine de centimètres de diamètre et s'élève latéralement au-dessus de l'eau, comme une flèche de six mètres de long. Lentement, je me glisse à plat ventre sur le tube qui oscille avec le bateau dans la houle. Je passe mon temps à fixer la structure en carbone juste devant mes yeux. Centimètre par centimètre, j'avance en rampant. Les deux cordes de la ceinture de sauvetage sont tendues si courtes que si l'outrigger me jetait à l'eau, je ne serais pas traîné dans l'eau, mais suspendu assez haut pour pouvoir me hisser sur le bateau.

Je finis par atteindre le bout du tube. J'enclenche la sangle dans le hauban et je pose mes pieds sur plusieurs cordes d'appui. Je suis en biais par rapport à la coque. L'outrigger se balance en permanence sur deux ou trois mètres. Je commence à installer une double poulie entre l'étai qui pendouille et l'outrigger. Il fait nuit noire et je ne vois que ce que le faisceau de ma lampe frontale éclaire. Mais j'ai le dessin en tête et je sais exactement où je dois fixer quelle poulie et quelle ligne. Le bateau tangue violemment de temps en temps mes pieds touchent l'eau. Comme quand j'ai dû faire l'intervention d'urgence en haut du mât, une voix intérieure me dicte les étapes à réaliser. C'est interminable. De temps en temps, je regarde autour de moi pour voir si des lumières apparaissent quelque part à l'horizon.

Finalement, je reviens en rampant à reculons vers le bateau, avec la corde du palan sur moi. Je fais passer le cordage dans plusieurs poulies jusqu'au winch dans le cockpit, puis je borde pour tendre le nouveau hauban supérieur. Il doit pouvoir supporter une charge d'au moins six tonnes. Je mouline jusqu'à ce que le moniteur de contrôle affiche six tonnes. Ça tient ! Je vais pouvoir faire l'empannage.

J'envoie un message à Stuart et Ryan : « Ça marche ! » Puis je déroule le J3, ma plus petite voile d'avant. Le vent s'est un peu calmé, mais je ne veux pas prendre de risques.

J'ai l'impression que j'ai passé toute la nuit à faire cette réparation alors qu'elle a duré environ trois heures. Brisé, je me laisse tomber dans mon siège et je regarde la carte marine et le tracker – je suis stupéfait. Inconsciemment, je m'étais préparé à perdre beaucoup de places. Mais je suis en cinquième position. Après Charlie Dalin et Louis Burton,

Yannick va bientôt atteindre l'arrivée, vers 4 h 15 du matin. Grâce à sa bonification de dix heures et quinze minutes, la victoire ne peut plus lui échapper. Thomas Ruyant va lui aussi franchir la ligne avant moi. Mais j'ai encore le crédit-temps. Je pourrais donc rattraper Thomas de justesse et obtenir la quatrième place.

Vers 4 heures du matin, j'effectue le dernier empannage. Lorsque la grand-voile bascule de l'autre côté, je retiens mon souffle. Le mât reste debout. Je mets le cap sur la côte, sur la ligne d'arrivée.

À 5 h 42, Thomas Ruyant franchit la ligne. Il me reste maintenant six heures, jusqu'à 11 h 42, pour être quatrième. La ligne d'arrivée est à 42 milles nautiques. Je dois donc atteindre une vitesse moyenne d'au moins 7 nœuds. Actuellement, elle est de 7,5 nœuds. C'est juste ce qu'il faut.

J'ai à peine dormi trois nuits de suite. Je sors d'une grave collision et d'une épuisante mission de réparation de plusieurs heures. J'ai l'impression que mon corps est tout mou. Peu importe. Je me mets en mode régate. Je veux rattraper Thomas. J'enroule le J3 et je place le J2 légèrement plus grand. *Seaexplorer* accélère alors à 9 nœuds.

Une journée grise, froide et brumeuse se lève. Il bruine de temps en temps, la visibilité est très mauvaise. Le vent dans le golfe de Gascogne s'est à nouveau renforcé, atteignant 25 nœuds. À proximité de la côte, les vagues forment une mer croisée et agitée. Je maintiens les 9 nœuds jusqu'à être sûr de rattraper Thomas Ruyant, puis je sors un deuxième ris dans la grand-voile. Je ne veux pas prendre plus de risques que nécessaire !

Je vois d'abord les hélicoptères. Ils tournent au-dessus de l'eau, à environ 5 milles nautiques de l'arrivée. Puis les canots pneumatiques émergent du brouillard, sautent par-dessus les vagues en faisant vrombir leurs moteurs. Les gens sont attachés sur les sièges et se ressemblent tous : ciré rouge ou noir, casquette, masque chirurgical. Je ne reconnais personne. Deux canots pneumatiques s'approchent particulièrement près, les passagers crient et font des signes, puis ils baissent leurs masques : Stuart, Holly, Pierre, Lucia, Ryan, Edwin, Arno, Mike, Johannes, Ricardo. Mon équipe !

Puis un autre canot pneumatique s'approche à toute allure, sur l'étrave duquel on peut lire : « Je suis un homme : Yannick Bestaven. » C'est le vainqueur, mon compagnon de route ! Après quatre-vingts jours, Yannick n'est arrivé à terre que depuis quelques heures – et il repart déjà en mer, pour m'accueillir. Le bruit des hélicoptères couvre ses appels, mais je le comprends. D'autres bateaux nous rejoignent, des bateaux à moteur avec des équipes de tournage sur le pont supérieur, encore plus de canots pneumatiques. Dans la cabine de pilotage d'un bateau à moteur, j'aperçois le Prince Albert II.

Une armada de bateaux se dirige vers moi. Au-dessus, les hélicoptères tournent, souvent à hauteur de mât seulement. Et au milieu, dans les vagues de 3 mètres de haut, un bateau lourdement touché se balance et roule, avec une étrave froissée, un foil cassé et de profondes éraflures sur la coque.

Plus qu'un mille nautique. Une joie irrépressible me saisit. J'ai réussi !

J'ai vraiment réussi !

Je sors deux torches rouges du sac de secours, je les allume, je me dirige vers l'étrave et je les agite en faisant des cercles avec les bras. Un hélicoptère se place immédiatement devant le bateau, planant sur le côté devant nous, à moins de quarante mètres. Un cameraman filme par la porte ouverte.

À 11 h 19, je franchis la ligne d'arrivée. Après 80 jours, 20 heures et 59 minutes, j'ai atteint mon objectif. Je suis arrivé.

Nouvelles du continent

Lorsque Yannick Bestaven accoste dans le port, Charlie Dalin est sur le ponton. Yannick le prend dans ses bras et lui dit : « Pour la première fois, le Vendée Globe a deux gagnants. »

Le porte-parole du gouvernement allemand tweete : « Chancelière Merkel : Félicitations, Boris Herrmann, pour ta fantastique performance au Vendée Globe. Quatre-vingts jours, 24 000 milles nautiques en solitaire autour du monde – en Allemagne, nous avons vibré avec toi. Félicitations à tous ceux qui ont réussi ce défi extrême. »

Alex Thomson, qui est en train de naviguer avec son bateau réparé du Cap vers l'Angleterre, met en ligne une vidéo de félicitations : « Boris, ne prends pas trop à cœur ce qui s'est passé ce soir. Ce qui compte, c'est ta course. C'était ton premier Vendée Globe et ta performance est phénoménale. Ta façon de raconter la vie à bord aussi. Nous, les non-Français, devons dire au monde ce qu'il en est de ce Vendée Globe. »

Près de 300 000 personnes ont visionné la vidéo que j'ai enregistrée hier soir après la collision. Entre-temps, on sait avec qui je suis entré en collision : c'est un chalutier espagnol nommé *Hermanos Busto*.

Une chaîne de télévision allemande résume ainsi mes résultats :

« Cinquième à l'arrivée, quatrième en temps calculé, premier en tant que vainqueur de cœur. »

Derrière la ligne d'arrivée, plusieurs personnes de mon équipe montent à bord. Ils affalent les voiles et démarrent le moteur. Et moi ? Je suis sur le bastingage et je partage avec Pierre ma première bière depuis des mois. Je ressens une joie sans limites. Nous ne parlons pas de l'accident de la nuit dernière, il n'a aucune importance à ce moment précis. Ce qui compte pour nous, *Seaexplorer*, mon équipe et moi, c'est que nous avons réussi !

Entre-temps, je sais que j'ai fait le tour du monde en 23 minutes de moins que Thomas Ruyant. 23 minutes ! Je suis en quatrième position. L'idée que je puisse encore perdre la place au profit de Jean Le Cam ne me vient pas à l'esprit. Je ne pense plus à Jean, avec sa longue bonification, qui est en huitième position, à 140 milles de l'arrivée.

Nous glissons lentement vers l'entrée du canal menant au port. Quatre-vingts jours de solitude prennent fin d'un coup, une fête de bienvenue bruyante et exubérante commence. C'est exactement comme ça que j'imaginais ce moment ! L'arrivée, la frénésie d'accueil dans le canal, faisait aussi partie du rêve de ma vie. À gauche et à droite, sur les quais, les gens se pressent, ils exultent, allument des feux à main, brandissent des pancartes. Les sirènes des bateaux retentissent. Je suis sur la plage avant, une épaisse fumée rouge s'échappe de deux torches que je tiens dans mes mains. Quelqu'un me tend un drapeau allemand, je le mets sur mes épaules, puis j'attrape une bouteille de champagne et j'en arrose mon équipe.

Sur le ponton, Birte attend avec la poussette. Lorsque le bateau accoste, elle saute à bord. Enfin ! Nous tombons dans les bras l'un de l'autre, nous nous tenons pendant de longues minutes, sans un mot. Je vis les heures suivantes comme si j'étais en transe. Birte et moi, la poussette devant nous, marchons sur la passerelle bordée de fontaines blanches jaillissantes, sur un tapis rouge qui mène en haut à terre dans la zone interdite aux médias. Puis c'est une douzaine d'interviews en une heure, l'une après l'autre. Chaînes de télévision allemandes et françaises, agences de presse, photographes. Ensuite, je fais une conférence de presse en anglais, allemand et français.

Boris, es-tu satisfait de ton résultat ? « J'ai fait du mieux possible, j'ai atteint le résultat dont j'avais rêvé. J'en suis vraiment heureux. »

La course était-elle aussi difficile que tu le pensais ? « Non. Elle était beaucoup plus difficile. »

Qu'est-ce qui t'a le plus manqué ? « Les gens me manquent, je ne suis pas né pour naviguer en solitaire. »

Est-ce que tu vas reprendre le départ du Vendée Globe ? « Eh bien, après la nuit dernière, j'ai encore des comptes à régler avec le Vendée Globe. Je pense que je reviendrai, oui. »

La course t'a-t-elle changé ? « Oui, c'est sûr. Mais je ne sais pas encore en quoi. »

À proximité du port se trouve un bâtiment austère sur deux étages, une école de navigation. C'est dans une des salles de classe que mon équipe a pris ses quartiers ce matin. Lorsque, dans l'après-midi, nous avons répondu à toutes les questions des journalistes, nous nous retrouvons derrière l'école. Entre les murs de tôle ondulée et les voitures garées, nous bavardons, mon équipe, une douzaine d'amis et moi. Il fait frais et il bruine un peu, ce qui ne dérange personne, nous sommes presque tous en ciré. Quelqu'un pose une enceinte sur le toit d'une voiture. Birte me glisse notre fille Malou dans les bras et je la berce au rythme de la musique.

Le livreur de pizzas arrive enfin. Il fait froid. De la fumée s'échappe des cartons. Pierre a apporté du champagne et distribue les coupes. Alors que le calme revient quand tout le monde se met à manger et à boire, j'entends quelqu'un m'interpeler : « Alors, raconte, Boris ! Comment c'était ? »

Tout le monde rit, puis se remet à parler. Ému, j'observe et j'écoute mes amis. Je regarde aussi les bottes que je portais sur le bateau, elles sont posées sur l'asphalte dans une flaque d'eau où se reflète le ciel. Quand est-ce que je me sentirai vraiment arrivé ?

Épilogue

Environ deux semaines après mon retour à terre, Jean-Pierre Dick m'appelle pour me demander si je veux louer son hangar à Lorient pour ranger le bateau. Je connais Jean-Pierre depuis dix ans. Il a pris le départ de quatre courses du Vendée Globe ; une fois, il a dû abandonner, une autre fois, il a perdu sa quille près du Cap-Vert et a tout de même réussi à franchir la ligne d'arrivée. Il a donc pas mal d'expérience, et je lui ai demandé quel était le meilleur moyen de se régénérer après un Vendée Globe.

Jean-Pierre m'a répondu : la première chose à faire est de réfléchir à ton prochain projet. Tu dois signer les contrats, même si cela prend quatre ou cinq mois. Il faut que tu passes par là ! Et après, tu pourras parler à qui tu veux de ta régénération.

Au cours des deux premières semaines, nous avons enchaîné les rendez-vous avec la presse, même avec le Président fédéral d'Allemagne. Après mon échange avec Jean-Pierre Dick, j'ai dit : « Bon, d'accord, on se concentre sur notre objectif. » Nous avions en effet déjà décidé à l'époque de lancer la campagne suivante et de construire un nouveau bateau. Nous avons donc négocié le contrat avec les architectes et avec le chantier naval. Le contrat de vente de *Seaexplorer*. Et les contrats avec les sept sponsors de la nouvelle campagne ; certaines entreprises étaient déjà présentes auparavant, d'autres les ont rejointes. En parallèle, nous avons commencé à développer le design du nouveau bateau.

C'était une charge de travail énorme, surtout pour Holly et moi. Nous avons travaillé comme des fous. Prendre le téléphone à 7 heures du matin, étourdi, se mettre en route avec un café fort, ne plus lâcher le téléphone jusqu'à minuit. Ça a duré longtemps, sans pause. Ce n'était certainement pas ce que Birte avait imaginé. Mais elle m'a soutenu et m'a secondé. Je vivais seul dans ma chambre dans notre appartement, je m'y suis enfermé comme un étudiant en examen, 24 heures sur 24. Birte s'est occupée de Malou, même la nuit.

Nous devions mettre les gaz pour pouvoir prendre le départ de l'Ocean Race à l'automne 2022. C'est une course à la voile autour du globe comme le Vendée Globe, mais avec un équipage de quatre personnes et neuf escales. Pour avoir un voilier IMOCA, il faut compter six mois de conception et douze mois de construction. Il ne fallait donc pas perdre un seul jour, d'autant que nous voulions avoir les services des meilleurs architectes pour le design et du meilleur chantier naval pour la construction – mais ils n'ont que peu de créneaux disponibles. Ça a marché : comme *Seaexplorer*, notre nouveau bateau est dessiné par VPLP en France et construit par Multiplast. Pour réduire les délais, nous avons décidé de commencer la construction pendant la phase de conception.

Nous avons finalement réussi, en l'espace de quatre mois. Sans le COVID, nous n'y serions pas parvenus en si peu de temps. Avant, nous aurions dû rencontrer physiquement tous ces gens. On aurait convenu d'un rendez-vous avec le bureau du comité directeur, puis d'un deuxième, puis on y serait allés à chaque fois et on aurait discuté, peut-être qu'il y aurait eu un déjeuner. C'était normal dans le monde des affaires d'avant la pandémie. Maintenant, nous avons tous appris à travailler en visio. J'ai pu constater à quel point l'efficacité a augmenté : plus de bavardages, une demi-heure pour aller droit au but, un débriefing, puis la conclusion. Tous ces voyages, avec leurs coûts écologiques et financiers, ont été supprimés – et nous avons gagné beaucoup de temps.

En travaillant avec les partenaires, nous avons aussi profité de nos projets et expériences antérieurs. Nous voulons en effet faire bouger les choses avec les entreprises dans le domaine du climat. Nous mettons l'accent sur la décarbonisation de la navigation de fret, où les carburants alternatifs offrent de grandes opportunités. La plupart de nos partenaires viennent en effet du secteur maritime, et nous voulons les inspirer pour qu'ils aient des objectifs plus ambitieux.

Au début de l'été, Birte et moi avons passé deux semaines à naviguer ensemble avec Malou, au Danemark. C'était bien pour reprendre mon souffle. Maintenant, nous sommes en juillet 2021 et je n'ai pas encore atteint l'état dont parlait Jean-Pierre : être capable de regarder sereinement en arrière. Mais nous agrandissons notre équipe et bientôt, j'aurai moins de choses à gérer.

Pendant le Vendée Globe, j'ai déclaré à plusieurs reprises que je ne voulais en aucun cas prendre le départ une deuxième fois. J'ai aussi affirmé que je le referais de toute façon. Depuis mon retour, il est clair que la première aventure sera immédiatement suivie de la deuxième. Il ne s'agit pas tant du prochain Vendée Globe que de monter une nouvelle campagne. C'est une aventure fascinante qui se déroule sur plusieurs années. Bientôt, nous aurons un bateau dans la construction duquel j'ai pu mettre à profit toute mon expérience des mers du Sud. Avec ce bateau, nous allons faire le tour du monde lors de l'Ocean Race et voir ce qui peut encore être amélioré et testé lors d'autres régates, jusqu'à ce que nous prenions le départ du Vendée Globe 2024. Nous allons faire monter de nouvelles personnes à bord, lancer de nouveaux projets sur le climat. Toute la campagne, avec tous ses défis dans des domaines si différents, est en fait un seul et même Vendée Globe.

Avant de me lancer, je me demandais parfois ce qui se passerait si je parvenais vraiment à réaliser le rêve de ma vie. Que faire après ? La réponse est simple, il suffit de s'attaquer au suivant. Il y a toujours un rêve de vie à réaliser.

Remerciements

Andreas Wolfers a écrit ce livre sur la base de nombreux enregistrements audio, d'appels téléphoniques, d'entretiens avec moi et d'autres personnes, ainsi que de recherches approfondies. Je le remercie tout particulièrement pour son enthousiasme pour cette aventure qu'est le Vendée Globe, mais surtout pour l'énergie, le temps, la patience et la ténacité déployés dans notre collaboration, fruit d'une amitié de longue date et d'un soutien continu de sa part. Je tiens également à remercier toute l'équipe de la maison d'édition C. Bertelsmann.

Pierre Casiraghi a contribué de manière capitale à ce que tout ce projet de Vendée Globe puisse voir le jour. Je le remercie surtout pour notre amitié qui dure maintenant depuis presque dix ans, pour son humour, son pragmatisme et son sens de l'aventure.

Gerhard et Sabine Senft ont également cru en moi et en ce projet et ont contribué avec enthousiasme à sa réalisation. Merci pour la confiance et les bons moments passés avec vous.

Je tiens également à remercier le Dr Claus Löwe pour son soutien sans faille pendant de nombreuses années.

De tous les soutiens et amis cités ici, c'est Arno Kronenberg que je connais depuis le plus longtemps – plus de vingt ans. Grâce à lui, j'ai fait la connaissance de nombreuses personnes qui ont largement contribué à la réussite de ce projet.

Nous avons la grande chance de compter parmi nos amis et soutiens trois brillants esprits de l'océanographie : Martin Kramp, Toste Tanhua et Peter Landschützer. Ralf Brauner est également une grande source d'inspiration et d'idées pour nous – il m'a déjà enseigné la météo et la climatologie il y a plus de vingt ans.

Je tiens à remercier tous les journalistes, photographes et réalisateurs qui contribuent à diffuser notre message « A Race We Must Win ! » et notre aventure auprès du public. Certains d'entre vous ont littéralement navigué avec nous – et pas seulement dans cette course. Cela crée aussi un lien très personnel au fil du temps.

Mais pour pouvoir naviguer, nous avons bien sûr besoin de sponsors et de partenaires. Je tiens à les remercier tout particulièrement, aussi bien les décideurs qui ont initié ces partenariats que chaque collaborateur et collaboratrice de ces entreprises et institutions : Yacht Club de Monaco, Kuehne+Nagel, Hapag-Lloyd, MSC, CMA CGM, Schütz, Zürich, EFG, Lampe & Schwarze, Solbian, B&G, Quantum-Sails, Peter Frisch GmbH, Marlow, Glashütte Original, Greatcircle, Fattoria la Vialla.

Notre engagement en faveur de l'éducation et de la science a quant à lui été soutenu par des donateurs engagés. C'est à eux que s'adressent mes plus vifs remerciements pour cette générosité désintéressée. Cet engagement a également été soutenu par la Fondation Prince Albert II de Monaco ainsi que par la Fondation Elbe et bien sûr indirectement par toutes les entreprises partenaires.

Holly Cova, notre manager d'équipe, a réussi à faire le lien entre tous ces domaines différents et toutes ces personnes avec virtuosité, à les maintenir unis et créer des passerelles innovantes – avec une constance et un calme à toute épreuve et la capacité de ne pas prendre les remarques désagréables personnellement. L'équipe et moi-même devons beaucoup à sa nature foncièrement gagnante, à sa passion et à son énergie.

Je reste persuadé qu'au moins 80 % d'une aventure réussie sur le Vendée Globe est prédéterminée par les années, les jours et les heures de préparation technique, par la méticulosité, le travail et la sueur. Grâce à notre équipe formidable, nous sommes restés jusqu'à 100 milles nautiques de l'arrivée sans dommages notables. Si l'on imagine que nous avons travaillé à quatre sur *Seaexplorer* pendant quatre ans, en moyenne dix mois par an, six jours par semaine, dix heures par jour, on arrive à 38 000 heures de travail. Stuart McLachlan en a pris la plus grande part. Je tiens à remercier du fond du cœur tous ceux qui ont travaillé sur le bateau. Il est devenu l'un des plus beaux et des meilleurs bateaux, et il a parfaitement rempli sa mission : comme voilier de course, comme ambassadeur et comme bateau de recherche.

Nous avons aussi été aidés par de nombreuses personnes qui ont à cœur de nous soutenir et nous ont offert beaucoup de leur temps libre. Ils nous ont donné un coup de main pour organiser des événements et démarrer des courses, mais aussi pour trouver des partenaires ou développer des idées. Au fil des années, nous avons développé des liens très forts avec certains d'entre eux et nous les comptons aujourd'hui dans notre équipe au même titre que les membres rémunérés. Merci pour cet engagement fort.

J'en profite aussi pour remercier toutes les personnes qui ont suivi notre aventure de près, qui ont vibré avec nous et qui nous ont encouragés. Je tiens également à exprimer mes remerciements les plus sincères pour les nombreux courriers personnels adressés à notre bureau et à m'excuser de n'avoir pas encore réussi à répondre à toutes les lettres. Merci à chacun d'eux.

De retour à terre, je commence aussi à entrevoir l'exploit réalisé par ma femme Birte. Les longues heures passées seule avec un enfant en bas âge qui vous accapare 24 heures sur 24. Si je m'occupe à plein temps de Malou pendant quelques jours, je sens que je serai vite épuisé, même plus que pendant le Vendée Globe. Mon admiration pour toutes les mères et tous les pères célibataires a encore grandi, avec une dédicace spéciale à ma femme évidemment. Mais ce qui est encore plus fondamental, c'est ma gratitude, car Birte a non seulement encouragé ma passion et ce projet de vie pendant toutes ces années, mais elle en a également fait son propre projet. Sans son aide, je n'aurais même pas essayé.

La passion de la mer et de la voile m'a été transmise par mes parents qui m'ont toujours soutenu dans mon parcours ultérieur et m'ont appris à défendre une cause.

Au cours des quatre années de notre campagne pour le Vendée Globe 2020, d'autres personnes nous ont soutenus de différentes manières. Je tiens à vous remercier chaleureusement : Albert Schweizer, Alexandre Richard, Alfred Kotouczek, Andi Färber, Andreas Berg, Andreas Kling, Andreas Lindlahr, Andreas Müller-Hermann, Anne Claire Bihan-Poudec, Antoine Mermod, Arno Böhnert, Astrid Rampendahl, Axel Schröder, Bernard D'Alessandri,

Birgit Radebold, Björn Keels, Christian Krug, Craig Thomson, Cyrill Gutsch, Daniele Capua, Diego Aponte, Dirk Mennewisch, Dirk Weißenborn, Dr. Jens Gerhard, Dwada Jobarteh, Eduardo Razuck, Edwin Delaat, Erika Jangen, Ethan Shea, Familie Oetker, Frank Schweikert, Franziska Bietke, Gabriele Lorenzen, Gael Ledoux, George Catsiapis, Georgio Pauen, Gerald Bibot, Gildas Dubois, Greta Thunberg, Hans Christoph Enge, Heinke Böhnert, Henning Stamm, Henrik Emmert, Prince Albert II de Monaco, Hubertus Jürgens, Isabelle Andrieux et son équipe, Jay Thomson, Jens Böckmann, Jens Holscher, Jerome Solem, Jochen Rieker, Johannes Hagedorn, Karl Gernandt, Laurent Bourgess, Lilli, Lucia Nebreda, Ludo Bosser, Maike Priess, Marcel van Triest, Mark Turner, Markus Froemming, Mathias Müller von Blumencron, Michael Körner, Mike Yates, Milena Schoenahl, Nathan Grossman, Nils Kaben, Otto Schacht, Paddy Hutchings, Peter Frisch, Quentin Lucet, Ricardo Pinto, Rolf Habben Jansen, Rufus Brand, Ryan Breymaier, Shane Diviney, Stefan Raimund, Steffi Hupfer, Susie Walker, Svante Thunberg, Sven Kaulbars, Sven Krause, Tanya et Rodolphe Saade, Tatjana »Tati« Pokorny, Thomas Julien, Thomas Kurk, Thomas Theurillat, Tim Müller, Ullrich Lorenzen, Uwe Priess, Vincent Lantin, Wendy Brown, Will Harris, Wilhelm Botha, Yann Perfornis, Yannick Perrigot, Yvon Berrehar.

Et pour finir, je voudrais remercier les vents, la mer, le destin, les créatures marines et notre bateau, *Seaexplorer*.

ANNEXE

Glossaire du vocabulaire marin

Expressions

Bâbord : Côté gauche d'un bateau lorsque l'on regarde l'avant

Tribord : Côté droit d'un bateau lorsque l'on regarde l'avant

Poupe : Extrémité arrière d'un bateau

Étrave : Extrémité avant d'un bateau

Au vent : S'utilise pour situer un objet dans l'espace en indiquant qu'il se trouve du côté d'où souffle le vent.

Sous le vent : S'utilise pour situer un objet dans l'espace en indiquant qu'il se trouve du côté opposé à celui d'où souffle le vent.

Abattre : Éloigner le bateau de la direction d'où le vent souffle pour l'amener davantage sous le vent

Lofer : Rapprocher le bateau de la direction d'où le vent souffle pour l'amener davantage au vent

Virement de bord : Manœuvre permettant de changer de route. Un bateau vire de bord en se mettant face au vent pendant un court instant, et tournant jusqu'à ce que le vent gonfle les voiles de l'autre côté. Naviguer ainsi en zigzags permet au bateau de remonter le vent.

Empannage : Manœuvre permettant de changer de route. Un bateau empanne en mettant la poupe face au vent, qui arrive par l'arrière pendant un court instant. La grand-voile peut ainsi passer très rapidement de l'autre côté du bateau pendant cette manœuvre.

Mille marin : Unité de mesure de la distance en mer : 1 mille nautique correspond à 1,852 km.

Nœuds : Unité de mesure de la vitesse du vent et du bateau : 1 nœud est équivalent à 1 mille nautique, ou 1,852 km/h. Les voiliers rapides peuvent atteindre des vitesses comprises entre 8 et 12 nœuds ; les voiliers IMOCA peuvent atteindre une vitesse maximale de 35 nœuds.

Termes

Allures en voile : Quand un bateau est « au près » ou navigue « près du vent », le vent arrive de trois quarts avant. Si le bateau est « au petit largue », le vent arrive par le travers, c'est-à-dire par le côté. Et si le bateau est « au grand largue », le vent arrive de trois quarts arrière.

Barre franche : Levier utilisé au lieu d'une barre à roue pour un bateau.

Bastaque : Câble en fibres synthétiques servant à supporter le mât par l'arrière. Il y a en a deux, un sur chaque bord du bateau.

Bout-dehors : Espar fixe pointant à l'avant d'un bateau dans l'axe du navire pour gréer des voiles d'avant.

Drisse : Cordage utilisé pour hisser une voile. Le crochet de drisse permet de fixer la drisse, et ainsi la têtière d'une voile, en tête de mât.

Écoute : Cordage utilisé pour régler une voile en fonction de l'angle du vent.

Foil : Appendice comparable à une aile, installé de chaque côté d'un voilier de course. Avec un vent de force 4 ou plus (sur l'échelle de Beaufort), le foil crée de la portance et le voilier s'élève au-dessus de l'eau. Des cordages permettent de sortir ou de rentrer le foil dans la coque.

Gennaker : Grande voile d'avant bombée. Contrairement à son grand frère, le spinnaker, le gennaker est fixé à l'étrave ou au bout-dehors.

Gréement : Terme désignant collectivement les équipements à bord, comme le mât, la bôme, les étais, ainsi que tous les cordages du mât.

Grinder : Également appelé moulin à café, il s'agit d'une colonne au centre du cockpit équipée de deux manivelles. Il permet d'actionner les différents winchs à la force des bras.

Hauban : Câble en fibres synthétiques supportant le mât et l'empêchant de basculer.

IMOCA : Abréviation pour « **I**nternational **M**onohull **O**pen **C**lass **A**ssociation », classe de voiliers de course 60 pieds Open.

Jockey Pole : Tube utilisé pour élargir artificiellement l'arrière d'un voilier de course. Les écoutes des grandes voiles d'avant passent à l'extrémité de ce tube afin de ne pas toucher les outriggers.

Outrigger : Tubes montés de chaque côté du mât qui permettent d'éloigner les haubans vers l'extérieur. Ainsi, l'angle entre le mât et les haubans est augmenté, ce qui permet aussi d'installer des mâts plus hauts et puissants à bord des voiliers IMOCA.

Prendre des ris : Réduire la voilure à mesure que le vent forcit. La surface de la grand-voile peut être réduite en trois étapes au moyen de cordages spécifiques, les bosses de ris. Le troisième ris permet de réduire la grand-voile à sa surface minimale.

Winch : Les winchs montés dans le cockpit et connectés avec la colonne permettent d'enrouler et de dérouler les voiles, d'ajuster les écoutes et les drisses en démultipliant la force grâce à une série d'engrenages.